汉字文化新视角丛书

申小龙 主编

武春野 著

『北京官话』与汉语的近代转变

本丛书提出的汉字文化新视角，

基于这样一种学术理念：

语言（言）、文字（文）和视象符号（象）

三者构成了文化的核心要素和条件。

本丛书的出版，

预示着中国语言文化研究在一个世纪的

『去汉字化』的历程之后，『再汉字化』的世纪转向。

这一转向的本质就是在中国文化的地方性视界

和世界性视界融通的过程中，

重新确认汉字在文化承担

和文化融通中的巨大功用和远大前景。

山东教育出版社

图书在版编目（CIP）数据

"北京官话"与汉语的近代转变 / 武春野著 . —济南：
山东教育出版社，2014
（汉字文化新视角丛书 / 申小龙主编）
ISBN 978-7-5328-7223-7

Ⅰ . ①北… Ⅱ . ①武… Ⅲ . ①北京话 – 官话 – 研究
②汉语 – 研究 – 近代 Ⅳ . ① H172.1 ② H109.3

中国版本图书馆 CIP 数据核字（2014）第 025660 号

汉字文化新视角丛书

"北京官话"与汉语的近代转变

武春野 著

主　　管：山东出版传媒股份有限公司
出 版 者：山东教育出版社
　　　　　（济南市纬一路321号　邮编：250001）
电　　话：(0531) 82092664　传真：(0531) 82092625
网　　址：http://www.sjs.com.cn
发 行 者：山东教育出版社
印　　刷：山东德州新华印务有限责任公司
版　　次：2014年5月第1版第1次印刷
规　　格：787mm×1092mm　1/16
印　　张：13.75印张
字　　数：195千字
书　　号：ISBN 978-7-5328-7223-7
定　　价：27.50元

目 录

总　序

一、汉字何以成为一种文化

"汉字何以成为一种文化？"这个题目以"普通语言学"的眼光审视，暗含着一个"制度陷阱"，因为它预设了汉字的文化属性，而文字的定义——依西方文化的教诲——早已被否定了文化内涵。手头一本已经翻烂了的伦敦应用科学出版社《语言与语言学词典》（中译本）对文字的定义是："用惯用的、可见的符号或字符在物体表面把语言记录下来的过程或结果。"也就是说，文字的存在价值仅仅是记录语言的工具。这样一个冰冷的定义让中国人显然很不舒服，它和我们传统语文对汉字的温暖感受——"咬文嚼字"、"龙飞凤舞"乃至"字里乾坤"——距离太远了！抽出我们的《辞海》，看看它对文字的定义："记录和传达语言的书写符号，扩大语言在时间和空间上的交际功用的文化工具，对人类的文明起很大的促进作用。"这就在西方语境中尽可能照顾了中国人独有的汉字感觉。

汉字成为一种文化首先是因为汉字字形有丰富的古代文明内涵。且不说汉字构形映射物质文明的林林总总，即在思想，如《左传》"止戈为武"，《韩非子》"古者仓颉之作书也，自环者谓之私，背私谓之公"，字形的分析总是一种理论的阐释，人文的视角。姜亮夫先生说得好："整个汉字的精神，是从人（更确切一点说，是人的身体全部）出

1

发的。一切物质的存在，是从人的眼所见、耳所闻、手所触、鼻所嗅、舌所尝出的（而尤以‘见’为重要）。……画一个物也以人所感受的大小轻重为判。牛羊虎以头，人所易知也；龙凤最详，人所崇敬也。总之，它是从人看事物，从人的官能看事物。"[1] 我们可以说汉字的解析从一开始就具有思想史和文化史的意义，而不仅仅是纯语言学的意义。

汉字成为一种文化又因为汉字构形体现了汉民族的文化心理，其结构规则甚至带有文化元编码性质，这种元编码成为中国人各种文化行为的精神理据。汉字在表意的过程中，自觉地对事象进行分析，根据事象的特点和意义要素的组合，设计汉字的结构。每一个字的构形，都是造字者看待事象的一种样式，或者说是造字者对事象内在逻辑的一种理解，而这种样式的理解，基本上是以二合为基础的。也说是说，汉字的孳乳，是一个由"一"到"二"的过程，由单体到合体的过程，这正体贴了汉民族"物生有两"、"二气感应"、"一阴一阳谓之道"的文化心理。

汉字的区别性很强的意象使汉字具有卓越的组义性。莱布尼茨曾说汉语是自亚里士多德以来西方世界梦寐以求的组义语言，而这一特点离不开表意汉字的创造。在汉语发展中大量的词语组合来自汉字书面语的创新，由此大大丰富了汉语书面词汇。组义使得汉字具有了超越口语的强大的语言功能。饶宗颐曾说："汉人是用文字来控制语言，不像苏美尔等民族，一行文字语言化，结局是文字反为语言所吞没。"[2] 他说的正是汉字极富想象力且灵活多变的组义性。难怪有人说汉字就像"活字印刷"，有限的汉字可以无限地组合，而拼音文字则是"雕版印刷"了。比较一下"鼻炎"与"rhinitis"，我们就可以体会组义的长处。《包法利夫人》中，主人公准备上医学院了，却站在介绍课程的公告栏前目瞪口呆：anatomy, pathology, physiology, pharmacy, chenistry, botany, clinical practice, therapeutics, hygiene and materia medica。一个将要上大学的人，对要学的专业居然"一字不识"，这样的情节在中国人听来匪夷所思。

---

[1] 姜亮夫：《古文字学》，浙江人民出版社1984年版，第69页。

[2] 饶宗颐：《符号.初文与字母——汉字树》，上海书店出版社2003年版，第183页。

汉字成为一种文化，更在于汉字的区别性很强的表意性使它具有了超方言的"第二语言"作用，维系了中华民族的统一。汉字的这一独特的文化功能，其重要性怎么强调也不为过。索绪尔晚年在病榻上学习汉字，明白了"对汉人来说，表意字和口说的词都是观念的符号；在他们看来，文字就是第二语言。在谈话中，如果有两个口说的词发音相同，他们有时就求助于书写的词来说明他们的思想。……汉语各种方言表示同一观念的词都可以用相同的书写符号。"[1]汉字对汉语"言语异声"的表达进行观念整合，达到"多元统一"。这样一种"调洽殊方，沟贯异代"（钱穆语）的功能，堪称"天下主义"！一位日本友人说，外国人讲日语，哪怕再流畅，日本人也能发现他是"外人"。而她走遍了中国大地，中国人并不在意她的口音——在西北，有人以为她是南方人；在北方，有人以为她是香港人或台湾人；而在南方，人们则以为她是维族人。中文"四海之内皆兄弟"的观念整合性，在这位日本人看来，与英文相似，是天然的世界语（当然，汉字的"世界性"和拼音文字的世界性，涵义是不一样的）。汉字的观念整合性，一方面自下而上，以极富包容性的谐音将汉语各方言文化的异质性在维护其"言语异声"差别性的同时织入统一的文化经纬，另一方面又自上而下，以极富想象力的意象将统一的文化观念传布到九州方域，凝聚起同质文化的规范和力量。由此我们可知，汉字本质上是一种意识形态的建构，是中华文化的深层结构。正如柏杨所说："中华字像一条看不见的魔线一样，把言语不同，风俗习惯不同，血统不同的人民的心声，缝在一起，成为一种自觉的中国人。"[2]

与汉字的观念整合性相联系的，是汉字的谐音性使地方戏曲有了生存空间。汉字的观念整合走意会的路径，不涉音轨，客观上宕开了方音艺术的生存天地。在汉字的语音包容下，汉语各方言区草根性的戏文唱腔与官话标准音"你走你的阳关道，我过我的独木桥"，相安无事，中国几百种地方戏曲源远流长，由此形成西方拼音文化难以想象的异彩多

---

[1]索绪尔：《普通语言学教程》，商务印书馆1980年版，第51页。
[2]柏杨：《中国人史纲》上，中国友谊出版社1998年版，第472页。

"北京官话"与汉语的近代转变

总序

3

姿。汉字保护了方言文化生态多样性，也就保护了中国各地方文化的精神认同和家园意识。当然，这种保护是有代价的，即方言尤其是中原以外的方言及其戏曲，不再具有汉字的书写性，从而不再在中华"雅文化"或者说主流文化中具有话语权。

汉字作为一种文化，在汉民族独特的文学样式中得到了淋漓尽致的体现。在这里，与其说是汉字记录了汉文学，毋宁说是汉字创造了汉文学的样式。在文字产生前的远古时代，文化的传承凭记忆而口耳相传。为便于记诵，韵文形式的歌舞成为一种"讲史"的仪式。闻一多解释"诗言志"之古义即一种历史叙事。然而，随着社会生活的复杂化，"韵文史"渐渐不堪记忆和叙事之重负，西方产生了散文化的叙事诗，而中国却是诗歌在与散文的"混战"中"大权旁落"，淡出讲史的领域，反过来强化其诗性功能。在这一过程中，汉字起了十分关键的作用。复旦大学的张新教授在多年前就颇有见地地指出："文字的肌理能决定一种诗的存在方式。"一方面，"与西方文字相比，中国文字具有单音的特点。单音易于词句整齐划一。'我去君来'，'桃红柳绿'，稍有比较，即成排偶。而意义排偶与声音对仗是律诗的基本特征。"西方艺术虽然也强调对称，但"音义对称在英文中是极其不易的。原因就在英文是单复音错杂"。另一方面，"中西文法不同。西文文法严密，不如中文字句构造可以自由伸缩颠倒，使句子对得工整"。张新认为，"中国文字这种高度凝聚力，对短小的抒情能胜任，而对需要铺张展开描述的叙事却反而显得太凝重与累赘。所以中国诗向来注重含蓄。所谓练字、诗眼，其实质就是诗人企望在有限的文字中凝聚更大的信息量即意象容量。"[1] 在复旦大学的"语言与文化"课上，一位2003级新闻系同学对汉语是什么的回答，此时听来更有体会：汉语是炫目的先秦繁星，浩渺的汉宫秋月；是珠落玉盘的琵琶，"推"、"敲"不定的月下门，"吹"、"绿"不定的江南岸；是君子好逑的《诗经》，魂兮归来的《楚辞》；是千古绝唱的诗词曲赋，是功垂青史的《四库全书》……

---

[1] 张新：《闻一多猜想——诗化还是诗的小说化》，《中西学术》第一辑，学林出版社1995年版。

汉字何以成为一种文化？我们还可以有更多的回答：汉字记载了浩瀚的历史文献，汉字形成了独特的书法和篆刻艺术，汉字具有很强的民间游戏功能，等等。一旦我们用新的视角审视这个历久常新的问题，我们就会从中找到中西语言文字、中西文化、中西学术的根本分野。此时，我们完全可以重新为汉字定义：汉字是汉民族思维和交际最重要的书面符号系统。

二、从去汉字化到再汉字化

中国独特的人文传统有三个通融性：

其一是小学（语言文字学）与经学的通融。许慎强调想接续历史传统、读懂儒家典籍，就必须对汉字的形音义关系进行正本清源，字义明乃经义明，小学明乃经学明，强调汉字是"经艺之本"：盖文字者，经艺之本，王政之始，前人所以垂后，后人所以识古。故曰"本立而道生"……（许慎《说文解字序》）许慎的"本立而道生"实际上借助字学（小学）建立了经学与识古（史学）之间的同构关系，消解了典籍散佚所带来的历史认同危机。经学建立的记载阐释历史的模式得以延续。

其二是经学内部表现为文史哲的通融。苏轼说："天下之事，散在经、子、史中，不可徒得。必有一物以摄之，然后为己用。所谓一物者，'意'是也。"（宋葛立方《韵语阳秋》）在我们看来，这"意"，就是汉字元编码为传统文史哲提供了统一的思想资源和表述方式。因此清代经学家章学诚在其《文史通义》开卷便宣称"《六经》皆史也"。经、史之所以相通，实际上基于汉字的表意思维或元编码：表意汉字既是一种对事实的照录（"史"的方式），又是一种对世界的形象表达（"文"的方式），还是一种对现实独特的认知方式（"哲"的方式）。文史哲的通融，实为汉字表意性元编码的体现。

其三是小学内部表现为语言与文字、书写文本与非书写文本的通融。我们分别表述为字词通融和名物通融。首先看字词通融：汉字倾向于使自身成为一个有意义的符号来记录汉语的语符（语素或词），这要求汉字保持一个有意义的形体、一个音节、一个词义三位一体。这种对应使得汉字的字义与词义、字形与词形之间难分难舍，呈现一种跨界、整体通融性，体现了汉字与汉语独特的既分离又统一的张力关系。再看名物通融：从言文关系看，汉字代表的是一个语言概念单位，而从名物关系看，汉字对应的则是一个现实物，这就要求汉字对现实物具有形象描摹性即绘画性特征。如"仙"这个简化字，字面义是用"山中之人"的意象去表达某个现实物的。汉字的这种意象性打通了书写与绘画、书写与物象的界线。这种书写与非书写之间的越界，进一步造就了汉字书法、文人画这样的书写编码与非书写图像编码相通融的文化景观。

这三个通融显示了汉字在中国学术传统中的本位性。"本立而道生"，说明汉字不仅是汉文化的载体和存在基础，也是中国语文得以建构的基本条件。

中国语言学的科学主义转型主要发生在"五四"前后的新文化思潮。该思潮引进了西方语言中心主义的立场，把文字看作是单纯的记录口语、承载语言的科学工具，因此将是否有效地记录语言和口语看作是文字优劣的唯一标准。根据此标准，远离口语的汉字成为五四新文化运动先驱们的众矢之的。废除汉字、提倡文字拉丁化和白话文，进而对中国传统文化进行颠覆，这成为"五四"时代的主流思潮。我们将这种思潮称之为"去汉字化"运动。此后直到上个世纪80年代，"去汉字化"一直是中国学术和文化界的主流意识形态。80年代起，去汉字化所造成的传统断层越来越受到关注和批评。不断有学者强调写意的汉字与写音的字母之间的文化差异，认为汉字是独立于汉语的符号系统，要求对汉语、汉字文化特性重新评估，提出艺术、文学创作的"字思维"或汉字书写原则，而中西文化的差异在于"写"和"说"、"字"和"词"。对去汉字化和全盘西化的批判，越来越表现出回归汉字的情绪，"再汉字化"思潮初露端倪。

上个世纪八九十年代的文化语言学，是"再汉字化"思潮的先声。文化语言学把语言学看作是一种人学，把汉语言文字看作汉文化存在和建构的基本条件。作为中国现代语言学中以陈望道、张世禄、郭绍虞等前辈学者为代表的本土学派的研究传统的继续，文化语言学强调汉字汉语独特的人文精神，强调建立具有中国特色的语言学，在文史哲融通的大汉字文化格局中研究汉语，尤其注重汉语中的语文精神即汉字所负载的传统人文精神的研究。郭绍虞是最早提出汉语的字本位性的学者，文化语言学派继承了这一传统，并在进入21世纪后逐渐汇通中国社会科学诸领域，进一步形成文化批判和文化建设两大主题。

文化批判方面的思考主要有：批评五四以来汉语研究的西方科学主义立场（申小龙，1989、1998、2003），五四以来现代汉语研究是"印欧语的眼光"（徐通锵，1998），将五四以来的新文化运动归结为"去汉字化运动"（孟华，2004），五四以来中国学术在西方文论面前患了"失语症"（曹顺庆，1996），五四白话文运动过于强调语言的断裂性，要对二十世纪以来的中国文化走向进行重估（郑敏，1998），反思现当代文学中的"音本位"和"字本位"思潮（郜元宝，2002），对八九十年代出现的以汉字本位为特征的"母语写作"思潮进行总结（旻乐，1999），《诗探索》从1995年第2期起开辟专栏，发表了大量有关"字思维"的文章。有论者认为，关于母语思维与写作的讨论，"将是我们在21世纪的门槛前一次可能扭转今后中华文化乾坤的大讨论。"（郑敏语）

文化建设方面的思考主要有：强调汉字对汉语的影响及汉语的字本位性质，提出文化语言学理论、汉字人文精神论（申小龙，1988、1995、2001）；提出字本位语言理论（徐通锵，1992、1998；苏新春，1994；潘文国，2002）；提出或倡导文学的"字思维"原则（汪曾祺，1989；石虎，1995；王岳川，1996）；提出汉字书写的"春秋笔法"是中国学术的话语模式（曹顺庆，1997）；中国经学是"书写中心主义"（杨乃乔，1998）；提出以汉字和汉语的融合为特征的"语文思维"概念（刘晓明，2002）；提出中西文化的差异在于"写"和"说"、"字"和"词"（叶秀山，1991）；提出汉字是华夏文明的内在形式，强调汉字与汉语的关系既是汉语的最基本问题，也是汉文化的基本问题（孟华，2004）。

"再汉字化"思潮或中国学术的"汉字转向"的核心问题是汉字与

汉语、汉字与汉文化的关系以及汉字在这种关系中的本位性。

中国历史上重大的文化和学术转型都是围绕汉字问题展开的，抓住这一点，中国学术和中国思想史的许多根本问题就会迎刃而解。而在西方国家，由于使用拼音文字，西方学术界普遍将文字看作是语言的工具，文字学甚至不是语言学内部的独立学科。国内学术界自五四新文化运动以来引进了一种西方语音中心主义的文字学立场，将汉字处理为记录汉语的工具，汉字的性质取决于它所记录的汉语的性质，汉字独立的符号性及其所代表深厚的人文精神被严重忽视。重新评估汉语言文化的汉字性问题就是文化语言学的"再汉字化"立场。它不是简单地对传统语文学的肯定和回归，而是要求重新估价汉字在汉语言、文学、文化研究中的核心地位及其利弊，以实现中国学术与西方学术的差别化和对话：一方面使自己成为西方学术的一个有积极建设意义的"他者"，同时又使西方学术成为中国学术的积极发现者。因此，中国学术21世纪面临一个"汉字转向"的问题：汉语和汉文化的可能性是建立在汉字的可能性基础上的，这是中国学术，包括汉语言、文学、历史、哲学、文化存在的基本条件。这种"再汉字化"立场，是中国文化语言学为世界学术所贡献出的最为独特的东方理论视角。

"再汉字化"转向，也顺应了世界学术的大趋势。当代世界学术经历了两个重要的转向，一是语言学转向、二是文字学或图像转向。

所谓语言学转向，主要表现在文史哲诸人文领域开始思考世界存在的条件是建立在语言的可能性基础上的，文学、史学、哲学都开始关注语言问题，并从语言学那里吸取方法论立场。复旦大学的文化语言学在八十年代举起了中国学术语言学转向的大旗，其语言文化哲学思想在中国哲学界、文学界等人文学科领域均产生了重大影响。

所谓的文字学转向，一般认为肇始于法国哲学家德里达的解构主义哲学。他的"文字"概念是广义的，泛指一切视象符号，如图像、雕塑、表演、音乐、建筑、仪式等等，当然也包括汉字、拉丁字母这样的狭义文字。德里达的基本观点是，现实、知识、真理和历史的可能性是建立在"文字"的可能性基础上的。因此，文史哲在考虑自己研究对象的存在条件时，由对其语言性的思考再进一步转向对语言、文字、图像三者关系性的思考。因为现实、历史和知识不仅仅是以语言为存在条件的，文字、图像也同等重要（在今天的"读图时代"尤其如此）而且更易被忽视。在世界文化格局中，汉字是一种极为独特的符号系统，它处在语言和图像中间的枢纽位置，它既具有图像符号的视觉思维特性，又具有语言之书写符号的口语精神。中国文化的汉字本位性一方面抑制了中国传统文化的图像思维，又抑制了汉语方言的话语精神，汉字自身替代了图像、话语，成了中华民族历史、文学、知识、思维、现实存在的最基本条件。这就是汉字的"本位性"问题。该问题构成了中国学术、中国文化最核心和最基本的问题，学术界和文化界对该问题的觉醒和重新阐释，这就是"汉字转向"或"再汉字化"。中国文化语言学在引领中国上个世纪末的"语言学转向"之后，再次擎起"文字学转向"的旗帜，这是时代所赋予的不可推卸的历史责任。

三、本丛书的基本观点

本丛书提出的汉字文化新视角，基于这样一种学术理念：语言（言）、文字（文）和视象符号（象）三者构成了文化的核心要素和条件。中国语言、学术、文化的基本问题是一个汉字问题，即以汉字为枢纽，在言、文、象三者的对立统一关系格局中研究其中的每一个要素，并将这种以汉字为本的言文象三者既分离又统一看作是中国学术、中国文化存在的最基本条件。它要求我们冲破传统学科分治的壁垒，在一个大汉字文化观的格局下进行学术研究。这种学术立场也可叫做"新语文"主义。

以"再汉字化"研究为宗旨的汉字文化新视角丛书，具体围绕四个基本主题：

一是汉字文化特性的研究，选题有《汉字思维》（申小龙等）；

二是汉字的语言性研究，选题有《汉字的语言性与语言功能》（苏新春）；

三是汉字的符号性研究，选题有《汉字主导的文化符号谱系》（孟华）；

四是汉字书面语研究，分为三个层次：

1）现代汉字书面语的历史发展研究，选题有《"北京官话"与汉语的近代转变》（武春野）；

2）现代汉字书面语的文化特性研究，选题有《书写汉语的声音——现象学视野下的汉语语言学》（朱磊）；

3）现代汉字书面语的网络形态研究，选题有《中国网络言说的新语文》（申小龙、盖建平、游畅）。

本丛书的出版，预示着中国语言文化研究在一个世纪的"去汉字化"的历程之后，"再汉字化"的世纪转向。这一转向的本质就是在中国文化的地方性视界和世界性视界融通的过程中，重新确认汉字在文化承担和文化融通中的巨大功用和远大前景。

申小龙　孟华

2013年8月30日

引　言

一、回到胡适的逻辑起点

1918年4月，胡适在《建设的文学革命论》一文中提出"国语的文学，文学的国语"，作为文学革命的宗旨。他说：

我的"建设新文学论"的唯一宗旨只有十个字"国语的文学，文学的国语。"我们所提倡的文学革命，只是要替中国创造一种国语的文学。有了国语的文学，方才可以有文学的国语。有了文学的国语，我们的国语方才算得真正的国语。[1]

胡适对他自己使用的"国语"概念有过一个说明，旨在证明其主张有历史根据：

我们现在提倡的国语，也有一个中坚分子。这个中坚分子就是从东三省到四川、云南、贵州，从长城到长江流域，最通行的一种大同小异的普通话。这种普通话在这七八百年中已产生了一些有价值的文学，已成了通俗文学——从《水浒传》、《西游记》，直到《老残游记》——的利器。他的势力，借着小说和戏曲的力量，加上官场和商人的需要，早已侵入那些在国语区域以外的许多地方了。（我的国语大半是在上海学校里学的，一小半是白话小说教我的，还有一小部分是上海戏园里听

---

[1] 胡适：《建设的文学革命论》，《新青年》1918年4月18日。

1

得来的。）[1]

也即，一种在中国广泛流行的通行口语（"普通话"），以此为基础的书面语（"通俗文学"），在国家治理（"官场"）、商业活动（"商人"）以及文化传播等因素的共同作用下，得以扩张其影响力。此即现代白话文和国语的历史根基。

胡适所提的"上海学校"即是"中国公学"。中国公学创办于1906年，当时上海"各学校全用上海话教书，学生全得学上海话。中国公学是第一个用'普通话'教授的学校"[2]。

而胡适此处所说的"普通话"，当时的名称是"官话"。在由中国公学学生创办的《竞业旬报》创刊号上，刊载了一篇名为《论学官话的好处》的文章，其中说道：

诸位呀，要救中国，先要联合中国的人心。要联合中国的人心，先要统一中国的言语。……但现在中国的语言也不知有多少种，如何叫他们合而为一呢？……除了通用官话，更别无法子了。但是官话的种类也很不少，有南方官话，有北方官话，有北京官话。现在中国全国通行官话，只须摹仿北京官话，自成一种普通国语哩。[3]

显然，办报人希望将"统一中国的言语"的希望寄托在使用"官话"上。这篇文章给当时刚入学的胡适以深刻的印象，以致在很多年后撰写《四十自述》时，他还能清楚记得这篇文章。

后来在总结白话文运动成功的"因子"时，胡适直接使用了"官话"的概念，将白话文运动的成功归之于"官话"的普及：

我们的老祖宗在两千年之中，渐渐地把一种大同小异的"官话"推行到了全国的绝大部分：从满洲里到云南，从河套到桂林，从丹阳直到川边，全是官话区域。若没有这一大块地盘的人民全说官话，我们的"国语"问题就无从下手了。[4]

---

[1]胡适：《国语讲习所同学录序》，《新教育》1921年第3卷第1期。

[2]转引自欧阳哲生编：《胡适文集》第1卷，人民文学出版社1998年版，第78页。

[3]转引自欧阳哲生编：《胡适文集》第1卷，人民文学出版社1998年版，第79页。

[4]胡适：《中国新文学运动小史》，台湾伟文图书公司1978年版，第23页。

有意思的是，尽管有胡适反复强调，后来的著作反而很少谈到"官话"与现代白话文的关系。尤其是在现代文学史的叙事中，现代白话文的形成，差不多成了新文化运动中，少数文化英雄振臂一呼的结果。

在1979年由唐弢主编的《中国现代文学史》中，将新文学的"新"主要归功于文学表达的思想内容上的革命。谈及文学革命中语言的变革，篇幅甚微——陈独秀发表的《文学革命论》"高张文学革命军大旗"，钱玄同、刘半农的"双簧戏"起到"推波助澜"的作用，胡适的《文学改良刍议》"也有一分功劳"。[1]

直到写于上世纪末的《中国现代文学三十年》，作者才承认"'文学现代化'所发生的最深刻并具有根本意义的变革是文学语言与形式的变革，以及与此相联系的美学观念与品格的变革"[2]。认为"晚清已经开始的白话文运动"为"后来文学革命大力倡导白话文造成一种蓄积"，但近代的一系列文学变革"总体上仍囿于传统文学内部的调整"，真正的变革"有待于1917年前后"。[3]所谓"1917年前后"，是因为在这段时间里新文学的领袖们发表了一系列改革文学工具的文章——1917年胡适发表《文学改良刍议》、陈独秀发表《文学革命论》、刘半农发表《我之文学改良观》、钱玄同与刘半农在《新青年》上唱"双簧戏"，以及1918年胡适发表《建设的文学革命论》等。[4]

倒是当事人更为谦逊。1923年，陈独秀在给张君劢、丁文江《科学与人生观》作序时说：

常有人说：白话文的局面是胡适之、陈独秀一班人闹出来的。其实这是对我们的不虞之誉。中国近来产业发达人口集中，白话文完全是应这个需要而发生而存在的。适之等若在三十年前提倡白话文，只需章行

[1] 唐弢主编：《中国现代文学史》（一），人民文学出版社1979年版，第38～44页。

[2] 钱理群、温儒敏、吴福辉：《中国现代文学三十年》前言，北京大学出版社1998年版，第3页。

[3] 钱理群、温儒敏、吴福辉：《中国现代文学三十年》前言，北京大学出版社1998年版，第4页。

[4] 钱理群、温儒敏、吴福辉：《中国现代文学三十年》前言，北京大学出版社1998年版，第7～11页。

严一篇文章便驳得烟消灰灭，此时章行严的崇论宏议有谁肯听？[1]

显然，陈独秀这时候不但接受了马克思主义的物质基础决定上层建筑的学说，也开始用新理论解释历史问题了。而胡适则有其当仁不让的一面。陈独秀发表此文十多年后，胡适说："白话文的局面，若没有'胡适之陈独秀一班人'，至少也得迟出现二三十年。"[2]

这也许正是后来的史家纷纷将现代白话文的形成归功于"胡适之、陈独秀一班人"的原因所在。但很少有人注意到胡适说的"白话文的局面"与白话文本身的差异。创始之功与推行之功，毕竟不同。尽管是第一本白话新诗集的作者，胡适可没有说过，白话文是"胡适之、陈独秀一班人"无中生有地发明出来的。

这就涉及到现代白话文出现的缘由。还是在《建设的文学革命论》中，胡适提出了一个非常有趣的问题："有些人说：'若要用国语做文学，总须先有国语。如今没有标准的国语，如何能有国语的文学呢？'"[3]

胡适正是从这个问题出发，一路推演出了他的《建设的文学革命论》：既然"没有标准的国语"，自然从来没有"国语教科书"和"国语字典"，而今"若要造国语"，就"必须造国语的文学。有了国语的文学，自然有国语"。[4]

《新青年》杂志上刊载的一系列提倡用白话替代文言、用新文学代替旧文学的文章，如《建设的文学革命论》，以及许多用白话写作的文学作品，如鲁迅的《狂人日记》，向来被认为是现代白话文的催生剂，但我们不妨回到胡适的逻辑起点：在新文化运动之前，到底有没有"国语的文学"呢？在新文化运动之前，到底有没有"标准的国语"，有没有"国语教科书"和"国语字典"呢？

---

［1］张君劢、丁文江：《科学与人生观》，亚东图书馆1923年版，第40页。

［2］赵家璧主编：《中国新文学大系·建设理论集》，上海良友图书公司1935年版，第17页。

［3］胡适：《建设的文学革命论》，《新青年》1918年4月18日。

［4］胡适：《建设的文学革命论》，《新青年》1918年4月18日。

二、"官话"与现代汉语

在回答这些问题之前，有必要对汉语特别是现代汉语的演进历史和特性，做一个简略的回顾。

语言学界把汉语分为古代汉语、近代汉语、现代汉语这三种形态。对现代汉语的分期问题，学者中间一直有争论。角度不同，则观点不一。

（1）从语法角度考察，认为现代汉语的发端在16世纪，以石毓智为代表。石认为，现代汉语区别于古代汉语的语法特征在10~15世纪逐渐形成，15世纪后稳定下来。所以，早期现代汉语从公元901年到1500年，现代汉语从公元1501年到现在。[1]

（2）从词汇和发音的角度出发，认为现代汉语发端在明末清初，以胡明扬为代表。胡认为，明末清初时，在汉民族共同语中就已经出现了属于现代汉语的基本词汇，如"我你他"、"这那"，助词系统中"呢吗吧的了"取代了"之乎者也"，到17世纪入声消失，闭口韵消失，产生了大量卷舌音。[2]

（3）蒋冀骋认为现代汉语从18世纪至今。[3]

（4）认为五四运动是现代汉语的开端，持这一观点的人很多。如王力认为五四以后的汉语为现代汉语。[4]吕叔湘也说，"把五四运动定为现代汉语开始的时期是合理的"。[5]张寿康说："现代汉语的最后形成在五四运动时期"。[6]胡裕树认为，五四运动时期"书面形式和口头形式上都有了统一规范的文学语言，改变了早先的言文不一致和

[1]见石毓智：《现代汉语语法系统的建立——动补结构的产生及其影响》，北京语言大学出版社2003年版，第20~22页。

[2]见胡明扬：《现代汉语讲座》，知识出版社1983年版，第1~5页。

[3]见蒋冀骋：《论近代汉语的上限》（上、下），《古汉语研究》1990年第4期、1991年第2期。

[4]见王力：《汉语史稿》，《王力文集》第9卷，山东教育出版社1988年版，第44~49页。

[5]吕叔湘：《〈近代汉语读本〉序》，见刘坚编著《近代汉语读本》，上海教育出版社1985年版，第2页。

[6]张寿康：《五四运动与现代汉语的最后形成》，《中国语文》1979年第4期。

方言并立的局面"。[1]邢福义说，"'现代汉语'的最后形成和确立，是在五四运动时期（1917~1921）"。[2]向熹认为，汉语的现代期是从五四运动到现在。[3]刁晏斌认为，现代汉语的最终确立和形成是在"五四"时期。[4]

至于五四运动之前发生了什么，中国书面语从文言到白话的转变的动力是什么，除了新文化运动的领军人物，还有哪些人群推动了这种变化，则鲜见于研究。

本文试图填补这些研究链条上的空白，并尝试从一个新的角度来看待汉语特别是书面汉语在近代发生的转变。这个新的角度就是"官话"。换句话说，要回答上文中提到的问题，涉及甚至取决于我们怎么理解"官话"这种语言现象。

什么是"官话"？"官话"是如何形成和普及的？"官话"仅仅是口语，还是也有其书面形态？"官话"与现代白话文有何关系？这些问题在中国语言历史上是极其重要的。这里对前人的研究择要做一回顾。

（一）"官话"的形成

黎锦熙认为，"六百多年来北方话（略依黄河流域）的逐渐扩展，形成'大官话区'"，又因为元代以来"首都长期建在北京"，就形成"官话"这种"标准方言"。[5]

叶宝奎指出，"官话"一词于文献始见于朝鲜《李朝实录》："头目葛贵见直解小学曰，反译甚好，而间有古语不合时用，且不是官话，无人认听。"（《李朝实录·成宗四十一年九月》）一直沿用到20世纪40年代，民国时亦称"国语"。[6]

凌远征认为，"官话"诞生于宋元时期，其命名最早文献出现在明

［1］胡裕树主编：《现代汉语》，上海教育出版社1981年版，第5页。

［2］邢福义：《现代汉语语法研究的两个"三角"》，《云梦学刊》1990年第1期。

［3］见向熹：《简明汉语史》上册，高等教育出版社1993年版。

［4］见刁晏斌：《现代汉语史》，福建人民出版社2006年版，第11~21页。

［5］见黎锦熙：《汉语发展过程和汉语规范化》，江苏人民出版社1957年版，第41页。

［6］见叶宝奎：《明清官话音系》，厦门大学出版社1999年版，第4页。

代，以清雍正上谕与宋元明清的文学创作为推行动力。[1]

袁钟瑞认为，明清的"官话"广义地说，是指广大北方话区的方言，狭义地说是以北京话为代表的华北东北话。虽然明清时期出版了许多以北京语音为基准的韵书，但是官方并没有为"官话"确定语音标准，官场上通行的、各地人都容易听懂也都容易撇上几句的那种话就是"官话"，而京腔京调的北京话则是公认的"标准官话"。[2]

日本人太田辰夫以语言接触的资料为依据，认为自汉代中国就有被异族学习的汉语口语，称为"汉儿言语"。"汉儿言语"在明初消亡了，取代它的是"官话"，到了鸦片战争后"北京官话"形成并作为通用语使用。他从音韵、语法的角度研究了"北京官话"的特点。[3]

林焘论证了从东北到北京，一千多年来民族长期杂居，人口不断流动，语言接触和融合使得这个区域内最终形成了"北京官话"。[4]

（二）"官话"材料的发掘

最早整理"官话"材料的是研究汉语史的日本汉学家。六角恒广提出，自从1867年英国人托玛斯·威妥玛（Thomas Francis Wade）著的《语言自迩集》（*A Progressive Course Designed To Assist The Student Of Colloquial Chinese*：*As Spoken In The Capital And The Metropolital Department*）传到日本，日本人开始学习"北京官话"，日本出现了以《语言自迩集》为摹本而改编的各种"北京官话"教材，如《北京官话伊苏普喻言》（1879年）、《亚细亚言语集》（1880年）、《汉语问答篇日语解》（1880年）、《官话指南》（1881年）、《英清会话自学入门》（1885年）、《华语跬步》（1886年）、《北京官话谈论新篇》（1898年）、《北京官话士商丛谈便览》（1902年）、《官话急就篇》（1904

---

[1] 见凌远征：《新语文建设史话》，河南大学出版社1995年版，第4～6页。

[2] 见袁钟瑞：《话说推普》，语文出版社2004年版，第19页。

[3] 见[日]太田辰夫著，江蓝生、白维国译：《汉语史通考》，重庆出版社1991年版，第181～211页。

[4] 见林焘：《北京官话溯源》，《中国语文》1987年第3期。

年）、《官话北京事情》（1906年）等。[1]

日本人内田庆市在其论文中表示，威妥玛所著《语言自迩集》，是把北京话作为"官话"的第一本教科书。它不仅表明了北京话作为"官话"的胜利，而且作为语言史研究的先驱性资料，在语法等多方面的研究也具有极其宝贵的参考价值。这部著作给近代日本的汉语教学也带来了很大的影响，在19世纪汉语研究以及近代汉语教学史研究方面占据着极其重要的位置。[2]

内田庆市在另一篇文章中，根据16世纪到19世纪来华传教士为学习汉语编写的汉语研究著作，研究当时的"官话"与欧洲人建立的汉语语法理论。内田庆市认为，欧洲人是尽量地接近中国人，并不单纯地模仿西方的语法理论，而是相当重视中国人的传统语言观和汉语实际。[3]

近年来中国人对此问题亦有研究。李无未认为，由美国传教士高第丕（Tarleton Perry Crawford）和中国人张儒珍合编的《文学书官话》（1869年）是用汉语口语书写的在中国印行的最早的北方官话口语语法书，在汉语语法学史上发挥过十分重要的作用，开启了汉语口语语法研究。

张延俊、钱道静系统地分析了《文学书官话》的语法体系，通过与后来定型的现代汉语语法的比较，确定了《文学书官话》在汉语语法史上的地位。[4]

（三）"官话"读音的认定

叶宝奎考察了明清"官话"音的基本面貌及其历史沿革，并将"官话"音与基础方言代表点的口语音（北音、南音）作横向共时比较，认为明清两代的官话音并非一时一地之音，而是历史的产物，是以传统

[1] 见[日] 六角恒广著，王顺洪译：《日本中国语教学书志》，北京语言文化大学出版社2000年版。

[2] 日本关西大学亚洲文化交流研究中心编：《亚洲语言文化交流研究》，上海辞书出版社2009年版，第26页。

[3] 邹嘉彦、游汝杰编：《语言接触论集》，上海教育出版社2004年版，第258~272页。

[4] 见张延俊、钱道静：《〈文学书官话〉语法体系比较研究》，崇文书局2007年版。

读书音为基础的，具有十分明显的历史传承性。[1]数百年间借助政治经济文化的力量（从元至清北京作为全国政治经济文化中心已有较长时间，到了清代，中原古都开封、洛阳的地位与北京已不可同日而语），尤其是元明以来白话通俗文学的蓬勃发展，北京音的地位不断提高。

耿振生代表了另一种意见。他认为，"历史上的官话没有形成一个规范的标准音系，不同的人对官话的理解各不相同，而这就意味着不同的地方的官话必然互有出入"[2]，"正音"只是"文人学士心目中的标准音，它纯粹是一种抽象的观念，没有一定的语音实体和它对应，因此，它只存在于理论上，而不存在于实际生活中"[3]。

江蓝生以晚清时期日本女性学习北京话的课本《燕京妇语》为研究对象，结合同时期的《儿女英雄传》、《小额》等北京话小说，研究"北京官话"的读音、用词特点。[4]

张世方从方言区的划分角度，将北京官话区定为北京一带以及东北、河北等地区。以历史资料《中原音韵》、《重订司马温公等韵图经》、《合并字学集韵》、《李氏音鉴》、《音韵逢源》、《语言自迩集》、《京音字汇》等以及田野调查为依据，从声母、韵母、声调等方面研究"北京官话"的语言概貌。[5]

沈钟伟将契丹小字中的汉语借词和元代《蒙古字韵》中的八思巴字一起分析，得出汉语借词中所使用的契丹原字的语音，进而对所记载的语音特征进行探讨。他的分析表明，"官话"的基本语音特征在辽代就已经出现或确立。这样，把"官话"的形成时间从《中原音韵》的记载推前至少二百多年。[6]

---

[1]见叶宝奎：《明清官话音系》，厦门大学出版社1999年版，第15~24页。

[2]见耿振生：《明清等韵学通论》，语文出版社1992年版，第120页。

[3]见耿振生：《明清等韵学通论》，语文出版社1992年版，第126页。

[4]见江蓝生：《〈燕京妇语〉所反映的清末北京话特色》，《语文研究》1994年第4期~1995年第1期。

[5]见张世方：《北京官话语音研究》，北京语言大学出版社2010年版，第1~27页。

[6]见沈钟伟学术报告：《辽金元文字与早期北方官话》，2010年6月1日于复旦大学。

（四）对"南京官话"是否存在的讨论

鲁国尧根据意大利传教士利玛窦（Matteo Kicc）的记录，认定清代有一个从南方"官话"转向北方"官话"的转变期。[1]

张卫东提出，有明一代至清末的"官话"分南北两支，南方"官话"以江淮"官话"为基础方言、以"南京官话"为标准，且长期处于主导地位，通行全国。耶稣会士所学的是"南京官话"，1876年之前日本人学的也是"南京官话"。[2]

日本人六角恒广则全面梳理了日本近代汉语教学、教材的发展变化，展示了近代汉语教学由教"南京官话"向"北京官话"的转变期。[3]

（五）对"官话"与文学创作关系的讨论

1. 对五四运动前文学创作与"官话"关系的认识

乾隆末年，周春在《阅〈红楼梦〉随笔》中指出，读《红楼梦》要"通官话京腔"[4]。清人张新之《〈石头记〉读法》中指出，《红楼梦》"书中多用俗谚巧语，皆地道北语京语"[5]。

美国人韩南在《中国白话小说史》中论及中国白话小说的语言时说："中国的白话文学用吴、粤等语写成的，比用北方话写的少得多。北方话不但在历代京城（也是文化中心）通用，也流行于广大地区。至迟在唐代以后，北方话就已被认为是白话文学的通用语，就连冯梦龙这样并不居住在北方的人也用此写作。"[6]韩南认为，"北方话"中"最重要的一种是所谓'官话'（以北京上层人士的口语为基础，是官吏、商人以及来往各地的其他人们通用的混合语言，相当于

---

[1] 见鲁国尧：《明代官话及其基础方言问题》，《南京大学学报》1985年第4期。

[2] 见张卫东：《试论近代南方官话的形成及其地位》，《深圳大学学报》1998年第3期。

[3] 见[日]六角恒广著，王顺洪编译：《日本近代汉语名师传》，北京大学出版社2002年版。

[4] 转引自一粟编：《红楼梦研究资料汇编》，中华书局1964年版，第67页。

[5] 转引自一粟编：《红楼梦研究资料汇编》，中华书局1964年版，第156页。

[6] [美]P·韩南著，尹慧珉译：《中国白话小说史》，浙江古籍出版社1989年版，第2页。

英语中的mandarin，它的习惯用法广泛灵活，但还远不能算做标准语言）"。[1]正是基于"官话"还不能算作标准语言的判断，冯梦龙这样一个生活在苏州的大作家，才会用"半标准的北方话"——北方话中"偏东南部分的一种，即流行于长江下游不说吴语的苏、皖等地的语言"[2]写作白话小说。

胡适认为，《水浒传》、《西游记》、《红楼梦》，直到《老残游记》，都是一种"大同小异的普通话"即"官话"的书面产物。[3]

俞平伯在《〈红楼梦〉的思想性与艺术性》一文中说："北京话是全国最优美的语言，《红楼梦》里的对话几乎全都是北京话，而且是经作者加工洗练过的北京话，真是生动极了。"[4]

胡文彬认为，"官话京腔满红楼"，《红楼梦》尽管夹有少量的吴侬妙语、江淮方言、南京下江官话，但整部小说的语言主体却是道地的北京话。[5]

2. 对"新文学"与"官话"关系的认识

"没有晚清，何来'五四'"的故事，并不仅限于文学作品中蕴含的现代观念，也见于书面语。谭彼岸认为，胡适在《文学改良刍议》中所提出的"八事"，"是从章学诚古文八弊脱胎来的"，裘廷梁"从思想内容方面入手，论白话有'八益'，胡适从文字改良形式方面入手论白话有'八不'"，胡适"盗窃裘廷梁陈荣衮的意见"。[6]由于谭的书诞生在政治上批判胡适的特殊时期，其中的论述不免偏激。但到了上世纪八十年代，将晚清的白话文运动看作"新文学"语言直接源头的观点，也开始出现。

郭延礼认为，19世纪末维新运动中产生的白话文热是"五四"白话文的理论基础和语言基础，但没有对其中语言的过渡做出具体

[1] [美]P·韩南著，尹慧珉译：《中国白话小说史》，浙江古籍出版社1989年版，第1页。
[2] [美]P·韩南著，尹慧珉译：《中国白话小说史》，浙江古籍出版社1989年版，第1页。
[3] 见胡适：《国语讲习所同学录序》，《新教育》1921年第3卷第1期。
[4] 俞平伯：《〈红楼梦〉的思想性与艺术性》，《东北文学》1954年第2期。
[5] 见胡文彬：《红楼梦与北京》，陕西人民出版社出版2008年版，第59~62页。
[6] 见谭彼岸：《晚清的白话文运动》，湖北人民出版社1956年版，第23~34页。

解释。[1]

　　吴福辉从"松动的文言"和"过渡的白话"这两个方面来考察现代白话文的形成。认为晚清渐渐有了中国章回体以外阅读要求的读者，他们的阅读趣味在翻译小说。而翻译的白话作品，提供了大量渗透外来词汇和句法的初步经验，为"五四"白话直接提供了样本。[2]

　　陈万雄认为，"清末的最后十年，有一个相当规模的'白话文运动'，并且'是五四白话文运动的前驱，有了这前驱的白话文运动，五四时期的白话文运动才有根据'。"[3]

　　袁钟瑞论证"国语运动"的萌芽阶段可以上溯到19世纪末。其时卢戆章、蔡锡勇、力捷三、沈学、王炳耀、王昭等提出统一全国语音的设想，王照创制了以"官话"为标准音专门拼写"北人俗语"的"官话合声字母"，主张用"京话"为共同语。桐城派古文家吴汝纶把"官话合声字母"推荐给张百熙。张百熙和张之洞等人联名奏定《学部章程》，规定国文一科内附入"官话"一门，由此，王照的官话字母作为统一国语的工具，成为了国语运动的先声。[4]

　　张向东从语言变革的角度，说明现代文学的发生过程。认为文学革命的契机是在清末语言变革中酝酿出来的，除白话的语言形式外，文学革命中提出的一些基本口号和观点，如进化论思想、文学救国观、人的文学观、小说地位的提升、新式标点的使用等，在清末语言变革中都已经提出来了。认为从19世纪末到20世纪初，由于大众教育的需要而提出的"文言一致"，是清末以来语言变革运动的关键。认为语言变革为现代文学的发生所作的准备，既是语言形式方面的，也是思想观念方面的。[5]但与外语接触而导致的白话文地位的提高，及其如何从古白话向现代汉语转化的问题，则没有论及。

[1]见郭延礼：《中国近代文学发展史》第1卷，山东教育出版社1995年版，第8页。

　　[2]见吴福辉：《"五四"白话之前的多元准备》，《中国现代文学研究丛刊》2006年第1期。

　　[3]见陈万雄：《五四新文化的源流》，三联书店1997年版，第133页。

　　[4]见袁钟瑞：《话说推普》，语文出版社2004年版。

　　[5]见张向东：《语言变革与现代文学的发生》，人民文学出版社2010年版。

现代白话文的欧化特征从何而来，也牵涉书面语转变的动力机制。周作人在《圣书与中国文学》中谈到，"中国最早的欧化的文学的国语"是"官话"和合本《圣经》。[1]

周作人的观点在当时十分小众，只有一些教会内部人士持有相同观点，且他们只是提出观点，并没有给过具体的解释：参与过"官话"和合本《圣经》修订的中华全国基督教协进会会长诚静怡，在接受海思波（Marshall Broomhall）访问时说："关于您所问销流广大的官话《圣经》有没有帮助国语被人用作文字媒介的问题，我相信它有……虽然不能说官话《圣经》就是介绍中国新文字的工具。它一定曾在这件事上做过重要的角色。"[2]

出生于基督教家庭、毕业于金陵神学院的朱维之指出，传教士翻译"官话"和合本《圣经》是"中国新文学运动底先驱"，"是最初的'国语的文学'；并且给新时代青年以新的文学作风，新的文学实质"，[3]而其语言成就之所以没有得到应有的评价，是因为"那时一般青年对于基督教还没有认识，没有好感；纵使心里明白这本国语的圣经本是白话文学底先驱，也不肯直接承认"[4]。

这一观点在1949年后销声匿迹。直到近来，才有学者重新考虑这个问题。如意大利人马西尼研究了19世纪以来由于语言接触产生的词汇嬗变，认为现代汉语词汇不仅仅是20世纪初"新文学"运动中语言实验的成果。19世纪以来汉语同外来语接触的结果深刻影响了现代汉语的面貌。[5]

国内学者如冯天瑜认为，自明清之际，传教士来华与中国士大夫合译西书、创制汉字新语以来，对译西洋概念的汉字新词、新式语大量出现。它们造就了从文言文走向白话文的过渡形态——由梁启超首创的

---

［1］周作人：《圣书与中国文学》，商务印书馆1925年版，第18页。

［2］[英]海思波著，陈翼经译：《圣经与中华》，宣道书局1934年版，第7页。

［3］朱维之：《中国文学底宗教背景——一个鸟瞰》，《金陵神学志》1940年12月。

［4］朱维之：《基督教与文学》，上海青年协会书局1948年版，第70～71页。

［5］见[意]马西尼著，黄河清译：《现代汉语词汇的形成——19世纪汉语外来词的形成》，汉语大词典出版社1997年版，第×页。

"新文体"，"自由"、"民主"、"科学"、"美育"、"文明"等新词成为新文化运动的关键词，"～的"、"～主义"、"～学"等新式语丰富了白话文的表现手段，而新文化运动中最关键的因素——输出新思想的功能无不依赖于新词、新式语的表述。由此可见，近代创制的新语推动了白话文运动。[1]

刘皓明认为，不是拉丁式、日式的现代汉语，而是"官话"和合本《圣经》的翻译文，是中国现代诗歌的出发点。[2]

袁进则指出，19世纪中期"运用类似于现代汉语的欧化白话文翻译创作的文学作品已经存在……它们在语言形式上走得比五四新文学更远，在欧化程度上有的作品甚至超过了新文学前期的作品"[3]。正因为19世纪欧化白话文的存在，"我们需要重新思考和调整目前的现代文学研究"[4]。

沈国威通过晚清时期的语言接触，分析了汉语在语法、词汇方面的变化，并进一步说明在此过程中新诞生的语言——"国语"被赋予了前所未有的社会意义。他认为，正是因为语言获得了作为国家、民族、自我三个层面认同的核心装置，才成为日后中国走向现代化（包括现代文学的诞生）的基础。[5]

本书将集中讨论三个问题："北京官话"为何在19世纪后期快速流行；"北京官话"的书面化与欧化；一个旨在将"官话"提升为"国语"的语言改革运动，在19世纪末和20世纪初的中国产生了哪些后果。

三、材料与框架

"官话"一词最早见于明朝，指汉语中不同于各地方言的通行语。

---

[1] 见冯天瑜：《新语探源——中西日文化互动与近代汉字术语生成》，中华书局2004年版，第2~6页。

[2] 见刘皓明：《圣书与中文新诗》，《读书》2005年第4期。

[3] 袁进：《寻找失落的历史——试论近代欧化白话文学的历史失忆》，《文汇报》2007年3月25日。

[4] 袁进：《重新审视新文学的起源》，《解放日报》2007年3月11日。

[5] 见沈国威：《近代中日词汇交流研究：汉字新词的创制、容受与共享》，中华书局2010年版，第3~6页。

雍正于1728年下谕旨要求广州、福建两地的士子去正音书院学"官话",这是第一个由政府颁布要求学习"官话"的文件。在民间,"官话"一词使用时间更长,五四运动之后的几十年里,"国语"与"官话"还常被混用。1949年之后,"普通话"渐渐代替"国语",此时还是有人用"官话"来解释"普通话",可见它是一个流行广泛的概念。

对一个注重史料的国家而言,中国文献中涉及"官话"的材料却异常罕见。得益于一批学习汉语的外来人士,特别是明清来华传教士的记录,我们才能大体看到"官话"的面貌(传教士用英语Mandarin一词对译"官话")、"官话"于五四运动前在中国社会日益盛行的趋势,以及五四运动前发生了的"官话"进入书面表达并发生了欧化的事实。

本书的前两章将论述"官话"的形成及其变迁,以及"北京官话"如何在19世纪中期成为通行的标准口语。"北京官话"的流行是中国语言历史上的重大事件。本书第一章指出,"北京官话"的流行与明清时期北京特殊的地理和政治、经济、文化地位有关,也和清帝国的治理息息相关。

对19世纪中期中国的语言状况,来华传教士和日本人均有持续的观察和记载,这些材料较少公开发表,却为"北京官话"的流行程度留下确凿的证明。笔者将在第二章中对这些材料做一个考辨,并将话题导引至对中国书面语体近代变迁的动力探究上。

现代白话文是一种与文言文和古代白话文都有显著差别的语言,但它又的确是从文言文和古代白话文演化而来。中国的书面语之所以会发生这种变化,我认为有两个主要的动力:其一是书面语脱离文言而越来越趋近当时通行的口语,也即"北京官话";其二是由于翻译等原因,中国语言发生了欧化。从这个角度来说,现代白话文的形成动力,就可以用"官话的书面化"[1]和"欧化"来概括。

关键的转变发生在哪个时期,众说纷纭。但19世纪中期正越来越被

---

[1]"官话的书面化"当然可以理解成狭义上的"口语化"。本文采用"官话的书面化"这一说法,旨在强调到19世纪中期,"北京官话"作为通行的口语,对书面语的转变产生了关键的影响。

看作是一个转折的时代。[1]对不同的研究者来说，由于侧重点不同，可以将不同的事实作为转变的象征。为了说明"北京官话"与中国书面语变迁的关系，本书将引用一些以前很少受到注意的材料。这些材料包括来华传教士用"北京官话"编写的教材、宣教书和小说。这些著作大多数是19世纪中期以来出版的，语言形态不仅与文言迥异，与古代白话文也有明显的差别。如果和现代白话文进行比较，可以发现这种书面语呈现出一种过渡的形态，明显地留下了文体变化的痕迹。

这种过渡性质的文体，是"北京官话"的书面形态——本书称为"晚清书面官话"。晚清书面官话的形成、特征及其欧化，以及传教士对书面官话的特殊贡献，是本书第三章到第六章讨论的重点。

第三章谈到来华传教士对汉语语法的研究。这种研究主要是通过编写工具书体现出来的，这导致拉丁语法开始介入汉语。而第四章则分析了作为一种过渡形态的晚清书面官话的特征。翻译与欧化的关系是第五章讨论的重点。欧化的问题最早发生在翻译的过程中，而在19世纪中后期，来华传教士是翻译西书最积极的群体之一。翻译带来的最早和最明显的变化，当推新词的出现，随之中国书面语的句法和写作技巧也发生了变化。在19世纪后期，书面语的欧化已经成了作者和读者都无法回避的现象，由此引发的争议则一直延续到20世纪的上半叶。

由于"官话"和合本《圣经》的特殊地位和成就，第六章将讨论它与现代白话文的关系。对那些熟习欧洲文明历史的传教士来说，《圣经》的语言与近代国家的标准语有天然的联系。当他们选择用"北京官话"来翻译《圣经》时，毫无疑问也带有语言上的示范意味。从学习"北京官话"、研究"北京官话"到用"北京官话"进行翻译和创作，乃至"官话"和合本《圣经》的出版，我们也可以说，传教士群体不仅参与发现了"标准的官话"，还参与创造了"标准的官话"——至少从他们的意愿上是如此。

---

[1] 如马西尼在《现代汉语词汇的形成——19世纪汉语外来词的形成》一书中十分明确地论述了此观点。见[意]马西尼著，黄河清译：《现代汉语词汇的形成——19世纪汉语外来词的形成》，汉语大词典出版社1997年版，第130～143页。

本书的最后两章主要讨论晚清的两次语言改革运动。这两次运动是中国人发起和推动的，很显然是对鸦片战争后中国政治、经济和文化现状的一种回应。这两次运动历时颇久，从戊戌前后持续到新文化运动时期，包括第七章主要讨论的晚清文字改革运动和第八章讨论的晚清白话文运动。

这两次语言改革运动与传教士对中国语言的"研究和实验"有千丝万缕的联系。文字改革和白话文运动中提出的许多理念、主张和方法，都受到了传教士的影响。有一些工作（如语法研究）则完全是在传教士开创的框架内进行的。

"官话"和合本《圣经》翻译的主持人、美国传教士狄考文（Calvin Wilson Mateer）曾做过这样的预言："毫无疑问，和口语一样丰富的、正确的、高雅的官话也将成为中国的书面语。"[1]尽管现代白话文始终是本书讨论晚清书面官话和欧化现象的坐标系，而且，包括"官话"和合本《圣经》在内，那些有鲜明欧化特征的、成熟的书面官话作品与现代白话文高度近似，但书面官话与现代白话文的关系是一个更加复杂的话题，本书的探讨仅仅是一个开始。

---

［1］Rev. C. Mateer, D. D., LL. D, *A course of Mandarin Lesson*, *Based on idiom*, *Revised* 1906, Shanghai:American Presbyterian mission press, 1909, p. xxix. 原文为："These is little doubt that ultimately Mandarin, enriched, corrected and dignified ,will come to be the written,as well as the spoken, language of China."

第一章 清代正音、宣讲圣谕与"官话"

第一节 "官话"的历史

汉字大体上算是一种象形文字，每个字符与它的发音之间没有天然的联系，而表音文字最基本的单位是音节，音节按照线性顺序排列形成了不同的语词。汉字的组成单位是笔画结构，这些结构在平面上，上下左右组合起来，构成了不同的汉字。汉字通过视觉直观容易辨认，不同汉字间视觉差别非常大。赵元任说："汉字有很强的个性，你要在一页找什么字，眼睛扫到近处，它就直盯着你，呼之欲出。"[1]我们都有这样的阅读经验。

因为汉字是表意的，音义分离是汉字最为重要和基础的特点。这导致了汉语很早就发生了言文分离。

胡适说："战国时，各地方的方言已很不统一"，"文体与语体已分开"。[2]瑞典语言学家高本汉（Bernhard Karlgren）说："文言和俗语的区别，究竟起于什么时代，现在还不能正确地断说。当然这种分歧的趋异是渐渐的，但是在西元后，没有多个世纪，这种趋势已经成立了，

---

[1] 赵元任著，叶蜚声译：《赵元任语言学论文选》，中国社会科学出版社1985年版，第79页。

[2] 胡适：《国语文学史》，安徽教育出版社1999年版，第3～4页。

这是可无疑的。"[1] 吕叔湘说："如果我们能知道，什么时候人们的说话从接近书面语变成跟书面语大不相同，我们就能把这个定为古代汉语和近代汉语的分界线。但是我们没有材料能够证明有过这样一种突变。"[2]

无论言文分离肇始于何时，事实是汉语的言文分离维持了很长一个时期。实际上，汉语一直有稳定的书面表达形式——文言文，这种书面语的基本词汇和语法结构，稳定地存续了近两千年。清代的书面语比之秦汉时期的书面语，其在用词和语法结构上的差别并不大。这造就了独一无二的、以文字为核心的中国文化。整个社会制度也配合着这种文化的生产和存续。唐宋以来，读经的风气和科举制度更加巩固了文言文的地位。

和中国书面语的形态超级稳固相比，中国的口语由于地域和时间的推移演化，变得千差万别。言文分离，千差万别的口语体系和超级稳定的书面语并存，这就是中国语言主要的历史面貌。

但这并不是说历史上没有一种大范围通行的口语存在。实际上，自春秋以来，中国就有一种较为统一的"共同语"。《论语·述而》载："子所雅言，诗书执礼，皆雅言也。"所谓"雅言"，一为"正"意，庄重典雅的意思；一为共同语的标准音；一为"夏"意，即夏言，华夏部族的共同语，其通行范围从秦晋到齐鲁（黄河中下游一带）。[3]

中原一带自古是华夏民族最早繁衍生息之地，也是中化文明的摇篮。春秋时期的华夏语（以中原音为标准音的雅言），就为后来汉民族共同语的发展奠定了基础。历史上，汉语以北方话为基础方言的格局始终没有改变。宋以后，由于政治经济文化中心迁移，也导致了基础方言代表点口语音的迁移变化（由中原音到北京音的过渡是逐渐的、缓慢的），但中原地区始终是汉语基础方言的中心地带。

从元开始，首都（燕京、大都、北京）方言开始成为一种新的雅

［1］[瑞典]高本汉著，张世禄译：《中国语与中国文》，商务印书馆1933年版，第44页。

［2］刘坚编著：《近代汉语读本》，上海教育出版社1985年版，第2页。

［3］见黎锦熙：《汉语发展过程和汉语规范化》，江苏人民出版社1957年版，第17页。

言，并以此为基础创造了诸多文学作品，如北曲、杂剧、章回小说。这种新的雅言，黎锦熙称之为"官话"、"京腔"、读书"正音"。早在半个世纪前，黎锦熙就说"这600年间应当专篇评述"[1]。

为什么"官话"的历史应当专篇评述呢？这是因为，如果从"官话"这一角度看待中国语言文字的变迁，并联系到清末以来的新发展，中国语言文字的历史很可能会有一种新的面貌。

"官话"大致相当于现代汉语的"普通话"。据查，"官话"一词于文献始见于朝鲜《李朝实录·成宗四十一年九月》。既然已现于域外文献，由此推测，"官话"一词在明初应已经在中国通行。明人张位《问奇集·各地乡音》记载："大约江北入声多作平声，常有音无字，不能具载；江南多患齿音不清，然此亦官话中乡音耳。若其各处土语更未易通也。"[2] 目前所见，这是中国本土文献中最早关于"官话"的记录。

据叶宝奎考证，至明末，意大利传教士罗明坚（Michele Ruggier）、利玛窦编的《葡汉辞典》里，已有"官话"的条目："Falla Mādarin cuō cua cin yin官话正音"。"Falla指语言，Mādarin是指挥和命令的意思。葡语Falla Mādarin指'官员的语言'，葡萄牙人用以指中国官员所使用的语言。"[3]《利玛窦中国札记》更为具体地记述了明代"官话"的情况。利玛窦指出，中国各省口语大不相同，即各有方言乡音。此外"还有一种整个帝国通用的口语，被称为官话（Quon hoa），是民用和法庭用的官方语言。……这种官方的国语用得很普遍，就连妇孺也都听得懂"[4]。

可见，到明代"官话"流行的范围已经相当广，而且突破了阶级界限，成为帝国内部各阶层通行通用的语言。

"官话"一词一直沿用到20世纪40年代，后来亦用作北方话的统

---

［1］黎锦熙：《汉语发展过程和汉语规范化》，江苏人民出版社1957年版，第18页。

［2］转引自叶宝奎：《明清官话音系》，厦门大学出版社1999年版，第93页。

［3］叶宝奎：《明清官话音系》，厦门大学出版社1999年版，第5页。

［4］[意]利玛窦、[比]金尼阁著，何高济译：《利玛窦中国札记》，广西师范大学出版社2001年版，第22～23页。

称。凡属于基础方言的次方言，甚至地点方言均可称为"××官话"，如"西南官话"、"兰银官话"、"下江官话"、"桂林官话"等等。这是"官话"的引申用法，与其本义已有区别。

汉语方言复杂，学习"官话"实际上主要是学习"官话"音。清俞正燮《癸巳存稿》卷九载："嘉庆十一年，奉旨：上书房行走者，粤东口音于授读不甚相宜。谨案《诗》《书》执礼，孔子皆用雅言，不用齐鲁音，而经史多有方音，学者贵知之。然必立一雅言为之准，而后方言可附类而通也。"[1]所谓"必立一雅言为之准"，就是要树立标准音。这种标准音不但在文化学习传承（授读诗书）时是必要的，而且在国家治理（宣读训谕、审判词讼）等场合也是必要的。

汉语标准音历来称为雅音、汉音、正音。明初宋濂《洪武正韵序》中记："以中原雅音为定。复恐拘于方言，无以达于上下。"[2]《洪武正韵·凡例五》中记："欲知何者为正音，五方之人皆能通解者斯为正音也。"[3]明人梅膺祚《韵法直图·梅序》中记："读韵须汉音，若任乡语，便致差错。"[4]"官话"乃明清时期特有的称呼。清人张祥晋《七音谱》记："庄重之音曰雅音，即正音也。今吾儒讽诵经典、肃对大宾，固必用庄重之音。"[5]清人林守超为《白姓官话》所作的《校正序》记："予今年登七十有四，间尝考究天下言语，各有不同，俱系土音，难以通行，惟有正音官话，所以通行天下，学习者唇喉齿舌，须当辨别清明，方得正音官话。"[6]清人高静亭《正音撮要序》中说："正音者，俗所谓官话也。"[7]这些材料都可以证明，"官话"在明清之际，主要是指口语发音。

---

[1] 俞正燮撰，安徽古籍丛书编审委员会编撰：《俞正燮全集》第2册，黄山书社2005年版，第370页。

[2] 转引自甯忌浮：《〈洪武正韵〉研究》，上海辞书出版社2003年版，第164～165页。

[3] 转引自甯忌浮：《〈洪武正韵〉研究》，上海辞书出版社2003年版，第167页。

[4] 转引自叶宝奎：《明清官话音系》，厦门大学出版社1999年版，第6页。

[5] 转引自叶宝奎：《明清官话音系》，厦门大学出版社1999年版，第6页。

[6] 转引自[日]濑户口律子：《琉球官话课本研究》，香港吴多泰中国语文研究中心1994年版，第68页。

[7] 转引自叶宝奎：《明清官话音系》，厦门大学出版社1999年版，第6页。

从元至清，北京长期是中国的政治文化中心。"北京音借助政治经济文化的力量，尤其是元明以来白话通俗文学的蓬勃发展，使得北京音地位不断提高。"[1]清晚期，北京音已经取代其他各地方音，成为"官话"正音。清人莎彝尊《正音咀华·十问》说得很清楚："何为正音?答曰：遵依钦定《字典》、《音韵阐微》之字音即正音也。""何为南音?答曰：古在江南省建都，即以江南省话为南音。""何为北音？答曰：今在北燕建都，即以北京城话为北音。"[2]将"官话"发音标准的变迁描述得很清晰。

《正音咀华》是专为广东人学习正音而编撰的，出版于1853年。数十年后，清末切音字运动的代表人物王照就明确提出，应以"京语"来统一全国的语言。他在《官话合声字母·新增例言》中说，"官话"的代表"宜取京话。因北至黑龙江，西逾太行宛洛，南距扬子江，东傅于海，纵横数千里，百余兆人，皆解京话。外此诸省之语，则各不相通，是京话推广最便，故曰官话。官者，公也。公用之话，自宜择其占幅员人数多者"[3]。

至此，以流行程度最高（"占幅员人数多者"）的北京音为中国"官话"的标准音，已经成了这一问题上的主流看法。

第二节　"官话"普及：以宣讲圣谕为中心

前文已经提及，在幅员辽阔、口音杂异的中华帝国，使用"官话"是一种国家治理的需要。至清中期，能操"官话"，已经成了进入统治阶层的标准和前提之一。

1728年，雍正下谕旨，令福建、广东两省督抚为确保正音（即"官话"），聘用能讲标准"官话"的教官在各省从教，由此福建各地建立

---

[1] 见叶宝奎：《明清官话音系》，厦门大学出版社1999年版，第14页。

[2] 转引自叶宝奎：《明清官话音系》，厦门大学出版社1999年版，第22页。

[3] 见王照：《官话合声字母》，文字改革出版社1957年版，第9页。标点为引者所加。

了正音书院。清俞正燮《癸巳存稿》载：

> 雍正六年，牵旨以福建、广东人多不谙官话，著地方官训导。廷臣议以八年为限，举人、生员、贡监、童生不谙官话者，不准送试。福建省城四门设立正音书馆。[1]

这是中国历史上第一个由皇帝颁布，通过行政命令的方式，在全国推行"官话"的尝试。"正音"的目的，在雍正六年八月的上谕中说得很明白：

> 朕每引见大小臣工，凡陈奏履历之时，惟有福建、广东两省之人，仍系乡音，不可通晓……则赴任他省，又安能于宣读训谕，审断词讼，皆历历清楚，使小民共知而共解乎。官民上下，语言不通，必致胥吏从中代为传述，于是添饰假借，百弊丛生，而事理之贻误者多矣。[2]

清朝当时实行的是官员异地委任制度，异地为官的官员必须能与当地人口头交流。显然，雍正推广正音的主要目的，是要使官民之间上传下达没有语言障碍，保证官员治理国家的有效性。

清疆域广阔，开国伊始，帝王们就格外关注皇权的维系。而前朝的万历皇帝不直接管理臣民，而以权臣或宦官为传达旨意的桥梁，使得别有用心的权臣和既无学识又无责任感的宦官群体，获得了特别的权力而给帝国治理带来灾难性后果。[3]这更是提醒清朝的统治者，上情下达的途径必须畅通，皇帝的旨意要直接下达到官僚层，并传递给民众。

作为疆域广大的帝国的最高统治者，清朝皇帝不但重视口语的统一，还特别注重帝国内部道德和价值观念的认同和统一。这两者最终合流，引发了清帝国内一股用"官话"进行道德教诲的持久潮流。

康熙九年（1670年），皇帝颁布十六条《圣谕》，对百姓直接实施

---

[1] 俞正燮撰、安徽古籍丛书编审委员会编撰：《俞正燮全集》第2册，黄山书社2005年版，第369页。

[2] 转引自铁玉钦主编：《清实录教育科学文化史料辑要》，辽沈书社1991年版，第345页。

[3] 对此问题的详细论述，见黄仁宇《万历十五年》中《万历皇帝》一章。

教化，希望他们遵守本分，做一个良民。[1]到了雍正时期，皇帝对此事更加热情。雍正亲自演绎圣谕十六条为万字浅文言的《圣谕广训》，于雍正二年（1724年）颁行天下，下旨要求全国设立宣讲场所，逢初一、十五，由地方官员进行宣讲。《清史稿》载：

> 己亥，世祖御制《劝善要言》译汉书成，颁行直省学官，朔望与《圣谕广训》一体宣讲。[2]

地方官吏在宣讲圣谕的时候，并非简单照本宣科，还有所阐发，注重结合各种道德材料，以求达到更好的宣教效果。《清史稿》记载了鄱阳下层官员冷鼎亨对《圣谕广训》的认识："'化民有本，未教而杀之，非义也。'以《孝经》证圣祖《圣谕广训》为浅说，妇孺闻之皆感动。"[3]

《清史稿》又载：

> 十九年，陶澍以病解职，代署两江总督。方严烟禁，筹海防，甚被倚畀。疏言："自嘉庆以来，乡曲细民多受邪教诱胁，为风俗人心之害，由于正教不明。请敕儒臣阐明《圣谕广训》，黜异端之旨，撰为韵言，布之乡塾，俾士民童年诵习，以收潜移默化之效。"特诏允之。[4]

令人遗憾的是，浅文言的《圣谕广训》，往往不能为"俾士民童所诵习"。湖北荆州总兵杜森在条陈中说：

> 臣闲暇之时，复进部伍各丁，询及《广训》意义，则面面相觑，俯首莫答，不惟粗笨之人如此，稍识文义之丁，亦不过领会十之一二，莫

[1] 清朝皇帝的这个宣讲圣谕令，很可能受到元代蒙古族统治者的启发。蒙古族统治者为了巩固其政权，十分重视有利于建立大一统体系的儒家学说，但由于文化差异，蒙古人对于文言写就的儒家经典，掌握起来不是那么容易。于是，元代开始推行用口语讲解儒家经典，并将其记录成文，如吴澄《经筵讲义》，许衡《直说大学要略》、《大学直解》、《中庸直解》，贯云石《新刊全相成斋孝经直解》，均是当时的口语讲经书。

[2]《德宗本纪一》，见赵尔巽等撰：《清史稿》第4册，中华书局1976年版，第900页。

[3]《循吏四》，见赵尔巽等撰：《清史稿》第43册，中华书局1977年版，第13088页。

[4]《列传一百六十八》，见赵尔巽等撰：《清史稿》第38册，中华书局1977年版，第11633页。

能豁然通晓。[1]

这是因为中国书面文字——文言与口语长期脱离，书面语越来越趋于高雅难懂，民众识字不易，教育也并不普及，地方上的民众文化水平很低。19世纪之前，中国人口的识字率与现代化以前的大多数国家一样，不超过20%，十之八九不识字。所以，即便是浅近文言，照本宣科仍是不能为一般民众所听懂。

为了使妇孺皆能明白，地方官员宣讲时除了遵照皇帝颁布的本子，还要进一步口语化处理。官员宣讲圣谕时就有两个选择，要么用当地方言，要么用通行的"官话"讲解。

万字本《圣谕广训》再俗化为白话本，官员要做的是阐释、衔接工作，这是用口语翻译浅近文言的过程。清代地方官员任职要回避本省，若是外任官在籍（原籍或寄籍）五百里内者（包括邻省），都得回避，所以地方官员大多是外地人，不通当地方言，宣讲只能用"官话"，至多吸收少数方言词汇和表达。

这一点有材料为证。除了口头宣讲，还需要记载成文，便于今后反复宣讲，一旦记载成文，也就不尽是口语了，"官话"也就经历了一个书面化的过程。宣讲和记录的结果是产生了两本重要的白话本宣讲材料：《圣谕广训直解》（作者不明）与《圣谕广训衍》（作者为天津人王又朴）。

这两本书中使用的白话文达到了相当的水平。以阐释圣谕十六条的第一条《敦孝弟以重人伦》为例。《圣谕广训直解》释为：

> 你在怀抱的时候，饥了呢自己不会吃饭，冷了呢自己不会穿衣，你的爹娘看着你的脸儿，听着你的声儿……你若是略略有些病儿，就愁的了不得了……古人说得好："养子方知父母恩。"[2]

《圣谕广训衍》释为：

---

[1] 转引自周振鹤撰：《圣谕、〈圣谕广训〉以及相关的文化现象》，见周振鹤撰集，顾美华点校：《圣谕广训：集解与研究》，上海书店出版社2006年版，第605页。

[2] 转引自周振鹤撰集，顾美华点校：《圣谕广训：集解与研究》，上海书店出版社2006年版，第165页。

你们在怀抱的时候，饿了呢自己不会吃饭，冷了呢自己不会穿衣服，你的老子娘看着你的脸儿，听着你的声音儿……你若是略略的有点病儿，就愁得了不得……古人说的好："养儿方知父母恩。"[1]

《圣谕广训直解》在晚清的教育改革中被纳入"官话"教育的教材；《圣谕广训衍》的语言被日本研究中国语的专家鱼返善雄高度称许，认为平明流丽，远胜民国初年蹩脚的白话文[2]，不是没有道理的。

这段《圣谕广训》的第一条，在卢赣章1906年编《北京切音教科书》中用白话解为：

小孩儿在手里抱着的时候，饿了自己不会吃，冷了自己不会穿，做爹妈的，刻刻当心。听他的声音，看他的脸色……他有病，做爹妈的吃亦吃不下，睡亦睡不着……这样看起来，爹妈的恩情，实在像那即大的天，无穷无尽啦。[3]

卢赣章"照着雍正皇上所说的话解做白话"，将宣讲体改为叙述体，除了人称的转化，用词、句法上来说改动并不大。

下层官员大量翻刻这两种版本用于宣讲《圣谕广训》，这种现象被当时的来华传教士所注意。英国传教士理雅各（James Legge）在其文章中说，韩韺巡抚广东期间，颁布政令让各地官员将王又朴的白话本《圣谕广训衍》散发到各处，以便民众都能知晓。[4]南粤向来以方言独特难懂而著称，天津人王又朴以北方方言为基础的白话本使得南粤百姓接触到了"官话"正音，韩韺推行《圣谕广训衍》，无疑也是推广了"官话"。在宣讲《圣谕广训》的过程中，无意推行了"官话"的传播与学习，甚至连学习中国语言的外国人都受其影响。这一点下文将有论及。

---

[1] 转引自周振鹤撰集，顾美华点校：《圣谕广训：集解与研究》，上海书店出版社2006年版，第163页。

[2] 周振鹤撰集，顾美华点校：《圣谕广训：集解与研究》，上海书店出版社2006年版，第596页。

[3] 卢赣章：《北京切音教科书》（首集、二集），文字改革出版社1957年版，第79~80页（标点为引者所加）。

[4] 见 *The China Review:or Notes and Queries on Far East*（《中国评论》），1877，Vol.6，No.3， P148~149，转引自段怀清、周伶俐：《〈中国评论〉与晚清中英文学交流》，广东人民出版社2006年版，第137~138页。

当时出现了很多《圣谕广训》宣讲材料，大多为"官话"本，文言本很少见。据周振鹤先生考证，文言本仅见《圣谕广训疏义》（1890年）一种。[1]宣讲圣谕时，碰到福建这样与"官话"差别大的方言区时，官员一般是用"官话"照本宣科，有人再用方言讲解，由于方言很多字有音无文，所以方言本很少，目前只有吴语本《圣谕广训直解》和嘉兴方言本《圣谕广训通俗》两种。[2]

宣讲圣谕是雍正之后清代一件大事。除了《时宪通书》、《万宝全书》之外，《圣谕广训》是清代全国第三种最通行的书。[3]清代雍正之后，学校教育中每逢初一、十五都要由老师带着学生宣讲《圣谕广训》。直到中国建立起第一所官立新式学堂——山东大学堂时，每月初一、十五，教习也都会率领学生前往学堂内供奉孔子处宣讲《圣谕广训》。

光绪四年（1878年），英国商人美查（Ernest Major）兄弟在上海开设了点石斋印书局，为了尽快实现盈利，美查兄弟选择了《康熙字典》和《圣谕详解》为其开业刊印之书，这是因为"全国考试州县岁试，万千生员无不人手一册，以图默书不错"[4]。

圣谕的宣讲甚至影响了当时来华传教士的传教行为。基督教在全世界扩张的过程中，宣讲《圣经》一直都是极其重要的内容，来华传教士也同样恪守这个传统。有史料表明，早在1630~1640年间，传教士们就在福建开始了口头宣讲福音的活动，其宣讲底本来自《口铎日钞》。根据孙尚扬、钟鸣旦的研究：

宣讲似乎都是在弥撒之后举行的……该书（指《口铎日钞》）有几处提到"某日，圣事毕，神父召众人曰：'今日之万日略经讲

---

[1]周振鹤撰集，顾美华点校：《圣谕广训：集解与研究》，上海书店出版社2006年版，第613页。

[2]周振鹤撰集，顾美华点校：《圣谕广训：集解与研究》，上海书店出版社2006年版，第616~617页。

[3]王尔敏：《明清社会文化生态》，广西师范大学出版社2009年版，第3页。

[4]王尔敏：《明清社会文化生态》，广西师范大学出版社2009年版，第3页。

道……'"然后，通常要接着布讲一段圣经，并提供解释。[1]

其时，宣讲的内容大多是《圣经》故事，这种做法符合当时佛教讲故事的传统。而到了清时，传教士的口头宣教不再如早期学于佛教，转而向圣谕宣讲学习。

各种宣讲圣谕的底本成了传教士宣讲福音的参照，更成为帮助传教士学习汉语的教材。美国传教士米怜（William Milne）在1810年英译了康熙十六条圣谕、雍正《圣谕广训》以及《圣谕广训衍》，名为*The Sacred Edict, Containing Sixteen Maxims of The emperor Kang-Hi, Amplified by his son, The emperor Yoong-Ching together with a paraphrase on the whole, by a Mandarin*（原书中文名为："圣谕，包括康熙皇帝的十六条箴言，并由其子雍正皇帝加以注释，还附有一位中国官员根据中文原义的意译和注解"）。其中《圣谕广训衍》的文字被认为是 Mandarin，可能是因为来华西人的母语一般都是言文一致的拼音文字，所以他们用 Mandarin 这个词既指汉语通用口语——"官话"，也指书面语，Mandarin 在指书面语时大多用来指基于通行口语的书面语，有时候也指中国已有的旧白话文，这二者的区别后文将论及。

据米怜1815年11月16日在澳门写的第一版自序可知，圣谕十六条、《圣谕广训》、《圣谕广训衍》，正是新教第一本中文《圣经》的翻译者马礼逊（Robert Morrison）推荐给他看的。1870年，上海美华又出版了米怜译本的第二版。1859年第一本"北京官话"教科书的作者托玛斯·威妥玛在其1859年出版的汉语课本《寻津录》中，也节译了《圣谕广训》。

英华书院院长理雅各也十分看重清廷宣讲圣谕的事件。他在《中国评论》（*The China Review*）上撰文介绍圣谕十六条、《圣谕广训》及各类注解的内容以及对维持统治的意义。理雅各认为，《圣谕广训》是"优秀的中国文学范本"，对王又朴的白话本《圣谕广训衍》在使用北

---

[1] 孙尚扬、[比利时]钟鸣旦：《1840年前的中国基督教》，学苑出版社2004年版，第396页。

方俗语便于在不同方言区的百姓中间传播上，给予了肯定。[1]1877年9月，回国任牛津大学中文教授的理雅各，在牛津大学分四次演讲了圣谕十六条、《圣谕广训》及其各类白话注解，这时恰逢中国人郭嵩焘出使英国，郭聆听了理雅各的第四次演讲。

在"官话"和合本《圣经》（*Union Mandarin Version*）翻译小组的领导人狄考文的汉语教学工具书《官话类编》（*A course of Mandarin Lesson,Based on idiom*）中，明确提到书中所教授"官话"的来源之一就是*The Scared Edict*。

参与"官话"和合本《圣经》翻译的传教士鲍康宁（F. W. Baller）于1892年在美华出版了英译本《圣谕广训直解》——*The Sacred Edict, with the Translation of Colloquial Rendering*（中文书名为："圣谕，附有白话的翻译"）。鲍康宁在此书的序中说："因为《圣谕广训》的白话译本，由很多重要的惯用语和常识性故事编纂起来的，因此是中国话的一大宝库，由此书面学中国话，易于达到圆熟的水平。"[2]在他编辑的工具书《中英字典》（*An Analytical Chinese-English Dictionary*）前言中，也明确提到其书所教"官话"的来源之一是*The Scared Edict*。

1903年，清廷颁布了《奏定学堂章程》，规定蒙学堂、小学堂、中学堂等各学科的教学内容、教学时间、教学方法，这是我国建立近代初等教育制度的开始。1904年1月13日，管学大臣张百熙接旨制定各级学务章程，这是我国第一个正式颁布后在全国实际推行的学制。张百熙所撰《学务纲要》中要求"各学堂皆学官音"：

各国言语全国皆归一致，故同国之人，其情易洽，实由小学堂教字母拼音始。中国民间各操土音，致一省之人彼此不能通语，办事动多扞格。兹拟以官音统一天下之语言，故自师范以及高等小学堂，均于中国

---

[1]见*The China Review: or Notes and Queries on Far East*（《中国评论》），1877，Vol.6，No.3，P148～149，转引自段怀清、周伶俐：《〈中国评论〉与晚清中英文学交流》，广东人民出版社2006年版，第138页。

[2]周振鹤撰集，顾美华点校：《圣谕广训：集解与研究》，上海书店出版社2006年版，第620页。

文一科内附入官话一门。其练习官话，各学堂皆应用《圣谕广训直解》一书为准。将来各省学堂教员，凡授科学，均以官音讲解，虽不能遽如生长京师者之圆熟，但必须读字清真，音韵朗畅。[1]

这无疑是对《圣谕广训直解》作为"官话"典范的最好肯定。直至晚清文字改革时，在改革者编写的教材中，也是拿圣谕的白话翻译作为语言材料的。[2]

在实际操作中，清政府确实把"官话"教育纳入了全国中小学教育中。1903年颁行《奏定高等小学堂章程》中的《高等小学堂科目程度及每星期教授时刻表》规定："中国文学课"第一年"读浅显古文，即授以命意遣词之法，兼使以俗话翻文话，写于纸上，约十句内外。习楷书，习官话"；第二年"读古文，使以俗话翻文话写于纸上，约二十句内外。习楷书，习官话"；第三年"读古文，作极短篇记事文，约在百字以内。习行书，习官话"；第四年"读古文，作短篇记事文、说理文，约在二百字以内。习行书，习官话"。[3] "习官话者，即以读《圣谕广训》直解习之，其文皆系京师语，每星期一次即可。"[4]至于"习通行之官话"的目的，《学科程度及编制章程》中明确表示"期于全国语言统一，民志因之团结"[5]。

1909年，清政府资政院开会，资政院议员江谦正式提出把"官话"定名为"国语"。《圣谕广训直解》随后就被写入《学务章程》，作为官方规定使用的"国语教科书"。

当然，雍正以来的圣谕宣讲对推广普及"官话"虽有着极为重要的功绩，但却没有因此改变士大夫使用文言的习惯。《圣谕广训》本身的

---

[1] 转引自舒新城编：《近代中国教育史料》，中国人民大学出版社2012年版，第199页。

[2] 如蔡锡永1896年编《传音快字》中使用了《圣谕广训衍》的部分章节。在向资政院提议筹备官话传习所的说贴中，程先甲就说官话课本未颁布时"即用圣谕广训直解教授"。卢赣章1906年编的《北京切音教科书》中用白话解《圣谕广训》。

[3] 转引自舒新城编：《中国近代教育史资料》中册，人民教育出版社1981年版，第432～434页（标点为引者所加）。

[4] 转引自舒新城编《中国近代教育史资料》中册，人民教育出版社1981年版，第432页。

[5] 转引自舒新城编《中国近代教育史资料》中册，人民教育出版社1981年版，第431页。

语言与文化价值并不为清朝官员们所看重，他们"内心是看不起的，认为这是教导愚民遵守道德规范的教科书，并没有什么深奥的道理……至于他们口中所谓的'可与五经之传、四子之书并垂天壤'（李士祯《重梓上谕序》），多半是拍马屁的话"[1]。

但无论如何，雍正推广正音和要求宣讲圣谕的旨意，在推广"官话"的效果上看来是明显的。英国人斯当东（George Staunton）跟随英国特使马戛尔尼于乾隆五十八年（1793年）前往中国时，看到的景象是"广州有本地特殊方言，所有住在广州的人，除了官吏而外，都讲这种话。官吏都是外省来的，他们讲的是一种全国通行的官话"[2]。而数十年后，也即19世纪中前期，在广州的法国人观察到：

有一种官方语言通行中国全国，即文人的语言，因此称为"官话"。对这两个字有一种错误的解释，让人误以为"官"所说的话和老百姓不同。其实这仅仅是国语（公众的，众人皆知的）和方言之间的一种区别，说方言的人被称为"鄙话"，简单的语言。[3]

———————————

　　[1]　周振鹤撰集，顾美华点校：《圣谕广训：集解与研究》，上海书店出版社2006年版，第618页。

　　[2]　[英]斯当东著，叶笃义译：《英使谒见乾隆纪实》，上海书店出版社2005年版，第498页。

　　[3]　[法]老尼克著，钱林森、蔡宏宁译：《开放的中华：一个番鬼在大清国》，山东画报出版社2004年版，第62页。

第二章 "官话"逐渐成为中国通行语

传教士作为一个群体，对中国"官话"的普及和发展有特殊的贡献。因为传教需要，来华传教士形成了学习中国语言的传统，不仅编撰了大量语言工具书，主持翻译（不仅将西方著作译成中文，也将中国经典译成西文），创办和发行报刊，还留下了大量关于"官话"在明清时期流行状况的记录。

这些详细而忠实的记录，很少能从同时代的、以文言文为主的中国文献中见到。但可以在其他学习中国语言的外国人留下的记载中得到佐证，其中尤以来华学习中国语言的日本人所遗材料最为珍贵。

不管是传教士的记载，还是来自日本的材料，都证明了一件事：由明及清，"官话"逐渐成为中国的通行语。

第一节 来华传教士学习"官话"

1580年，意大利耶稣会士罗明坚踏上中国的土地，开启了明清基督教来华传教的历史。

耶稣会创立于1534年，其领袖是西班牙人伊格纳修·罗耀拉（Ignacio de Loyola）。"耶稣会与旧有的中世纪修会的不同之处，在于其成员关注的主要是拯救别人，而不是隐修生活。除该宗教通常的三个誓言之外，他们又增加了第四个，即不论教皇诏令到何处去拯救灵魂，

33

他们都无条件地、毫不拖延地前往。"[1]背负上拯救别人灵魂的使命，耶稣会士们历经万难义无反顾地来到远东。明代实行海禁，耶稣会士最早抵达澳门，准备以此作为跳板进入中国，但等待他们的命运却是望海兴叹。为了进入中国，传教士花费几代人的时间。

想在中国传教，传教士首先要解决语言不能沟通的问题。但是中国政府一直禁止向外国人教授中国语言。直到新教来华时这一情况依然存在，给马礼逊教中文的一位中国人身上就带着毒药，以备不测之用。而美国传教士卫三畏（Samuel Wells Williams）的中文教师每次授课时都带着鞋子与修鞋工具，当陌生人进来时便以修鞋做掩护。

传教士们不得不更多靠自己的观察来学习中国语言。罗明坚之后来华的意大利传教士利玛窦观察到汉语中书面语与日常谈话语言的差异：

在风格和结构上，他们（指中国）的书面语言和日常谈话中所用的语言差别很大，没有一本书是用口语写成的。[2]

"书面语"毫无疑问就是文言文，"日常谈话中所用的语言"和"口语"则可能是指方言，也可能是指"官话"。

如前文所述，在罗明坚和利玛窦合编的《葡汉辞典》正文里，已有"官话"的条目："Falla Mādarin cuō cua cin yin官话正音"。《利玛窦中国札记》里更为具体地记述了明代"官话"的情况。利玛窦指出，中国各省口语也大不相同，即各有方言乡音，此外，

还有一种整个帝国通用的口语，被称为官话（Quon hoa），是民用和法庭用的官方语言。这种国语的产生可能是由于这一事实，即所有的行政长官都不是他们所管辖的那个省份的人，为了使他们不必学会那个省份的方言，就使用了这种通用的语言来处理政府的事务。官话现在在受过教育的阶级当中很流行，并且在外省人和他们所要访问的那个省份的居民之间使用。懂得这种通用的语言，我们耶稣会的会友就的确没有

---

[1] [英]雷蒙·道森著，常绍明、明毅译：《中国变色龙》，时事出版社、海南出版社1999年版，第55页。

[2] [意]利玛窦、[比]金尼阁著，何高济译：《利玛窦中国札记》，广西师范大学出版社2001年版，第22页。

必要再去学他们工作所在的那个省份的方言了。……这种官方的国语用得很普遍，就连妇孺也都听得懂。[1]

西班牙传教士瓦罗（又译万济国，Francesco Varo）1649年来到中国，长期在福建传教。在其1682年编写，1703年由方济会的传教士石铎琭（Pedro de la Pinuela）在广州出版的《华语官话语法》（*Art de la Lengua Mandarina*）中，他谈到，"传教士应该使自己限于口语写作和学习口语，并且在学了口语的用法后，用它们来布道"。[2]瓦罗指出，当时中国有三种说话的语体（moden of speaking）：

第一种是高雅、优美的语体，很少使用复合词，怎么写就怎么说。这种语体是在受过教育的人们之间使用。第二种，是处于高雅与通俗之间的语体，它能被大多数人所理解，也使用一些复合词，但在凭上下文能够确定意思的时候，就不用复合词。这一语体还使用某些优雅的文学词语，且所有的人都能理解。第三种，是粗俗的语体，可以用来向妇人和农夫布道。这种语体虽说是最初级的，但是学起来最容易，所以也是传教士开始学习的起点。[3]

第一种无疑就是高雅的文言。第二种是介于高雅与通俗之间的语体，他认为是传教士的学习目标。对于这种语体他举出了实例："欲升天者，可行真善路，若不然，岂得到。"[4]这是一种浅文言。第三种是他认为学习的起点，可能就是"官话"。

至于学习哪种发音，瓦罗说好的发音存在于说"官话"的人那里，"官话"说得好坏跟知识渊博与否无关，而"官话"的标准词汇是以南京话或北京话为基础的。他说：

---

［1］[意]利玛窦、[比]金尼阁著，何高济译：《利玛窦中国札记》，广西师范大学出版社2001年版，第22～23页。

［2］[西]弗朗西斯科·瓦罗著，马又清、姚小平译：《华语官话语法》，外语教学与研究出版社2003年版，第15页。

［3］[西]弗朗西斯科·瓦罗著，马又清、姚小平译：《华语官话语法》，外语教学与研究出版社2003年版，第11页。

［4］[西]弗朗西斯科·瓦罗著，马又清、姚小平译：《华语官话语法》，外语教学与研究出版社2003年版，第11页。

并非任何一个中国人就能把音发好。只有那些资质好的说官话的人，例如南京地区的居民，以及来自其他操官话的省份的人，才能做到这一点。有些地区比如福建，那里的人们发音就很不准确，把h和f混淆在一起。其他省份也各有自己的语音毛病。一个中国人即使知识广博或学历很高，也并不意味着他就能说好官话；实际上有许多这样的人官话说得很糟。因此我们应该集中精力，只学那些以南京话或北京话为基础编纂的cabegillas或词汇表。[1]

瓦罗还发现，学习中国语言，应该把口语与书面语相结合。在中国，"小说"便是学习"官话"的途径之一。在《华语官话语法》的弁言中，他说：

我们都知道，一个人学习拉丁语的时候，即使他懂得了内布利亚制定的所有规则，仍然不足以成为一个拉丁语言学者。他还需要学习西塞罗、维吉尔等人的作品。另一方面，即便他学到了西塞罗、维吉尔等人的东西，而没有首先掌握内布利亚的规则，他也无法成为一个拉丁语言学者。与此相仿，教士首先需要掌握这本简单的册子所包含的规则和诚律，然后他应该广泛地涉猎（当代的）西塞罗作品，在中国这样的作品被称为"小说"(siǎo xué)。[2]

瓦罗特别指出，"官话"已经有书面语——一种介于高雅与通俗之间，富有文学性，相当于当代"西塞罗、维吉尔等人的作品"。这种文体的存在，既为编撰语言教科书提供了便利，也预示了中国语言内部可能发生的变化。

实际上，传教士在学习"官话"时，一方面是跟会说"官话"的中国人进行口头练习，这个涉及的是"官话"发音。一方面阅读《今古传奇》、《三国演义》、《金瓶梅》、《红楼梦》这些白话章回小说，涉及的是书面语。传教士学习"官话"的方法，与日后胡适倡导的国语学习方

---

[1] [西]弗朗西斯科·瓦罗著，马又清、姚小平译：《华语官话语法》，外语教学与研究出版社2003年版，第18页。

[2] [西]弗朗西斯科·瓦罗著，马又清、姚小平译：《华语官话语法》，外语教学与研究出版社2003年版，第3~4页。

法几乎完全一致。胡适说：

> 国语教科书和国语字典，虽是很要紧，决不是造国语的利器。真正有功效有势力的国语教科书，便是国语的文学；便是国语的小说、诗文、戏本。[1]

被近代著名中文学家雷慕沙（Jean Pierre Abel Rémusat）称为"中国文学造诣最深者"[2]的法国耶稣会士马若瑟（Joseph de Prémare），于1698年来华传教。他1728年写于广州、1831年在马六甲出版的《汉语札记》序言中说：

> 在中国的不同地方，汉字的读音各不相同。很多文人在读单词的时候，用的都是他们从小就学会的地方口音。如果你的老师就是这样，而且他还不知道官话里的发音，那你就不能求教于他。在我的书中，我尽量把所有的汉字注上我认为是官话里的读音。如果你的老师像我注的那样来读这些汉字，那你就可以相信他。[3]

1850年，美国传教士丁韪良（William A. P. Martin）来到宁波，在与当地的官员和家属们接触了一段时间后，他发现，这个圈子里，"官话"比起当地方言更为普及。他说：

> 我很快就发现，当地的方言对于这一社交圈子显得有点不太合适，所以我就开始学说官话，后者不仅是宫廷和官场上的语言，而且也是各地区人民之间进行交流和沟通的共同语言。[4]

1867年，英国驻北京公使威妥玛在别发洋行（Kelly&Walsh, Limited）出版了《语言自迩集》，作者提到汉语的复杂现状——古代汉语、现代书面语、口头语等同时并存：

> "先生，您要学的是什么样的汉语？"我所讨教的第一位颇孚盛名

---

[1] 胡适：《建设的文学革命论》，《新青年》1918年4月18日。

[2] 见[法]费赖之著，冯承钧译：《在华耶稣会士列传及书目》上册，中华书局1995年版，第528页。

[3] [丹麦]龙伯格著，李真、骆沽译：《清代来华传教士马若瑟研究》，大象出版社2009年版，第98页。

[4] [美]丁韪良著，沈弘、恽文捷、郝田虎译：《花甲忆记——一位美国传教士眼中的晚清帝国》，广西师范大学出版社2004年版，第39页。

的汉学家这样问我，"有古代汉语，有很现代的书面语，有官方公文语言和书信体语言，还有口头语言，而它们每一种又都有为数众多的方言；现在您想从哪一种开始？"《南京条约》签订时，掌握汉语的人士寥若晨星，这位学者先生就是其中之一，他的汉语知识更是独占鳌头，他因有这种特殊造诣而十分骄傲，情不自禁地对初学者故弄玄虚。然而，毫无疑问，他所问的那个问题，对于任何一个有志于学习汉语的人来说，都是必须回答的首要问题。汉语被分成书体和语体，又再细分为书面语和口语。这二者究竟意味着什么？构成汉语的多种形态，口语的方言分歧，到目前为止，连最高级的学者都解释不过来。[1]

尽管中国语言如此复杂，甚至连中国人自己学习、应用之时，也难免因为发音不准而闹出笑话，但威妥玛认为，对于有志学习中国语言的外国人来说，"五分之四的帝国民众"都会的"帝国官话"，毫无疑问应该成为他学习的首要对象：

几乎所有外国人说起汉话口语时，可能都会留意到其中的一种，即所谓"the Mandarin Dialect"。这就是"Kuan hua"。严格说来，应译作"官府口头语言（the oral language of Government）"。"官字"即"衙门"（official），已通过葡萄牙语而被欧化为"mandarin"，而这个术语，正如埃德金斯先生（Mr. Edkins）所说作为"官"的等价物，已变得太合适方便了，以至于"mandarin"再也不能被轻易地放弃了；而"dialect"这个词则导致误解。"官话"作为口语媒介，不只是属于官吏和知识阶层，而且属于近五分之四的帝国民众……[2]

威妥玛的观察在美国基督教北长老会教士倪维思（John Livingstone Nevius）的书中得到了印证。倪维思写于1868年的《中国和中国人》中提到，中国方言众多差别很大，"值得我们特别关注的是官话"，"虽然这种语言在各地方略有差别，但它的使用几乎遍及整个北方地

---

[1] [英]威妥玛著，张卫东译：《语言自迩集——19世纪中期的北京话》，北京大学出版社2002年版，第12页。

[2] [英]威妥玛著，张卫东译：《语言自迩集——19世纪中期的北京话》，北京大学出版社2002年版，第14页。

区"。[1]倪维思认为，学习"官话"之所以重要，是因为"其使用范围较之其他方言更为广泛；它是全国各官员之间的交流媒介；这种方言早已被录成文字，因而拥有丰富的文献资料"。[2]

几乎与威妥玛、倪维思的记录同时，在教会办的报纸《益闻录》中，就记载了一个中国人因为不会说"官话"而闹出的笑话：

沈桐威先生《谐铎》中载"夏器通"一事，因误成名，殊足令人绝倒。今观于平潭林姓武员，可谓寡二少双矣。林本一乡曲民，但解土谈，不知官话。只因交情得保今职，为百夫之长。昨自省中办公回往，见上司陈协戎，问及官场有何消息，林强作官话曰："抚左营恭将庄大人与长福营恭府王大人相互吊死。"其实"吊死"二字乃"调署"之误也。陈与庄、王二人交情素密，闻林言大惊失色，推案而起，作叹息声曰："二君才识明通，有何意外忧而自寻短见乎？"旁人知陈意，乃代解之，陈始悉林语音之误，因当面申诉逐出署门，林亦满面怀惭而退。[3]

比之其他人，威妥玛又更进一步记录了当时"官话"的分部情况：

（埃德金斯先生）他把官话划分为三个主要系统：南方官话、北方官话和西部官话，他以南京、北京和成都——四川省省会，分别代表各个官话系统的标准，他认为南京官话在更大的范围被理解，尽管后者更为时髦；可是他又承认"那些想说帝国宫廷语言的人一定要学习北京话，而净化了它的土音的北京话，就是公认的'帝国官话'（kuan hua of the Empire）。"[4]

对于"北京官话"何时被认为是帝国通行语，威妥玛是这么说的：

选择并确定一种话（a dialect），这大约是20年前的事，其次就是建立表音法。那时没有人把北京话作为写作对象，而各种表音法都

[1] [美]倪维思著，崔丽芳译：《中国和中国人》，中华书局2011年版，第160页。
[2] [美]倪维思著，崔丽芳译：《中国和中国人》，中华书局2011年版，第160～161页。
[3] 《不会官话》，《益闻录》1884年第384号（标点为引者所加）。
[4] [英]威妥玛著，张卫东译：《语言自迩集——19世纪中期的北京话》，北京大学出版社2002年版，第14页。

声称描写的是南方官话（the southern mandarin）——诸如莫里逊博士（Dr. Morrison），即第一部汉英辞典的编纂者，麦赫斯特博士（Dr. Medhurst）和威廉姆斯博士（Dr. Wells Williams）等人——他们对于本地话系统的描写，远不是无懈可击的。对于莫里逊表音法，有人主张把它看作官话表音法，埃德金斯先生根本否定任何这类主张。他说："莫里逊正在编撰他的很有实用价值的音节词典（syllabic dictionary），却没有意识到他所列的音根本不是官话音，而是废弃不用的发音。"[1]

这里所说的"莫里逊博士（Dr. Morrison）"，指的是新教第一位来华传教士马礼逊，"麦赫斯特博士（Dr. Medhurst）"，指的是翻译了"南京官话"版《新约全书》的麦都思（Walter Henry Medhurst），"威廉姆斯博士（Dr. Wells Williams）"是美国传教士卫三畏，而"埃德金斯先生（Mr. Edkins）"指的是"北京官话"《圣经》的翻译者艾约瑟（Joseph Edkins），他于1857年出版了《官话口语语法》（*A Grammar of the Chinese Colloquial Language, Commonly Called the Mandarin Dialect*）。威妥玛说"北京官话"被认作通行语是在20年前（威妥玛的这篇序写于1867年5月16日），此前"没有人把北京话作为写作对象"，也就是没有书面化的"北京官话"作品。

英国教会派遣来华的最早传教士施美夫（George Smith）在《五口通商城市游记》中记载，1844年10月，广州街头，有一出关于曹操生平的戏正在上演，"演员说的是南京话，即旧官话"。[2]可以推测，此时已经有新的"官话"代替"南京官话"了，这佐证了威妥玛"北京官话"流行在20年前的论点。且此书记载广州的商人、福建的官员都能讲这种新的"官话"。[3]

威妥玛编写的《语言自迩集》被认为是第一本"北京官话"的教科

---

[1] [英]威妥玛著，张卫东译：《语言自迩集——19世纪中期的北京话》，北京大学出版社2002年版，第14页。

[2] [英]施美夫著，温时幸译：《五口通商城市游记》，北京图书馆出版社2007年版，第50页。

[3] [英]施美夫著，温时幸译：《五口通商城市游记》，北京图书馆出版社2007年版，第34、310页。

书。不仅是传教士，也是日本人初学"北京官话"的教材。

1873年3月，清朝与日本缔结两国修好条约，日本僧人小栗栖香顶亦于当年7月来到北京，重启了中断已久的中日佛教交流。小栗栖香顶来北京后，向北京东本愿寺本然法师学习北京话，他说：

> 予以为通北京话最上之乘，莫如英人所撰《语言自迩集》。然予因受学于本然，不敢妄授，试分课次。首授三部经，次授四书，再次念本书，而后体会《语言自迩集》，入北京，则不会受困于言路穷途。[1]

也就是说，即便是置身于北京的语言环境当中，《语言自迩集》还是外国人学习"北京官话"之必不可少的课本。

与威妥玛一起发明了Wade-Giles中文拼音法的英国人翟里斯（Herbert A. Giles）在1892年出版的《中英字典》（*A Chinese-English Dictionary*）中也有"官话"（the official language or "Mandarin"）这个条目："the language of the district in which the Court is situated; in former times, that of Nanking; in modern times, that of Beijing." 即"官话"是一种官方语言，或者说是衙门里说的话，在早期是南京话，现在是北京话。另外还有"说官言or打官话"条（to talk "Mandarin"）的注解："to speak formally or precisely. The latter is specially used of interpretation from a local dialect." 就是说，"官话"是正式而精准的语言。

对于清帝国通行语"官话"的认识，传教士们是把它放在世界其他国家通行语的背景下看的，这直接影响了中国教徒对这种语言的认识。如广州浸信会信徒黎忠于1897年发表的《辨明正音正装正夷论》一篇中说：

> 福哉今也。万国通商，五洲互市，幸矣风气大开，真光临世。内地诸君，如出井口矣，勿嫌干犯，待鄙人不得已辨明，以显中外亲爱之情，而壮华夏仁让之风。如以中国十八省论，各有土音，以南北官话为正，是本国之通行。如以五洲万国通行言语而论，以东西两半球，英美两国为正。[2]

以上来自传教士和宗教出版物中的连续记录，详实记载了明清时期

---

[1] [日]小栗栖香顶著，陈继东、陈力卫整理：《北京纪事 北京纪游》，中华书局2008年版，第5页。

[2] 《辨明正音正装正夷论》，《中西教会报》1897年3月27日（标点为引者所加）。

中国通行语的名称、以何地发音为标准、以此为基础的文学作品以及学习方法。这些材料显示，19世纪中期开始，"北京官话"在帝国内部广泛流行，并已经成为外国人学习中国语言的首选。

第二节 "北京官话"取代"南京官话"

中国的"官话"不是一个一成不变的语言体系。相反，"官话"在明清之际经历了一个不断演化、趋于统一的过程，最终，"北京官话"成为中国最通行的口语。这在日本人学习中国"官话"的材料中，可以得到更加详细的佐证。

与中国一衣带水的日本，自古以来就视中国为文化上的老师。日本早期六部正史——《日本书纪》（720年）、《续日本书纪》（797年）、《日本后纪》（840年）、《续日本后纪》（869年）、《文德实录》（892年）、《三代实录》（901年），都是用汉字写的。直到公元8世纪末，由汉字标记日本语发音开始，经过汉字与假名混用，才最终形成了日本文字。不光是日本，汉字很早也传入了越南和朝鲜，在相当长时间里就是这些国家的通用文字，因此，东亚文化圈又称为"汉字文化圈"。

但是，直到18世纪，即便是熟练掌握文言文的日本人，一般也并不掌握汉语口语，前文所述小栗栖香顶之事即为证明。历史文献中有诸多记录中国人与日本人"笔谈"的资料。如不肯仕清的明儒朱舜水，于顺治十六年（1659年）赴日本讲学，在《朱舜水集》中就收录其与日人"笔语"若干。1826年正月中国商船"得泰号"前往日本，在船漂至骏河下吉田时，船上朱柳桥与日本人野田笛浦进行了笔谈，野田写下："贵邦载籍之多，使用有望洋之叹。是以余可读者读之，不可读者不敢读，故不免夏虫之见者多矣。"朱柳桥答道："我邦典籍虽富，迩年以来装至长崎，已十之七八，贵邦人以国字译之，不患不能尽通。"[1]《孙中山全集》中也有笔谈多则。直到现代，习汉字、写汉诗仍是日本

---

［1］《得泰号笔语》卷之上，转引自[日]大庭修著，戚印平、王勇、王宝平译：《江户时代中国典籍流播日本之研究》，杭州大学出版社1998年版，第45页。

42

文人的基本修养。作家夏目漱石留学西洋，他的小说极具现代意识，但其笔下的汉诗却是古雅的文言，如《春兴》："出门多所思，春风吹吾衣。芳草生车辙，废道入霞微。"

从事日语教学研究的王顺洪先生说：

日本从公元7~9世纪的奈良、平安时代，到十七八世纪江户时代以前，除了汉文汉诗等文言的"直读"外，有没有专门的汉语口语方面的教习呢?目前还没发现有资料记载，即使有可能也不会多，因为那时候交通不便，除极少数使节、学问僧、游学生及商人外，其它人没有机会到中国，不可能接触中国人或直接与中国人交流。就是与中国往来比较频繁而且规模较大的遣隋使遣唐使时期，二百多年间也不过二十二次（其中有三次未获成功），而且遣隋使遣唐使到中国时，一般都有汉归化人随行做翻译。总之，在古代日本，对汉语口语的需求不大，也不十分迫切，所以汉语口语传习似乎尚未提上大和民族的教育日程。[1]

但根据濑户口律子女士的研究，在明、清两代，已经"出现了许多琉球人学中国语的课本"[2]。这些课本至今大部分都散佚了，只残留下几种抄本。大多保留在日本奈良县天理大学附属图书馆，其中有语汇集《广应官话》、《琉球官话集》，另外三本是会话课本——名为《官话问答便语》、《学官话》、《白姓官话》（约1749~1753年编写），它们被统称为《琉球官话五种》。[3]

这些课本之所以命名为"琉球官话"，是因为当时使用这些书的是琉球人。自明永乐二年（1404年）到清同治五年（1866年），琉球一直接受中国的册封。洪武二十五年（1392年），明太祖将闽中善于造船的舟工派到琉球定居。《明史·外国传》记载道："赐闽中舟工三十六户，以便贡使往来。"[4]这些人到了琉球后将航海技术以及中国文化

---

[1] 王顺洪：《日本人汉语学习研究》，北京大学出版社2008年版，第11页。

[2] [日]濑户口律子：《琉球官话课本研究》，香港吴多泰中国语文研究中心1994年版，第XII页。

[3] 见《琉球官话课本研究》之《附录》。

[4] 张廷玉：《明史》1~6，岳麓书社1996年版，第4787页。

带到了琉球。就在这一年琉球开始公派留学生去中国，这个制度被称为"官生制度"，它一直持续到同治八年（1869年）。这些被称为"官生"的琉球人，在中国的国子监学习汉语与中国文化，明朝时候在南京，清朝则改去北京。这是琉球人学习中国语言的历史源流。

除了"官生"之外，琉球还有一些自费来华留学的人，他们大多数是当初明太祖派到琉球的"闽中三十六姓"后人。不同于"官生"，这些人一般在福州的"琉球馆"内学习。据《明史·食货志》记载："海外诸国入贡，许附载方物与中国贸易。因设市舶司……洪武初，设于太仓黄渡，寻罢。复设于宁波、泉州、广州。宁波通日本，泉州通琉球，广州通占城、暹罗、西洋诸国。"[1]大约在成化年间，泉州成为通琉球的口岸，为接待琉球使者，朝廷在泉州琼河口建立了接待处，即"柔远驿"。这即是"琉球馆"的前身。琉球人程顺则就曾是这样的自费留学生，他于康熙五十八年（1718年）在琉球建立明伦堂，首开当地的汉学教育，也是琉球有学校的开始。程顺则在"琉球馆"学习期间，有《河口柔远驿记》传世。

学习"官话"是琉球留学生的首要任务。《学官话》中记载有：

晚生今年做总管到中国没有什么别的缘故，一来要学官话，二来要学中国的礼数。（第4页）

到中国几次了。

到这里两次了。

官话会说了么。

弟的才拙不过颇略晓得一两句儿。

谦虚太过了。

是真话。（第26页）

有记录说明，学会"官话"是琉球人当官的一种渠道。如"你万里重洋来到中国。海上惊风怕浪不知受了多少艰辛。只望读书会讲'官

---

[1] 张廷玉：《明史》1~6，岳麓书社1996年版，第1164页。

话'，知道礼数回去做官"。（《学官话》第15页）"你秀才出任做官。是怎么样调选呢。秀才中有才干出众的。有文理通达的。有官话明白的。有办事敏捷的。此数项举拔出来做官。"（《官话问答便语》第25页）

正因为在琉球，通晓中国"官话"有如此重要的社会功能，才会有动力促使他们不惜越海而来，专心学习，以之为安生立命的根本。

而通过残留的琉球"官话"教材，我们也可以看到明清时期中国"官话"的面貌，以及"官话"载入书面时的得失。

在《官话问答便语》、《白姓官话》中，每个汉字都被标注上了声调，其方法是用"、"号加在每个字四角的某个固定位置，表示平上去入四个声调，再通过"、"与"。"号区分平声中的阳平、阴平。例如："。书"，阴平；"、来"，阳平；"、入"，上声；"又、"，去声；"说、"，入声，这样就注有五个声调。

北京话在元代《中原音韵》的记录中就已经没有了入声。由于入声的存在，以及大量南方方言的使用，可以得知，这三本书记录的是清代莎彝尊《正音咀华》中所说"正音"中的"南音"，即旧的"官话"。

而从三本书的书名可知，"官话"一词已经被广泛使用，而即便是广州、福建这样以往需要正音的地区来的人，也已经可以用"官话"交流了。

《官话问答便语》中有一段琉球人问当地"迎春"的风俗，回答者说，那时"福州府"海防厅、理事厅、粮备厅里的官吏都要出来"迎春"。加上其中涉及的一些地名，可以得知，此书中的对话环境是在福州，对话者是福州人，他们讲的是"官话"。

《白姓官话》记载了被大风吹到琉球的中国船员与琉球通事的对话。其中明确记载中国船员有"福建"、"山东"、"浙江"、"江苏"籍人，琉球通事一律用"官话"与他们交谈。其中一个通事说：

弟承老爷的钧命替你们做通事。你们要用什么，都替弟讲，弟没有个不尽心替你们传禀的。只是官话本来不大晓得，又兼好久没有到中国去，官话晓得的都忘记去了。如今听你们的讲话弟还知道，弟自家说就说不出来，还要求你们教导才好。……弟当日在福建的时候，耳之所闻，目之所见，往来交接都是中国的言语，所以略略晓得。如今回来好久了，贵国的官话礼数好久没有听见。……通事的官话很好，你们这个话是谦虚的话了。（第24～25页，标点为引者所加）

可见当时"官话"是被当作不同省份的中国人之间、琉球人与中国人之间交流的通行语。

最难得的是，这些材料保留了中国"官话"标准音的变迁历史。琉球"官话"课本记录的一些词汇，如今依然保留在以南京话为代表的下江官话区中，普通话中已不大使用。如《官话问答便语》中，"晓得"（"知道"之意，"日久自然晓得"[第1页]）、"那块"（"那个地方"、"那里"之意，"各官都到那块"[第13页]）、"该应"（"应该"之意，"钱算明白了。该应这些"[第10页]）、"滚水"（就是"开水"，"滚水搁一壶"[第14页]）。《学官话》中，"满处"（"到处"之意，"满处走走"[第8页]）、"这会"（"这次"、"眼下"之意，"不知老先生这会要到那里去"[第12页]）、"怕人"（"吓人"、令人害怕之意，"如今变做疯毒了好怕人"[第12页]）、"这块"（"这里"之意，"你不知道这块的风俗"[第34页]）、"低低大"（很小、不起眼之意，"他弄一把小刀低低大的藏在指甲里"[第34页]）、"快活"（"舒服"、"适宜"之意，"恨不得明日就开船才快活"[第61页]）、"嗄"（"吻"的意思，"给我嗄个嘴儿就罢了"[第21页]）。《白姓官话》中 "寡"（"单单"之意，"货物都丢吊了寡剩几担豆子"[第7页]）、"停会"（"等会"之意，"停会小弟再去劝他"[第9页]）、"一堆"（"一起"、"一道"、"一块儿"之意，"我们大家一堆喫就是了"[第48页]）。这些词汇，在如今的《现代汉语词典》、《辞海》中大多不见踪迹，有的书写形式相同，却不是当初的意思了。

但其中又有很多北方话因素，如形容词+"得很"的用法：这个酒薄得很。（《白姓官话》，第47页）；今日天气热得很（《学官话》，第21页）；我这几件衣裳，肮脏得很（《官话问答便语》，第13页）。表示疑问的词尾 "呢"：他们的船是商船，是哨船呢（《白姓官话》，第18页）；下回还用去不用呢（《官话问答便语》，第44页）；现今读得是什么书呢（《学官话》，第27页）。

还有一些词是来源于白话小说，如"怪道"（《官话问答便语》，第50页）、"不当"（这酒不当好。《官话问答便语》，第4页》）、"一遭"（我去了一遭，《学官话》，第5页；每年逢七月初七日，是夜许他相会一遭。《官话问答便语》，第39页）、"怎生"（此恩此德，怎生报答得了。《白姓官话》，第2页）。这些词，在旧章回小说中就很常见。如"我家并无这样贫穷亲友，想一定就是此人，怪道又说他必非久困之人。"（《红楼梦》第一回）"俺那里晓得，怪道人说鄢嫂子知今道古。"（《醒世姻缘》第二回）"官人在上，不当老身意小，自古先说新，后不乱。"（《金瓶梅》第七回）"另外一所殿宇，一遭都是捣椒红泥墙。"（《水浒传》第一回）"贫道等如常亦难得见，怎生教人请得下来？"（《水浒传》第一回）"黛玉心想，这个宝玉，不知是怎生个惫懒人物。"（《红楼梦》第三回）

有些词语的记载方式表明了从口语到书面语的过渡。如方位副词"哪"与"那"的区分。有人认为，到了1904年的《官话指南》，才第一次出现"那"字上声、去声的区别（如耿振生在《近代官话语音研究》中就表达了这个观点）。其实早在琉球"官话"课本中，已经出现了区分。如："弟未曾远迎多多有罪　说那里话来"（《官话问答便语》第2页），"那"字标为"、那"，明确记载读上声。"不如雇只小船撑到那里"（《官话问答便语》第4页），"那"字标为"那、"，明确记载读去声。

可见，琉球官话课本使用的是一种以南方方言语音为基础，杂糅了北方话和白话文学作品的书面"官话"。

1874年，日本首任驻中国公使柳原前光来到北京，他赫然发现北京的官员们说的并非他所学的以南音为正音的"官话"，而是"北京官话"。在外务省向太政官递交的报告（1874年3月17日）中，公使特别报告了"北京官话"在清国的政务交流、公文写作上已经普遍采用，请求派学员去北京学习这种新的语言。报告写道：

清国疆域广大，土语乡谈到处各异，楚人语齐人咻之俗，由来已久。满清建国后，苦于汉人之语吱唔不规则，另定北京官话，使满汉官吏一体遵用，尔至同国人用翻译。……从清国致务上之谕奏疏至照会献牍，称吏文体，不用经史蕴奥之词，务平俗易通，行文亦有别一派句法。明经之大儒亦不娴熟于吏务，不能理解，似易却难，尤当习学。从当今文职省所设汉语学校选两、三名辈，与柳原公使同行赴北京，使其专习熟上述之学，以备将来要用。[1]

对于这个新中国语学习对象——"北京官话"的称呼，日本汉学者牛岛德次解释说：

明治维新（1868）以后，日本的新政府迫于政治、外交、通商，以至军事上与清朝往来急速扩大的需要，逐步地强化了中国语学习、教育的体制。这时使用的名称，最初幕府末期长崎通事用"唐话"，接着与和语、洋语相对叫"汉语"，后又以对方政府叫"清语"。1876年（明治9年）把以往的学习对象"南京语"改为"北京语"，以后，又以"北京官话"为代表性的称呼。……单纯用"官话"指"北京官话"是"日俄战争"前后（1904[明治37年]）的事。这"官话"即"官吏说的话"，清朝末期是指"汉语"，持别是"北京语"。[2]

1876年2月，东京外国语学校校长渡部温告诉汉语教师颖川重宽（先祖亦是长崎唐通事，中国姓为叶，后改为日本姓），将派他以见习秘书的身份与其他两人到日本驻北京公使馆学习"北京官话"。由此，日本人学习汉语的内容发生了巨大的变化。在日本学者看来这个转变意味着"北京官话作为通用语，已成为代替各种方言的普通中国语被教授"[3]。也就是说，自此再不会出现唐通事时代学"唐话"，是可以学南京话、福州话、漳州话中任何一种的局面，"北京官话"被认为是可以代替方言的普通中国语。

[1] [日]六角恒广著，王顺洪译：《日本中国语教育史研究》，北京语言学院出版社1992年版，第81页。

[2] [日]牛岛德次著，甄岳刚编译：《日本汉语语法研究史》，北京语言学院出版社1993年版，第64页。

[3] [日]六角恒广著，王顺洪译：《日本中国语教育史研究》，北京语言学院出版社1992年版，第10页。

语言学者的研究表明，一种语言的标准往往以宫廷的语言或者首都的语言为基础。[1]以英国为例：

伦敦城市的成长以及王室位于伦敦附近这样一个事实，对采用东南部方言作为英语的标准起到了促进的作用。这种标准的英语起初在宫廷执事中使用，然后进一步普及起来。伊丽莎白时代的英国作家乔治·帕特纳姆（George Puttenham）建议诗人应当学习"宫廷常用的说话方式"和"伦敦以及伦敦周边60英里范围内各个郡的说话方式"。根据一项统计，在1650年到1750年之间，每六个英国成年人当中就有一人曾经有过在伦敦生活的经历。向首都的移民，对语言的统一进程很有可能产生了巨大的促进作用。[2]

中国很可能经历了一个类似的进程。自元至清，北京作为全国政治经济文化中心已有较长时间，到了清代，中原古都开封、洛阳的地位与北京已不可同日而语，北京音借助政治经济文化的力量，地位不断提升，是可以理解的。[3]

值得注意的是，《官话问答便语》中有这样一段内容：

羊有跪乳之恩，鸦有反哺之谊。尚知父母为人岂不尽道？当思父今生我母今育我。十月怀胎，三年乳哺。未寒而加子以衣，未饥而加子以食。稍有疾病，父母日夜心中不安。如此深恩昊天罔极！求其真心实意爱慕父母者少，不过奉养无缺他就自称能孝顺。岂知那不孝顺处还多哩！这是为子之道大有亏了。（第26～27页，标点为引者加）

这是康熙"圣谕十六条"第一条"敦孝弟以重人伦"的内容。《官话问答便语》中的这段文字，与清朝各地出现的"圣谕集解"白

---

[1] 在那些中央集权的官僚制国家，首都不仅仅是权力的中心，经常还是经济和文化的中心，这种情况会表现得更加明显。作为一个对照，美国是一个明显的例外。

[2] [英]彼得·伯克著，李霄汉、李鲁译：《语言的文化史：近代早期欧洲的语言和共同体》，北京大学出版社2007年版，第141页。

[3] 据平田昌司考证，乾隆十七年（1752年）担任廷朝仪唱赞的"鸿胪寺序班"一改以往选用直隶、山东、山西、河南四省生员的做法，只选直隶生员，认为直隶音是朝廷唯一权威语音。因此，平田昌司得出结论：此时在清廷，北京音已取代南京音上升为帝国正音，但民间对此的接受要晚得多。见平田昌司：《清代鸿胪寺正音考》，《中国语文》2000年第6期。

话本中的文字高度相似。其中陈崇砥（河北献县知县）《圣谕绎谣》（1862年）解释"敦孝弟以重人伦"的内容有："乌能反哺羊跪乳，鹡鸰飞鸣雁呼侣。人生昂藏七尺躯，天性天伦传自古。"[1]雍正《圣谕广训》中有"方其未离怀抱，饥不能自哺，寒不能自衣。……疾痛则寝食俱废……父母之德，实同昊天罔极。"[2]范承谟（浙江巡抚）《上谕十六条直解》（1672年）、陈秉直（浙江巡抚）《上谕合律注解》（1671年~1672年）中都有"人人有个父母，父母是生我的人，自从十月怀胎、三年乳哺……未冷怕我寒，未饿怕我饥。"[3]李来章（广东连山县知县）《圣谕图像衍义》（1704年）中有"是何等深恩，所以昔人比之昊天，岂可不尽孝道，有负罔极？"[4]

康熙五十八年（1718年），琉球建立了明伦堂，首开当地的汉学教育，在明伦堂就有宣讲圣谕——"国王敬刊圣谕十六条，演其文义，于月吉读之"[5]。

圣谕的白话宣讲本文字，在琉球人看来就是"官话"的范本。把圣谕宣讲本作为白话教材，琉球人早走了一大步。中国到了1904年1月13日，管学大臣张百熙接旨制定各级学务章程时，首次把"官话"教育纳入全国中小学教育，才在《奏定学务纲要》中规定，练习"官话"的教材用《圣谕广训直解》。

而从这些残留的"官话"教材中，我们也可以看到，在这些教材编撰和使用的年代，文言文还是中国书面语的正宗。即便是注意到"官话"在汉语中的强势地位，在琉球正式的公文还是用文言文写作的。《白姓官话》中记载，随洋流漂往琉球的中国人中，有一人生病去世，

[1] 转引自周振鹤撰集，顾美华点校：《圣谕广训：集解与研究》，上海书店出版社2006年版，第13页。

[2] 转引自周振鹤撰集，顾美华点校：《圣谕广训：集解与研究》，上海书店出版社2006年版，第12页。

[3] 转引自周振鹤撰集，顾美华点校：《圣谕广训：集解与研究》，上海书店出版社2006年版，第1~5页。

[4] 转引自周振鹤撰集，顾美华点校：《圣谕广训：集解与研究》，上海书店出版社2006年版，第9页。

[5] 转引自傅角今、郑励俭编著：《琉球地理志略》，商务印书馆1948年版，第82页。

通事要其同伴瞿张顺写呈子报琉球官员。瞿张顺问："呈子该怎样写，求通事教导。"（第45页）通事答："也没有别的意思，只是这样说。他的病是几时起的蒙这里老爷怎么样请医生、替他调治。总不见效，某月某日死了。求老爷奏明王爷，可怜中国异乡人，赐下棺木埋葬，感恩不尽的意思。就是这样写去就是了。"（第45页，标点为引者加）

通事用"官话"叙述了呈子的内容。可写出的呈子却是文言文：

顺船上水手朱三官，因去岁在洋被风，艰苦受寒，染成痨症。今年三月间在奇界岛内吐血数次。奈无医生药治，四月初七日到运天港。蒙该地老爷延请医生药治，未见稍愈。本月十七日送至泊村，又蒙本地老爷赐下两位医生。效脉服药，并赐人参调治。奈因病根太深，不能见效。不幸于七月初七日酉时身亡。肯乞老爷更加哀怜，奏知王爷赐棺收敛，庶免尸骸暴露，择地埋葬，得安魂魄于泉下。顺等不胜急切待命之至上呈。（第45~46页，标点为引者加）

《白姓官话》中还有一篇呈子，是漂到琉球的中国人临走的时候写给琉球官员的。先由中国人用"官话"把其内容对通事讲了一遍："说我们漂来一年，蒙王爷各位老爷的恩德，费各位通事并众位执事人等的情义。感念不忘，这是说不尽的。"（第56页，标点为引者加）其后即是一篇文言呈子，其内容如下：

顺等因为名利所牵，驾扁舟而货殖他乡。不意途遇飓风，随波涛而任其飘流。幸邀天眷指引生路，于去岁十一月二十九日漂至贵国属地大岛之内。蒙该地方老爷查念，顺船尚可修理命工匠凡财物代为修葺残缺，更赐日用饮食……（第57~58页，标点为引者加）

这都说明了当时言文分离的情形。尽管"官话"教材记载了生动的口语，在陈述事实和表达情感方面并不逊色于文言，但正式的书面文体仍然普遍使用文言。如果说，中国五四运动时期提出要熔铸"国语的文学，文学的国语"，达到言文一致的目标，那么，琉球的"官话"教科书并无此意。尽管创造性地记录和保留了口语，甚至有口语风格的文学创作，但"官话"教材中的语体文，目的是辅助口语学习，而非用于取代文言。

总之，从日本人学习中国语言的相关史料中，至少可以得出如下几个结论：

其一，到清朝时期，中国各省的通行语言已经毫无疑问被普遍称作"官话"。

其二，"官话"的正音长期以来是南音。19世纪中期之后，南音作为"官话"正音的地位，逐渐被北京音取代。

其三，宣讲圣谕的材料普遍被当做外国人学习中国"官话"的书面教材。

其四，尽管"官话"流行程度日趋加深，文言文仍然是书面语的正宗，不仅在中国，在"汉文字圈"内的琉球，情况也同样如此。

第三章 "官话"工具书的编纂
和拉丁语法的介入

到19世纪中期,外国人学习中国语言时的首选是"北京官话"。他们之所以要学习"北京官话",并为此编撰了大量教材和工具书,原因不是别的,正是因为"北京官话"在帝国内部的口头沟通中已经有不可替代的普适性。在地域辽阔的清帝国版图之内,掌握"官话"成了与中国人进行沟通——不管是有关灵魂的还是世俗事务方面——的前提。

"北京官话"的流行,是中国语言历史上的重大事件,其重要性毫不亚于白话取代文言。只是后者的变化急而促,前者的变化缓而久,所以前者不如后者引人注目罢了。

"北京官话"作为一种通行的标准口语——在不同时期,它被称为"官话"、"国语"或"普通话"——沿用至今。这不仅对维系中国这样一个多民族大国在政治上的统一和文化上的认同十分关键,也对白话文取代文言文这一书面语的革命产生了重要影响。

欧洲近代历史上,宗教改革、民族语文和民族国家这三件事几乎是同时发生的。在意大利和德国,以当地语言翻译出版《圣经》,差不多是革命性的事件,因为这意味着意大利民族和德意志民族有了典范的民族语言,从而得以在文化上自立。当然,欧洲地方语言取拉丁语而代之的过程并不容易。彼得·伯克在论述近代欧洲地方语言如何战胜拉丁语的时候,曾说:

　　语言的标准化除了实现跨越空间的统一之外，它的另一个目的就是获得跨越时间的稳定性。如果一种语言要获得拉丁语那样高贵地位，它必须是稳定的……获得稳定性的愿望也是某些科学院成立的重要原因之一……这些科学院都负责词典的编纂……在这个时期，有关欧洲地方语言的语法书大批出版，但往往是用拉丁语写成，以方便学习该语言的外国人使用，同时也是为了向说本民族语言的人提出一种规则……当然，某种地方语言的语法书的出版并不意味着说这种语言的人当中哪怕会有一少部分人会在实际上遵守这些规则。尽管如此，语法的传播是一个明显可见的过程，在某些地方语言当中，这些规则显然得到了精英阶层的认真对待。[1]

　　一种语言趋于"标准"、规范、通行，甚至优美，往往要经历这样一个过程：编纂标准通行语的工具书、总结语法并提供写作的范例。显然，编写工具书、总结语法和提供写作的范例，并不仅是发现"标准的"语言，也是创造"标准的"语言。

　　中国的情形与欧洲不同。在中国，最早的"北京官话"语法书是来华传教士编写的，其目的是学习中国语言。传教士编写的"官话"语法都有较为统一的编写目的、语言材料和语法研究方法。当然，虽然他们心目中的受众大多是学习中文的外国人，但一旦被传教士在中国兴办的学校所采用，也就成了中国学生学习中文的教材，产生了程度不一的影响。

第一节　"官话"语法研究的滥觞

　　西人研究中国"官话"语法，产生了一些名作，例如马若瑟的《汉语札记》（*Notitiae Linguae Sinicae*，1728年），艾约瑟（Joseph Edkins）《官话口语语法》（*A Grammar of the Chinese Colloquial*

---

　　[1] [英]彼得·伯克著，李霄汉、李鲁译：《语言的文化史：近代早期欧洲的语言和共同体》，北京大学出版社2007年版，第126～127页。

Language Commonly Called the Mandarin Dialect,1857年），威妥玛《语言自迩集》（1867年），高第丕（Tarleton Perry Crawford）、张儒珍合著的《文学书官话》（*Mandarin Grammar*，1869年），司登得（George Carter Stent）编写的《汉英合璧相连字典》（*A Chinese and English Vocabulary in the Peking Dialect*,1871年），狄考文《官话类编》（*A Course of Mandarin Lessons*，1892年），鲍康宁《中英字典》（*An Analytical Chinese-English Dictionary*，1900年），赫美玲（Korl Hemeling）编的《南京官话》（*The Nanking Kuan Hua*，1903年）、《英汉官话口语词典》（*English-Chinese Dictionary of the Standard Chinese Spoken Language and Handbook for Translators, including Scientific, Technical, Modern, and Documentary Terms*，1916年），富善（Chauncey Goodrich）编写的《北京方言袖珍词典》（*A Pocket Dictionary and Pekingese Syllabary*，1907年）、《官话萃珍》（*A Character Study in Mandarin Colloquial*，1916年），禧在明（Walter Hillier）编的《英汉北京话字典》（*An English-Chinese Dictionary of Peking Colloquial*，1910年），季理斐（Donald MacGilliray）编写的《英华成语合璧字集》（*A Mandarin-Romanized of Dictionary Chinese, including New Terms and Phrases, with New Supplement*，1911年），高本汉（Bernhard Karlgre）编写的《北京方言发音读本》（*A Mandarin Phonetic Reader in the Pekinese Dialect, with an Introductionary Essay on the Pronunciation*，1918年），等等。

　　根据柯蔚南（W.South Coblin）和利维（Joseph A. Levi）的研究，第一部"官话"语法书应该是多明我会教士高母羡（Juan Cobo）编写的*Arte de la lengua China*，第二部系多明我会教士徐方济（Francisco Díaz）编写的，1640年或1641年在菲律宾付印，书名不得知，第三部为多明我会教士黎玉范（Juan Bautista de Morales）编写的，书名亦不得知。目前能看到的第一本"官话"语法书，是瓦罗1703年编撰的《华语官话语法》。国外研究者一般称此书为"一本关于汉语口语的小册

「北京官话」与汉语的近代转变

第三章

"官话"工具书的编纂和拉丁语法的介入

子"[1]。瓦罗在此书中说明了写作动机：

我考虑过这本册子对一个新来的教士有什么用处。以往，当他向一个老教士请教学习汉语的方法和途径时，会被告知既没有方法也无所谓途径。然后，老教士们会教给他错误的发音和声调。于是，当这个新教士被派到一个可以帮助他学习或者教他的中国人那里时，却发现彼此之间根本不能交流！这难道不会引起内心的烦恼吗？而借助于这本简单的册子，他就能避免这样的事情。[2]

他要用语法教学的方式教人们学习"中华帝国通行语言"。而在他的目力所及，当时也并没有一本被传教士群体认可，以供他们学习这种通行语的工具书。这是因为，中国从来没有一本讲汉语语法的书。在瓦罗同时代的人看来，汉语是没有语法的。瓦罗编写此书的方针就是"要把中国人的语法翻译成我们的语法"：

过去和现在，总有一些教士认为，中华帝国的通行语言即汉语没有语法和规则可言，其形式也不适合优美的文体……另外还有一些教士，他们下判断时非常谨慎，承认中国人无论在说话还是著文时都是很懂得语法和修辞的。然而他们补充说，要把中国人的语法翻译成我们的语法非常艰难。可是不管怎么说，再难的事也并非不可能做到！其余的人同意后者的看法。但是他们说，汉语中有许多约定俗成的规则，再加上一些戒律（monitions）和注解，就能编成一部语法书或手册，以供新来的教士学习。有鉴于此，我便利用从别的教士那里搜集来的材料，再加上我个人学习和研究的成果，花了20年的时间来编成这部小小的读本。我相信这本小册子已使很多教士受益。[3]

汉语中每个音节都有一定的意义，词没有语尾的变化，每个词在句子中的功能依靠词序来决定，按照语言学的划分，汉语属于孤立语。而

————————

［1］［丹］龙伯格著，李真、骆沽译：《清代来华传教士马若瑟研究》，大象出版社2009年版，第83页。

［2］［西］弗朗西斯科·瓦罗著，马又清、姚小平译：《华语官话语法》，外语教学与研究出版社2003年版，第11～12页。

［3］［西］弗朗西斯科·瓦罗著，马又清、姚小平译：《华语官话语法》，外语教学与研究出版社2003年版，第3页。

拉丁语却是依靠语尾变化来决定每个词在句中功能的屈折语。瓦罗要把拉丁语法移植到没有形态变化的汉语上，他首先给汉语中的词分类——名词、代词、动词、分词、感叹词、连词、介词、副词。[1]八大词类的划分起源于公元前一世纪迪奥尼修斯·色拉克斯（Dionysios Thrax）的希腊语法书《语法术》（*Techné grammatiké*），这本书一直被奉为希腊语法的主流、拉丁语法的源头。

接下来《华语官话语法》谈到汉语学习的五个戒律，其中说道，为了说好这种语言，有三件事要牢记于心：

第一，词项或音节（term or syllable）本身固有的意思；第二，我们说出来的一个词项的声调，要与我们打算表达的意思相一致；第三，一个要素在句子里必须有适当的位置。这三点都是必要的，尤其是词序（word order），因为如果词不在适当的位置上，句子就会变得不能理解。[2]

重视词序，通过词序建立语法的做法也正是拉丁语法的精髓。瓦罗说：

在汉语里，所有的名词都没有词尾变化，也没有格变。它们只能通过一些前置的小词（ParticIes）来区分，或者通过其前、其后的词加以区分……通过将一些词项跟另外一些词项并列起来，再按照其句法位置来加以使用，我们就能把它们理解为格变，并根据我们的八大词类来表示，即名词、代词、动词、分词、介词、副词、感叹词，以及连词。[3]

西方语言学者认为，"瓦罗语法的重要性在于，它在汉语语法研究的发展史上起过至为关键的作用。瓦罗提供的样板（template）不仅在以后的语言学探索中被其他传教士所遵循，而且可能还决定了日后整个

---

[1] [西]弗朗西斯科·瓦罗著，马又清、姚小平译：《华语官话语法》，外语教学与研究出版社2003年版，第100页。

[2] [西]弗朗西斯科·瓦罗著，马又清、姚小平译：《华语官话语法》，外语教学与研究出版社2003年版，第12～13页。

[3] [西]弗朗西斯科·瓦罗著，马又清、姚小平译：《华语官话语法》，外语教学与研究出版社2003年版，第30页。

中国语言学的历史发展……这种影响不但及于传教士，而且施及后来编著汉语语法的中国人和欧洲人。瓦罗的著作强烈地影响了欧洲学者、多明我会和耶稣会的传教士以及中国学者。"[1]

在中国印行的最早北方"官话"口语语法书是高第丕、张儒珍1869年的《文学书官话》。其"原序"中说：

文学一书，原系讲明话字之用法，西方诸国，各有此书，是文学书之由来也久矣。盖天下之方言二千余类，字形二十余种，要之莫不各赖其各处之文学，以推求乎话之定理，详查乎字之定用，使之不涉于骑墙两可也……无论设教者、读书者、传道者、通言者，皆宜于是书潜心默会，触类旁通，玩索而有得焉，以免夫启口支离之弊，行文差谬之失，而得乎话字之真旨也已。[2]

"终言"说：

学生要用一本官话书讲，直到这本文学书里的事情，都熟记在心里。[3]

可见是用"西方诸国"语言工具书写作传统来编写此书，目的是使"话字"能"启口"和"行文"。其操作方法就是用五十五个音母，按照上半音和下半音组合的方式拼出每个字的唯一正确读音。用划分词性的方式给每个词归类。由此确定其在句子应有的位置和语法作用，用语序的方式论述句的结构，划分句子的"根本"、"靠托言"、"尽头"，即主谓宾。其《论话色》一章论述了汉语修辞，其中说道："话色有婉转灵巧的说法，其中最要紧的，叫如生的、借喻的、过实的、讥诮的、比方的。"[4]相当于今天的拟人、比喻、借代、夸张、反讽等修辞手

---

[1] [西]弗朗西斯科·瓦罗著，马又清、姚小平译：《华语官话语法》，外语教学与研究出版社2003年版，第22页。

[2] 转引自张延俊、钱道静：《〈文学书官话〉语法体系比较研究》，崇文书局2007年版，第201页。

[3] 转引自张延俊、钱道静：《〈文学书官话〉语法体系比较研究》，崇文书局2007年版，第233页。

[4] 转引自张延俊、钱道静：《〈文学书官话〉语法体系比较研究》，崇文书局2007年版，第231页。

法。这些研究方式都是借自拉丁语法，也是目前已知最早关于汉语修辞问题的论述。

此书传到日本后，由大槻文彦用日语加以注释改名重编，并于1877年印行，此后在日本流行开来。日本汉学权威牛岛德次说："此书是我国现代汉语语法研究的滥觞……从广义上看是敲响了汉语语法近代研究闭幕的钟声。"[1]

日本人自19世纪后期开始编纂"北京官话"的工具书和教材，以资教学。他们的工作很明显受到了来华传教士的影响。

1876年4月初，东京外国语学校高等四级学生中田敬义、颖川高清和上等六级学生富田政福启程赴中国学习。很快，文部省要求"东京外国语学校从9月新学年开始实施北京官话教育"[2]。送走了中田敬义等人后，东京外国语学校的老师们，开始四处打听有没有这种新语言的教科书。终于，他们在日本桥三町目的丸善七书店里，发现了一本西洋人编的"北京官话"教本。那就是英国驻北京公使威妥玛1867年编写的《语言自迩集》。

该书分4册，第1册是北京官话教科书，第2册是第1册的注释和说明，第3册是按北京官话发音配上的汉字，第4册是汉字的写法练习。因教科书只有一部，颖川重宽等只好分别抄下来，也让学生抄下来。教科书解决以后，颖川重宽等虽知道北京官话与南京官话发音不同，但不知怎样读，只好等新学年中国人教师来了以后再说。[3]

对已经有"南京官话"基础的日本学生来说，"北京官话"与"南

---

[1] [日]牛岛德次著，甄岳刚编译：《日本汉语语法研究史》，北京语言学院出版社1993年版，第38～41页。

[2] [日]六角恒广著，王顺洪编译：《日本近代汉语名师传》，北京大学出版社2002年版，第24页。

[3] [日]六角恒广著，王顺洪编译：《日本近代汉语名师传》，北京大学出版社2002年版，第24页。

京官话"只有读音上的区别，意义差别不大，转换起来并不困难。[1]

开学，薛乃良开始教授北京官话，颖川重宽、蔡、石崎、川崎等教师与学生一起听课。与学生不同的是，北京官话的意思他们基本都懂，只是发音不同，需要好好学习。……由于南京官话与北京官话差别不大，高级班的学生进步很快，仅一年就学完了《语言自迩集》的"散语"和"问答"部分。[2]

教材仍然是日本人学习"官话"的首要困难。不但在日本国内学习"北京官话"没有现成的教材，即便是在北京，也只有英国驻中国公使威妥玛编的《语言自迩集》。被派到北京的中田敬义回忆说：

这本书的确是珍贵的书，价钱非常高，买不起。[3]

托玛斯·威妥玛的《语言自迩集》加上《文件自迩集》是日本人编写"北京官话"教科书的基础，1879年被日本学者广部精稍作调整，并按日本人学习汉语的习惯重编。到1907年6月，此书出到了第6版，是公认的明治时代使用最广的汉语教科书。[4]日本学者内田庆市说："这部著作给近代日本的汉语教学也带来了很大的影响，在19世纪汉语研究，以及近代汉语教学史研究方面占据着极其重要的位置。"[5]

---

[1] "南京官话"到"北京官话"的转变之所以在中国没有留下更多记录，也与两者大同小异有关。此事可以参照当时在华传教士的记载，特别是把1857年麦都思和施敦力合作翻译完成的"南京官话"《新约全书》，与1861年由艾约瑟、丁韪良、施约瑟、包约翰、白汉理五人翻译的"北京官话"《新约全书》做一对比，我们不难发现，撇开欧化的部分（"南京官话本"是改写文言而来，"北京官话本"是翻译英文而来），除了个别词汇（如登时、抄……路、久后、那nǎ个、把[动词]等）留有南方方言的特色，总得看来两个版本没有多少差异。当然由于翻译策略的不同，出现的差异不包括在内。

[2] [日]六角恒广著，王顺洪编译：《日本近代汉语名师传》，北京大学出版社2002年版，第24～25页。

[3] [日]六角恒广著，王顺洪译：《日本中国语教育史研究》，北京语言学院出版社1992年版，第86页。

[4] 《语言自迩集》的原版在中国已不存，日本保存有此书。日本学者普遍认为它是"北京官话"的第一本教科书。正是因为它的存在，以及日本近代汉语教学经历了一个从"南京官话"到"北京官话"的转变事实，中国语言学界才知道中国通行语经历过从"南京官话"到"北京官话"的转变。（见鲁国尧、耿振声、张卫东等人的相关研究）

[5] 日本关西大学亚洲文化交流研究中心编：《亚洲语言文化交流研究》，上海辞书出版社2009年版，第26页。

至"明治末期，出现了以现代汉语为研究对象的'官话文法研究'"[1]。1877年大槻文彦编成日本第一部"官话"语法书。此书的例言中，作者指出，此书是他用日语加以注解后改编的语法书。原来是在中国出版的《文学书官话》，为美国人高第丕与中国人张儒诊合著。且认为《文学书官话》虽然是官话语法书，不是高雅的文言，但在语法上这两者没有大的区别。

仿照此书的体例，在此之后，日本出现了一系列汉语语法书。较有代表性的是1887年冈三庆编的冈氏文典，冈三庆在《编次》中说，英语有英语之语法，汉语有汉语之语法，二者不相同。冈三庆并没恪守西方语法，而是尊重了汉语本身的语法。这本书把汉语词类分为九类：名词、代名词、形容词、动词、歇止词（断歇词"也、矣、焉"/不断疑歇词"欤、乎、耶"/问疑歇词"乎、耶"）、副词、前后置词（前置词"自、由、放、于、乎、为"/后置词"也、平、哉"）、接转词（接词"故、则、而、仍"/转词"及、至、不若、纵"）、感词（"岂、其、嗟、噫"）。[2] "歇止词"相当于现在的"语气词"，是英语里没有的。"前置词"相当于现在的"介词"，是英语语法中有而当时汉语语法中所没有的，这是基于英文而结合汉语实际的成果。

到了1898年，马建忠编《马氏文通》时，说："凡字有事理可解者，曰实字。无解而惟以助实字之情态者，曰虚字。实字之类五，虚字之类四。"[3]他把实字分为名字、代字、静字（即形容词）、动字、状字（即副词），虚字分为介字、连字、助字、叹字（叹词），共九类。冈三庆的分类与马建忠的分类相比，没有大的差异。他的这个做法比马建忠在《马氏文通》提出相同观点要提前了十一年。

以出版时间论，传教士和日本人编写的"官话"工具书和教材，

---

[1] [日]牛岛德次著，甄岳刚编译：《日本汉语语法研究史》，北京语言学院出版社1993年版，第34页。

[2] [日]牛岛德次著，甄岳刚编译：《日本汉语语法研究史》，北京语言学院出版社1993年版，第43~44页。

[3] 马建忠著：《马氏文通》，商务印书馆1983年版，第19页。

都早于中国。中国民国六年以前的小学教科书，都是文言，到1920年，北洋政府才命令"小学一、二年级的国文改为语体文（白话），并规定于1922年废止旧时的小学文言教科"，各地才着手编辑白话文教科书。[1]

当然，日本人编写的"官话"教科书仍是以学习口语为目的，而五四运动后中国人编写的白话文教科书，是包含了言文一致的目标。1920年以来，白话文教科书既是口语教材，也是书面语教材。

至于中国国语语法书的编纂，公认以黎锦熙所著《新著国语文法》为开端。此书出版于1924年。而根据统计，在《新著国语文法》出版前，日本北京官话文法书有13部之多。[2]

第二节　"官话"语法研究的得失

对西方式语文教材的编撰者来说，总结和表述汉语的语法是一个没有前例可考的工作。胡适说：

中国语言孤立几千年，不曾有和他种高等语言文字相比较的机会。只有梵文与中文接触最早，但梵文文法太难，与中文文法相去太远，故不成为比较的材料。其余与中文接触的语言，没有一种不是受中国人的轻视的，故不能发生比较研究的效果。没有比较，故中国人从来不曾发生文法学的观念。[3]

在《马氏文通》出版前夕，梁启超还说："中国以文采名于天下，而教文法之书乃无传焉。"[4]

《马氏文通》的作者马建忠受到传教士工作的启发，也继承传

---

[1]陈学恂主编：《中国近代教育史教学参考资料》（中册），人民教育出版社1987年版，第446页。

[2]具体书名及出版情况见[日]牛岛德次著，甄岳刚编译：《日本汉语语法研究史》，北京语言学院出版社1993年版，第64～65页。

[3]《胡适文存》第1集卷3，黄山书社1996年版，第325～326页。

[4]《饮冰室合集》文集1，中华书局1936年重印本，第52页（标点为引者加）。

教士的方法。马建忠出生于天主教家庭，就读于上海（徐汇公学）（College Saint Ignace），它是由耶稣会办的教会学校。据法国学者贝罗贝（Alain Peyraube）考证，当时该学校的天主教父就是采用法国耶稣会士马若瑟（Joseph de Prémare）的《汉语札记》（*Notitiae Linguae Sinicae*）作为教材。[1]

马若瑟这本书将汉语分文言、"官话"两个体系论述。将字（Littera）作为基本语法单位，既采用实词、虚词的汉语传统研究法，又按照西方词类划分法，将词分为体词、代词、动词、副词、介词、连词、助词。[2]

尽管《马氏文通》研究的是文言文的语法，但这本书对五四运动时期主张白话文的人士有巨大的影响。通过发展或者是批评这本语法著作，人们开始把语言的变迁作为现代化的一部分来加以讨论。在马氏开创的体系之内，后来者又撰写出了"国语"的语法书，如黎锦熙所著《新著国语文法》。这时候，撰写者的目的已经非常清楚，"国语"语法书的目标就是尽快地扩张白话文的影响力，以取代文言文。

西人编撰"官话"工具书时，方法和框架是先定的，他们毫不犹豫地借用了自己熟悉的、用来研究拉丁语的那一套语法工具。当瓦罗通过"天主生天地万物"这个句子讲解汉语中的词性时，可以见出这种拉丁语法研究方法的使用：

"天主"这个词是主格名词，"生"是动词，后面跟着的就是宾格。也就是说，主格永远不会处在它所支配的动词后面。[3]

威妥玛在《语言自迩集》中虚拟出中国人与外国人对话的语境，讲述西文语法规矩：

---

[1]《〈马氏文通〉与中国语言学史——首届中国语言学史研讨会文集》，外语教学与研究出版社2003年版，第120~121页。

[2] 贝罗贝：《20世纪以前欧洲汉语语法学研究状况》，见北京大学中国传统文化研究中心编：《文化的馈赠：汉学研究国际会议论文集》，北京大学出版社2000年版，第467~473页。

[3] [西]弗朗西斯科·瓦罗著，马又清、姚小平译：《华语官话语法》，外语教学与研究出版社2003年版，第34页。

我们英国话文限制死些儿，没有汉字那么活动。且将英文分两大端论之：一为单字（the single words），一为句法（the laws of sentences）。那单字共分九类（nine categories,the Parts of Speech）。是为单字之一端。至于连字成文，那就是句法之一端。

敝国向来作文章（essays），也有分股（the ku,pairs of sentences even in length）分段（the tuan,odd sentences）的规矩。阁下刚说这句法，或者是那么样罢?

贵国作文讲究的是句法chu fa，专管那个字句的长短；我们成句之理，就是无论何句，必须"纲kuang"（a subject主语）"目mu"（a predicate 谓语）两分，方能成句。何为"纲"?几句内所云人、物、事等字眼儿为"纲"；何为"目"?论人、物、事的是非、有无、动作、承受，这都为"目"。看起这个来，仅有"死字"，没有"活字"，难算成句；较比起来，仅说"人""雨""马"这三个字，不添"活字"，实属有头无尾，焉能算是话?若是仅有"活字"，没有"死字"，其理亦然，不待言矣。"那人是好"，"下雨"，"那马快"，这三句无剩义（intelligibility is complete 语义完整），所以才成句。分其"纲""目"，就是这头一句里，那"人"字为"纲"，论"人"的"好不好"是"目"。第二句"下雨"，"雨"字是"纲"，论起"下雨 不下"是"目"。第三句"马"字为"纲"，论起"走得快"为"目"。

句段分为"纲""目"一层，中国也不是总没有此说，但是阁下所说的，单字分有九类，那是从前总没听见提过的。[1]

从这个虚拟的对话中，我们可以看到威妥玛认为拉丁语法是"限制死"的，规矩严格，汉语本身是"活动"的，用死的规矩套用灵活的汉语后，表达出的汉语就变得规规矩矩，"纲目"完整，写出来如同小学生作文，每句话都是主谓宾兼具。

将拉丁语法套用在"官话"上的做法，即便是在传教士内部，也有

---

[1] [英]威妥玛著，张卫东译：《语言自迩集——19世纪中期的北京话》，北京大学出版社2002年版，第405页。

反对的声音。狄考文在其修订版的《官话类编》前言中说："关键并不在于通过西方语法分析来学习'官话'，而是要仔细体会'官话'本身的组合形式和方法来学习它。"[1]这种看法与他的前辈和后辈完全不同。

对于一般的语言学习者来说，通过拉丁语法学习汉语并不是一个好的选择。于19世纪中前期来到中国的法国人老尼克，在学习中文时发现：

中文句法即使有法，也是最模糊不清的规则。没有足够的词缀或虚词来表示单复数、词格、语态、时态，通常只能通过词在句子中的位置来判断。同一个字词可以从名词变成动词，从动词变成副词，诸如此类，但没有任何书面标示可以加以区分。[2]

实际上，这个问题至今仍然困扰着中国的语言学界。《马氏文通》出版之后，虽然一直有众多语言学者反思一味用拉丁语法套用汉语的过失，但至今没有拉丁语法之外的成体系研究汉语语法的著作诞生。

尽管威妥玛和狄考文都强调了拉丁语法与中国"官话"语法的不同，但欧洲历史上曾发生的情形——"有关欧洲地方语言的语法书大批出版，但往往是用拉丁语写成，以方便学习该语言的外国人使用，同时也是为了向说本民族语言的人提出一种规则"[3]——同样在中国发生了。以拉丁语法研究中国"官话"的工具书出版之后，这些工具书自然而然地意味着"一种规则"。这种规则毫无疑问影响到书面语的表达。

19世纪后期，一种的新的书面语——不同于文言文和古白话，也和现代白话文有差异的文体开始出现。这种过渡形态的文体保留了若干古白话乃至文言文的元素，但更多地吸收了通行口语也即"北京官话"的成分，同时具有某些欧化的特征。来自拉丁语法的新规则，正是新文体能够出现的推动力之一。

---

[1] Rev. C. Mateer, D. D., LL. D, *A course of Mandarin Lesson*, *Based on idiom*, Revised 1906, Shanghai:American Presbyterian mission press,1909, p.1.

[2] [法]老尼克著，钱林森、蔡宏宁译：《开放的中华：一个番鬼在大清国》，山东画报出版社2004年版，第161页。

[3] [英]彼得·伯克著，李霄汉、李鲁译：《语言的文化史：近代早期欧洲的语言和共同体》，北京大学出版社2007年版，第126～127页。

第四章　晚清书面官话：一种过渡形态

在中国书面语系统中，文言文属于主流地位，白话文则作为旁系而存在。胡适在其《白话文学史》中提出，早在汉代就有比较成熟的白话文学作品，其代表如汉乐府中的部分篇章。胡适在这里所说的"白话"文学，其实指的是来自民间的"说话的"、"自然神气"的文学，与之对比的是来自庙堂的、拟古的文言文。胡适在一次演讲中更详细地表达了他对"白话"的理解："中国每一个文学发达的时期，文学的基础都是活的文字——白话的文字。但是这个时期过去了，时代变迁了，语言就慢慢由白话变成了古文，从活的文字变成死的文字，从活的文学变成死的文学了。"[1]虽然人们对胡适所提出的白话小说的源头，有诸多质疑。但是我们不得不承认在中国古代文学中确实存有大量与当时口语接近的白话文。

随着佛教的传入，白话书面语系统大大繁荣，佛经中大量说教内容具有鲜明的口语特色。唐宋时期，白话文学作品进一步繁荣，以传奇、戏剧为代表，作品一般以叙事为主，其中大部分使用的是来自北方方言区的语言。这类作品的读者通常文化程度较低，它们发挥的主要是文化娱乐的功能。

明清时期是中国白话小说的繁荣期，此时产生的众多优秀作品，常

---

[1] 胡适著，杜春和、韩荣芳、耿来金编：《胡适演讲录》，河北人民出版社1999年版，第243页。

常被外国人用来作为学习中国"官话"的教材。不仅外国人学习中国"官话"时常常引用，甚至到了国语运动时期，在很多国语词典中还能看到出自这些小说的例句。

明清的白话文学是延续中国古白话的传统而来。与现代白话文学相比，两者有差别。这种差别已被很多研究者论及。蒋绍愚认为，"不论是宋元话本还是《三言》、《二拍》，那里的'白话'毕竟和现代汉语还有相当的不同。"[1]

"白话"与"官话"的区别是显然的。"白话"有闲谈之意，其与口语关系密切。方言也可以白话。《海上花列传》使用的是吴方言，属白话而非文言，即是一例。晚清推行"官话"拼音的裘廷梁于1898年5月创办《无锡白话报》，次月即更名为《中国官音白话报》，以免读者将"官话"与"白话"混为一谈。

1907年创刊于广州的《广东白话报》、次年创办于香港的《岭南白话报》，虽名"白话"，其语言形态却是广东方言。

至五四运动时期，"白话"这个概念才被用来指一种通行语，之后渐与"国语"、"普通话"混用。至于周祖谟所说，"白话，是从13世纪以来以北方话为基础而逐渐发展起来的民族语言的加工形式，也就是现代的文学语言"[2]，则是更晚近的事情。

明清白话小说的雏形是话本。用于说唱的话本，其来源多是流行于某个方言区的地方戏，话本因为方言的不同有北曲、南曲之别，北曲又分中州调、冀州调，南曲的区分则更为复杂。这不可避免地使得话本小说中充斥着方言俗语。例如，《水浒传》是用山东方言写的，又夹杂了很多吴方言。[3]实际上，不用说《海上花列传》、《九尾龟》、《何典》之类方言小说，就连被胡适认作"中国白话文的标准教材"的《今古奇

---

[1] 蒋绍愚：《近代汉语研究概况》，北京大学出版社1994年版，第3页。

[2] 周祖谟：《从文学语言的概念论汉语的雅言，文言，古文等问题》，《北京大学学报（社会科学版）》1956年第1期。

[3] 胡竹安：《〈水浒全传〉所见现代吴语词汇试析》，载《吴语论丛》第1辑，上海教育出版社1988年版。

观》、《水浒传》、《红楼梦》、《儒林外史》、《儿女英雄传》等[1]，也有大量方言、俗话存在：《红楼梦》虽说是用北方话写的，但却夹杂了很多南京话、扬州话[2]；《金瓶梅》是用山东方言写的，也夹杂了很多吴方言[3]。

对学习中国语言的日本人来说，古代白话中的方言一直是他们的阅读障碍。1823年日本学者曾对当时中国"得泰"号上的船员说：

> 贵邦载籍极多，不惟五车二酉也。而群籍中俗语无译语者有不可句者矣……《聊斋志异》、《今古奇观》皆尝之者，吾乐读之。但《奇观》多俗语不可解者，故不卒业而止。愿乞借，以请教。[4]

《聊斋志异》是文言短篇，对日本学者来说没有阅读障碍。《今古奇观》由《喻世明言》、《警世通言》、《醒世恒言》以及《初刻拍案惊奇》、《二刻拍案惊奇》中的四十篇小说构成，作者"姑苏抱瓮老人"是苏州人，白话中夹杂了大量的南方方言、俗语，所以颇多"不可解"之处。

《续急就篇》是20世纪初日本最为重要的汉语教科书，编者宫岛大八曾说：

> 阁下既学过官话，四声什么的想必知道了。单是会话的书不下有百八十种，似乎得挑好的念，这才不枉费工夫。比方《水浒》《三国志》《红楼梦》《儿女英雄传》什么的，这些书文笔很好，话也适用，其中虽有不兴时的话，倒也没有什么妨碍。[5]

"不兴时"云云，正表明旧白话文与19世纪中期通行的"北京官话"不同之处已经被国外学习者所注意。

---

[1]《胡适全集》第12卷，安徽教育出版社2003年版，第450页。

[2]王世华：《〈红楼梦〉语言的地方色彩》，《红楼梦学刊》1984年第2期。

[3]周振鹤、游汝杰：《方言与中国文化》第2版，上海人民出版社2006年版，第170～171页。

[4]转引自春风文艺出版社编：《明清小说论丛》第3辑，春风文艺出版社1985年版，第101页。

[5][日]宫岛大八编：《续急就篇》，善邻书院1942年版，第11～12页（标点为引者加）。

为了能用学到"兴时"的"官话",传教士与日本人用"北京官话"改写了一批旧小说,其中的书面语与现代白话文近似,但又有若干不同的特征:"既不同于古代白话小说的'说书'语言,又有别于日常口语"的"文学语言的白话"[1]。尽管仍然有文言文和古白话的某些成分,但因为其鲜明的口语色彩,吸收了西方语言的特点,有了欧化色彩,与古代白话文有显著的差别,具有某种过渡时代的特征。

第一节 从古白话到晚清书面官话

传教士之所以会尝试以"官话"写小说,最重要的原因是小说有利于传播教义。传教士所作"官话"小说的种类繁多,有用"官话"改写的中国旧有的白话文学,有用"官话"翻译的外国文学,还有一些完全是从头构思的新作品。大多数"官话"小说的创作者都是外国人,但他们中的很多人都有中国助手。

传教士们的母语大多属印欧语系,为了写出中国人能够接受的作品,他们都会非常注意汉语的特性。两种限制下,使得他们的作品既不同于中国旧白话文学,也不同于现代白话文,很明显是一种过渡的语言形态,其表现为使用少量的新词、新表达时态,有欧化的雏形。这种语言形态显然是刻意选择的结果。在传教士模仿中国古代白话小说而创作的第一本章回小说《儒交信》(1872年)里,已经可见这种过渡特征。

《儒交信》是目前已知由传教士创作的最早的章回小说。原书藏于法国国家图书馆,署名"无名先生述",讲的是中国人李光皈依天主教的故事。[2] 书前有马若瑟(Joseph Henry Marie de Prémare)写的拉丁文内容简介,书中还引用了马若瑟的《信经直解》,并出现了马若瑟本

---

[1] 刘纳:《1912—1919:终结与开端》,《中国现代文学研究丛刊》1998年第1期第21页。

[2] 此处引自北京大学宗教研究所2000年整理《明末清初耶稣会思想文献汇编》第45册之自无名氏《儒交信》。

人给小说中人物施洗的场面。另外，书中暗示作者居住地的府城是"南昌府"，这也符合马若瑟在江西传教二十年的史实，此书即便不是马若瑟亲自写就，他也应该是非常重要的参与者。

《儒交信》是对中国古代白话章回小说的模仿，表现为：

（1）以诗词总结文意。一种写法是将诗词置于章回之首，用作点明章节主旨。如此书第一回前置《右调踏莎行》："嗔天教员外逞花唇。揭儒宗。孝庶开另眼。道贵寻源。学宜拯世。如何伦竖终身昧。乍闻天道便猖狂。徒劳攘□终无趣。端有真儒。敖百陈大义。群伦谁不由天帝。漫言西海与中华。此心此理原同契。"（第1页）一种写法是在文中，总结前一段故事。如对不信耶稣教的杨员外尽管家财万贯，却了命于一伙打劫的贼，论道："正是：西陵冢上青青草，不见春分哭二乔。"（第47页）

（2）叙述语用白话。如第一回中介绍人物杨顺水："话说康熙年间有一员外姓杨，名顺水，字金山。他虽然富厚有万金家事，却是个俗人。但恃着几贯钱财，也攀交乡宦，依附明士。不过是图个虚名。"（第3页）

（3）充斥全书的说书人口吻。如"且听下回分解"、"……不在话下，且说……"、"……不提，且说……"。

（4）依据人物身份不同，士子间谈话用文言，平民之间用白话。如第五回李举人与妻子吴氏的对话。吴氏："你这天杀的，敢是遇了邪，疯癫了不成。为什么把我的一堂佛菩萨打得稀烂，这个了得么。"李举人："姐姐你女人家不晓得这些木头菩萨，只好做饭，你去拜他，没一点意思。"（第31页）第六回李举人问西师马若瑟，则变为文言。李举人："如何方劝得人奉教。"西师："劝人以言不若感人以德。"（第43页）

这部小说，也出现了一些不同于中国传统小说的成分：

（1）出现许多新名词。

由于涉及到中国所没有的耶稣教的内容和地理知识，小说中用了大量新名词：如音译词（耶稣、沙勿略、伯多禄、保禄、加理勒亚、欧罗巴），音译加意译词（大西洋、儒德亚国、儒德亚话、儒德亚书、儒德亚京师），旧汉字造的新词（圣经、天主、人类、灵魂、原罪）。

（2）出现了欧化的表达。

如"先前做了一任官，极是清庶。如今林下，养性修德，人人都爱敬他。"（第3页）其中"人人都爱敬他"是一个主谓宾完整的句子，汉语的表达讲究的是音节协调，此句符合汉语习惯的表达应是四字句，如"为人所敬"。"此皆天主的特恩，皆是超人性的美。"（第12页）少用系词是汉语的表达习惯，此句"是"在汉语表达里可以省略，定语"超人性的"显系欧化的表达。

这些不同于中国古白话小说的成分，在《儒交信》中表现得还不够充分。此后传教士创作的小说，越来越多地变为一种以通行口语为基础，打破说书传统，不按章回行文的文体，本书称之为"官话小说"。

"官话小说"的出现与"北京官话"地位的上升有明显的关联。除了以上所述传教目的之外，传教士写作"官话小说"还有供外国人学习中国语言的目的。因为小说这种融合了诸多文化因素又有趣味的文体，非常适合作为学习"官话"的教材。当时中国古代白话小说中不符合通行语的地方越来越显得碍眼。威妥玛曾指出："尽管中国的通俗语言深深地根植于她的文学，但是，我们正在论及的小说著作中仍有很多成文太古典了，并不适用于日常生活。"[1]尽管某些部分常常被当作学习"官话"的教材，但中国古代的白话文仍夹有大量"不兴时的话"，要学会"官话"，还要看"会话的书"。

"官话小说"是"会话的书"的一种，大量存在于"北京官话"教科书中。在《语言自迩集》第二版中，威妥玛就以《西厢记》的故事作为框架，以"北京官话"全面改写了这个中国传统戏曲经典作品，构成第六章《秀才求婚，或践约传》。对比原来的杂剧，我们可以更进一步了解古代白话作品与传教士"官话"写作的差异。

---

[1] 见[英]威妥玛著，张卫东译：《语言自迩集——19世纪中期的北京话》第一版序言，北京大学出版社2002年版，第20页。

元杂剧《西厢记》第二本第一折：

（净扮孙飞虎上开）自家姓孙，名彪，字飞虎。方今上德宗即位，天下扰攘。因主将丁文雅失政，俺分统五千人马，镇守河桥。近知先相公崔珏之女莺莺，眉黛青颦，莲脸生春，有倾国倾城之容，西子太真之颜，现在河中府普救寺借居。我心中想来，当今用武之际，主将尚然不正，我独廉何为？大小三军，听吾号令：人尽衔枚，马皆勒口，连夜进兵河中府，掳莺莺为妻，是我平生愿足！（法本慌上）谁想孙飞虎将半万贼兵，围住寺门，鸣锣击鼓，呐喊摇旗，欲掳莺莺小姐为妻。我今不敢违误，即索报知夫人走一遭。（下）（夫人慌云）如今却怎了？俺同到小姐卧房里商量去。（下）[1]

这段话，在《语言自迩集》中为了教学的方便，被分成短句来教授，小说用第三人称视角来叙事，涉及说话内容时则转换为第一人称叙述：

这且不题，单说离此不远有一座山，内中有伙强盗，占踞多年。寨主名叫孙飞虎，带领着偻偻有一千多人，到处抢夺。

他那一天也在普救寺看见莺莺烧香，回到寨里和他手下人说：刚才庙里那女子长得十分好看，我意欲娶他做个压寨夫人，你们大家伙儿谁能立这个头功？[2]

……

孙飞虎大喜，以为此去定能得胜。第二天带着可山的偻偻，嘴里吹著喇叭，蜂拥地来了，把那庙团团围住，围的水泄不通，口口声声要莺莺出来答话。

法本知道了，吓得慌慌张张，就跑到老太太院子里喊叫说：老太太听见了吗？外头来了一大股贼，那贼头儿孙飞虎，是个最凶恶的强盗，大不通情理，常是图财害命，带了那么整千整万的人来，擂锣擂鼓，大喊着要莺莺姑娘出去答话。哎呀！这个祸事可从没有经过呀！

---

［1］王实甫：《西厢记》，人民文学出版社1995年版，第65页。

［2］转引自[英]威妥玛著，张卫东译：《语言自迩集——19世纪中期的北京话》，北京大学出版社2002年版，第298页。

老太太听了这一番话，吃这一惊非同小可，赶紧的蹀蹀躞躞跑到莺莺屋里，告诉他。[1]

威妥玛认为，用新的"官话"改写中国已有的通俗文学，"其形式的改进是一种并不比扩大词汇量更次要的职责"[2]，他的确也是这样做的。元杂剧中"人尽衔枚，马皆勒口，连夜进兵河中府，掳莺莺为妻，是我平生愿足！"孙飞虎说出这样文雅的话，显得不合身份相当怪异，威妥玛改写时以口语化的描写："刚才庙里那女子长得十分好看，我意欲娶他做个压寨夫人，你们大家伙儿谁能立这个头功？"代替了这些文绉绉的文言，更符合孙飞虎"强盗"的身份。"人尽衔枚，马皆勒口，连夜进兵河中府，掳莺莺为妻。"这种由多个短句连接起来，靠着声气构成一种有力的描绘，将复杂的意思淋漓尽致地表达出来，是汉语特有的表达方式。申小龙先生将这种中国特有的句法称为"结构气韵之法"[3]。这不同于西方语言，以动词为核心，其他成分通过修饰它而构成一个长的意思复杂的句子。威妥玛的改写就完全摒弃了这种"主题"+评语的中国句式[4]。原文中的文言典故如"倾国倾城"、"西子太真"也一律不用。

中文的表达并不讲究句法完整，而是更注重意会，往往几个词连接在一起就能构成一个完整的情节，如马致远的《天净沙·秋思》："枯藤老树昏鸦，小桥流水人家，古道西风瘦马。夕阳西下，断肠人在天涯。"元杂剧中"谁想孙飞虎将半万贼兵，围住寺门，鸣锣击鼓，呐喊

---

[1] 转引自[英]威妥玛著，张卫东译：《语言自迩集——19世纪中期的北京话》，北京大学出版社2002年版，第301页。

[2] [英]威妥玛著，张卫东译：《语言自迩集——19世纪中期的北京话》，第一版序言，北京大学出版社2002年版，第20页。

[3] 申小龙认为"汉语句子不以某个动词为核心，而是用句读段散点展开，流动铺排，有头有尾、夹叙夹议、前因后果地表达思想。"见申小龙：《汉语与中国文化的结构通约》，《光明日报》1993年12月13日。

[4] 汉语结构中"主题"成分的特点，见申小龙：《中国语文研究的句法学传统》，《暨南大学研究生学报》1989年第1期。申小龙认为汉语的句子往往靠词组的铺排来体现。如《红楼梦》中"嘴甜心苦，两面三刀，上头笑着，脚底下就使绊子，明是一盆火，暗是一把刀，他都占全了！"前面六个短语构成了句子的"主题"，最后一个短语是句子的评论。

摇旗。""鸣锣"、"击鼓"、"呐喊"、"摇旗"是几个相互间没有语法关系连接的动词,中国人读来立刻就能体会到激烈的战争场面。西方语法,则必须指明"实施者",威妥玛的改写就指明是"偻儸"蜂拥地来了,是用"嘴"吹喇叭,且使用了补语——"围的水泄不通"。这种讲究语法关系的表达使得中文句子长度增加,层次复杂了,在现代小说里,这种有复杂层次的长句处处可见。

元杂剧《西厢记》叙述顺序是按照书面表达的逻辑,"谁想孙飞虎将半万贼兵,围住寺门"已经将事情叙述完毕,后面"鸣锣击鼓,呐喊摇旗"是对场面的描写,又倒叙回去了。而在口语中,叙事往往要按照时间顺序展开,威妥玛的改写即是按照事件发展的先后顺序来的。另外,他将有地方色彩的词"俺"改为更为通用的"我",且使用了"北京官话"词汇"大家伙儿"、"贼头儿"、"老太太"、"赶紧的"。

威妥玛的改写,实现了对口语的创造性转化,既推动了新的书面语的产生,又能够丰富口语的表现力。威妥玛是有意为之的:"用最少的时间学会这个国家的官话口语,并且还要学会这种官话的书面语"[1]。这证明了胡适的洞见:"真正有功效有势力的国语教科书,便是国语的文学"[2],也能够解释为什么他要在新文化运动中提出"国语的文学,文学的国语"口号。这种口语和书面语互相发生作用的语言现象,在言文一致的情形下,才有可能发生。

传教士用"官话"创作小说的努力一直延续到20世纪初。"官话"和合本《圣经》的翻译者之一鲍康宁在20世纪前十年间,还撰写了好几部"官话小说"。1904年,鲍康宁创作了小说《司布真记》,他在书中明确提出此小说是用"官话"写成。全书共十八章,有章节名,每章正文开始前都有诗文作"入话",这些都遵守了中国传统小说的样式。但书中又有大量不同于旧章回小说的因素。全书第三人称叙事与第一人称叙事混用,采用了大量西方小说的叙事技巧。

[1][英]威妥玛著,张卫东译:《语言自迩集——19世纪中期的北京话》,北京大学出版社2002年版,第12页。
[2]胡适:《建设的文学革命论》,《新青年》1918年4月18日。

74

第二节　"官话"宣教书

传教士在19世纪后期用"官话"写作的作品是多种多样的，除了小说，还有大量宣教书。

自利玛窦起，传教士们就观察到口头宣讲对传教来说是远远不够的，中国人更注重书籍。1610年，利玛窦在写给朋友高斯塔的信中说："在中国，通过写书能做许多事情。"[1]1611年，在写给耶稣会总会长的信中，利玛窦再次说道："写书起到的作用要胜于语言。"[2]正是这个原因，传教士才会把口头宣讲的内容记载成书并印刷散发。19世纪末鲍康宁所著《司布真记》中描述了这个经过：

讲的时候有人听着入耳，随就提笔用省写的法子一句一句地把拢总的话暂且记下，底下有了余空就再誊真，叫先生改正，改正便叫摆的摆上印刷。[3]

对用什么样的语言进行写作，传教士是高度自觉的。在1733年北京出版的天主教护教书《盛世刍荛》中，作者谈到宣教书是为一般愚夫愚妇所作，要用"常言"：

若欲得心应口，必须俗语常言。此《刍荛》之所由作也。……语甚简明，事皆紧要。……况穷乡僻壤，安得人人而口授之？得此一篇，各人自己披阅，即与听讲无异。若系不识字之人，或妇人女子，或衰老病躯，欲闻圣道而无人能讲，只须一位识字之亲友，看书朗诵，又与讲道

［1］转引自[美]邓恩著，余三乐、石蓉译：《从利玛窦到汤若望：晚明的耶稣会传教士》（ *Generation of Giants*：*The Story of Jesuits in Chinain the Last Decades Ming Dynasty* ），上海古籍出版社2003年版，第79页。

［2］[美]邓恩著，余三乐、石蓉译：《从利玛窦到汤若望：晚明的耶稣会传教士》（ *Generation of Giants*：*The Story of Jesuits in Chinain the Last Decades Ming Dynasty* ），上海古籍出版社2003年版，第79页。

［3］鲍康宁：《司布真记》，汉口、上海：中国基督教书会印行1904年版，第51页（标点为引者加）。

无异。正所谓书中有舌，如获而谈也。[1]

费赖之在《在华耶稣会士列传》中将此书名译为拉丁文"Saeculo aureo humilis tractatus"，意思是"黄金时代的卑论"，又译成"Sententiae hominis rudis ad litteratos"，意思是"愚夫对学士们的浅说"。[2]无论是"卑论"还是"浅说"，都意在指明此书的文字非常接近口语。实际上记载下来的文字是一种浅文言与"官话"的杂糅体：

> 太阳昼夜长短，年年不错；月亮自望而弦，月月如此。星宿之多，云霞之美，空际中的飞虫鸟雀，海山内的鳞甲兽蹄，以及寒暑温和，应时而至，风雷雨雪，顺意而来。这样的事情，若说没有主儿经管、没有主儿安排，怎么肯自往自来、自生自长？又怎么肯听我们使用？故自一身以至万物，应该首先慎思审问，查究他的来历。（第14页）

此段文字没有方言成分，如"长短"、"不错"、"太阳"、"月亮"、"飞虫鸟雀"，都是通行语的表达。语法结构上尊重了汉语表达的特点，如"太阳昼夜长短，年年不错；月亮自望而弦，月月如此"，这是两个由"主题+评价"构成的句子。而这两个句子与"星宿之多，云霞之美，空际中的飞虫鸟雀，海山内的鳞甲兽蹄，以及寒暑温和，应时而至，风雷雨雪，顺意而来"，又构成一个长的主题，这个长主题中每个短句两两对仗，音节和谐。这段表达可以证明，传教士当时已经有撰写"官话"宣教书的能力，但是在实际操作中，还是有文言成分的夹杂。如：

> 我今不避嫌怨，痛切直陈，是虚是实，是假是真，当信不信，天下之大，兆民之众，必有能辨之者，亦必有拨乱反正，以熄此邪说者。（第75～76页）

及至19世纪中期"北京官话"通行时，传教士即以"北京官话"撰

---

　[1]此书现收入北京大学宗教研究所2000年整理《明末清初耶稣会思想文献汇编》，列于第22册。由法国人冯秉正（字端友，Joseph Marie Anne de Moyrica de Mailla）指示，高尚德、雷孝思、宋君荣校阅，戴进贤（字嘉宾，Ignatius Koegler）鉴定，任伯多禄付梓，杨多默（字通明）纂录。标点为整理者所加。

　[2]郑安德：《盛世刍荛题解》，北京大学宗教研究所2000年整理《盛世刍荛》第2页。

写宣教书。1876年，京都灯市口美华书院印"美国谢卫楼口译，中国教友赵如光笔述"的《神道简略》，是用"官话"写作的问答体解释《圣经》的宣道书。北通州公理会赵如光的序中论及此书采用"官话"写作的独特贡献时说：

> 若夫载籍，以繁碛为尚，言语以富丽为工。故染翰操觚者，每多博采旁搜，不惮修饰润色。试观此帙则不然，是书第用官话，申明真谛，既无寻章摘句之劳，又奚事藻饰乎哉，取其辞达而已矣。且也即稍识文墨者，目之便可了然，抑或妇女之流，孩提之辈，闻之亦易领会。仰阅者，勿以糟粕不韵为哂，实予之望也，亦其道之幸也。

赵如光指明此书不同于中国经籍，采用"官话"书写，不"寻章摘句"，只求"辞达而已"。[1]

之后传教士又改革报刊，以"官话"行文，其尝试远早于《新青年》改行白话。

1906年1月，《通问报：耶稣教家庭新闻》明确提出开始用"官话"作为讲解《圣经》、撰写小说寓言的工具：

> 华人学习传道。每苦于无书学习。本报每回均由中西名人。以勉励会所用圣经题目。用官话演出。段落分明。层次清楚。如人仿此题目。再参己见。细为详解。自可与著名传道者相仿佛。此特色九。本报每回均用官话。演成小说寓言等。清新浅显。意味深长。而且寓有劝征之意。足可消愁解闷。醒世破迷。[2]

即便五四运动之后，新的白话文，对很多人来说还是要通过学习琢磨才能慢慢适应，20世纪30年代，夏丏尊就发出白话文不易作的感慨。他说：

> 白话文最大的缺点，就是语汇的贫乏。古文有古文的语汇，方言有方言的语汇，白话文既非古文，又不是方言，只是一种蓝青官话。从来

---

[1] 当然，尽管表达了对"官话"写书的赞赏，并参与了此书由口头到书面的工作，赵如光的序文还是典雅的文言。这种有趣的现象能够让我们更深刻地理解当时中国语言的现状。在受过教育的中国人当中，文言文仍然是他们最熟悉和亲近的。

[2] 《耶稣教家庭新闻》，《通问报》1906年1月第181回。

古文中所用的词类，大半被删去了，各地方言中已有的词类也完全被淘汰了，结果，所留存的只是彼此通用的若干词类。[1]

在《通问报》中，已有用"官话"翻译中国成语的诸多尝试。如"齐人相狗"、"星火燎原"等，"齐人相狗"本出自《吕氏春秋·士容论》，原文为文言文：

> 齐有善相狗者，其邻假以买取鼠之狗，期年乃得之，曰："是良狗也。"其邻畜之数年，而不取鼠，以告相狗者。相者曰："此良狗也！其志在獐麋豕鹿，不在鼠。欲其取鼠也则桎之！"其邻桎其后足，狗乃取鼠。[2]

《通问报》的"官话"译为：

> 齐国有一人，善看狗的美恶。他的邻舍就请他代买一条会捉鼠的狗。过了一年，其人乃得了一条狗送给邻舍。也对他说："这是一条良狗。"邻舍养这狗好几年未曾捉过一鼠，就告诉齐人。齐人说："这是良狗，他的志实在獐麋豕鹿，不在鼠。你如要他捉鼠，必要桎（械也，着足曰桎，着手曰梏）他起来。"邻舍就桎了狗的后足，果然后来就捉鼠了。[3]

对比原文，"官话"本除了大量使用双音词外，最重要的改动即是将文言文的省略句补充为主谓宾完整的句子。

除了小篇幅文字的"官话"翻译，传教士们还有很多长篇"官话"译本，其中以德国传教士安保罗（Pastor P. Kranz）的四书"官话"翻译最为有名。他在《论语本义官话》的序里表达了用"官话"翻译的动机，他说：

> 四书五经本来不是为小孩子，乃是为长大的人编的……在那书上虽然有许多好道理，乃是那书上的文法，是于孩子们太深奥，孩子们不能懂他们，希望他们可以急速明《论语》之真意。而且也有许多约略识字的人，比如妇人以及农夫，若是他们用这本书，他们也可以明白孔子的

---

[1] 夏丏尊：《先使白话文成话》，《申报·自由谈》1934年6月27日。

[2] 转引自蓝开祥、胡大浚选注：《先秦寓言选》，人民文学出版社1983年版，第220页。

[3] 《齐人相狗》，《通问报》丙午正月第185回（标点为引者加）。

大道。[1]

安保罗认为，文言对孩童来说太难，不利于教育的普及，他的书每页上栏为原文，下栏为"官话"翻译。如《论语本义官话》中《学而》篇："学而时习之，不亦说乎。有朋自远方来，不亦乐乎。人不知而不愠，不亦君子乎。"安保罗的释文为：

孔夫子说，学而常常温习，这不是叫人喜悦么。有朋友从远处来领教，这不是叫人快乐么。倘若一个人虽别人不认识他，然心里不动气，这样的人不是君子么？[2]

安保罗将文言省略句，改写为主谓宾兼备的句子，且用"倘若"、"虽"、"然"这样的连词，将短句连接成逻辑层次复杂的长句。

还有很多宣道书，在撰写之初采用的是文言文，后来也随着"官话"普及而重新改写为"官话"。其原因，不外乎《上海时兆报》在1909年的《辩谬序》中对为何要用"官话"重新改写文言版《安息日辩谬》的解释："此书先前刊印的是文话，因有许多人爱读官话，所以刊成官话，使读的人容易清楚。"[3]《时兆报》馆的"官话"改写文言宣教书的工作一直持续到五四运动后。

传教士们的这些文字工作，进入了中国底层社会，并且"收了很大的效果"。俞遥在20世纪30年代，提倡大众语的文章《"大众语"不能离开"写什么"的问题》中谈到传教士早在五四运动前就用白话文传教了：

我的故乡虽是个距离都市极远的荒僻冷落的农村；但替帝国主义负有特殊使命的先锋队——牧师，的确很早在那里树立了十字架。那班聪明的先锋，不等我们"五四"运动的发动，已先用白话翻印新约和赞美诗了。……那时候，聪明的牧师们除了用他们特殊的政治、经济力量宣传教义外，更用大众听得懂，大众讲得出的话来宣传，实收了很大的效

---

[1] [德]安保罗：《论语本义官话》，上海美华书馆1910年版，第1页（标点为引者加）。

[2] [德]安保罗：《论语本义官话》，上海美华书馆1910年版，第1页（标点为引者加）。

[3] 时兆报馆：《安息日辩谬：官话》，上海时兆报馆印1921年版，第5页（标点为引者加）。

果，基督教在最荒僻的农村里，也渐渐蔓延扩展，几乎与土著佛教有并驾齐驱之形势。[1]

第三节　"北京官话"版《今古奇观》

虽然对《今古奇观》中诸多方言惘然不解，但在1876年日本人开始学习"北京官话"之前，此书一直是日本人学习汉语口语的教科书。[2]在日本汉语教学界转而学习"北京官话"后，曾由金国璞将《今古奇观》改写成《北京官话今古奇观》，1904年由文求堂出版[3]，以利学习。

金国璞是中国人。他自1899年到1903年在东京外国语学校教汉语，任期结束后回国。日本著名汉籍书店文求堂的主人田中庆太郎，也是金国璞的学生，曾这样回忆自己的老师：

金国璞的教学方法，也比较注意四声……他们认为有"应世之文"和"传世之文"，自己教的语言是"应世之文"，"传世之文"是另外的东西。"[4]

尽管认为"北京官话"写作的文章是"应世之文"，金国璞还是用这种语言认真地改写了《今古奇观》。他把每个故事前后的文言诗，以及故事中用来总结情节喻意的文言诗都尽数删去，按照故事发展顺序用"北京官话"重新叙述。

---

[1] 转引自任重编：《文言 白话 大众话论战集》，民众读物出版社、民众教育书局1934年版。

[2] 根据六角恒广的研究，在学习"北京官话"前，东京外国语学校汉语的教学中，"翻译是把《申报》等译成日文，作文是把日本政府的布告、告示等译成中文，讲读是讲中国小说《古今奇观》，教学内容和方法都是沿用唐通事时代的"。见[日]六角恒广著，王顺洪编译：《日本近代汉语名师传》，北京大学出版社2002年版，第23页。

[3] 见[法]伯希和、[日]高田时雄编，郭可译：《梵蒂冈图书馆所藏汉译》，中华书局2006年版，第1935种。

[4] 转引自[日]六角恒广著，王顺洪编译：《日本近代汉语名师传》，北京大学出版社2002年版，第138页。

以《沈小霞相会出师表》这一故事中两段文字为例，对比两个文本，可以看到原文90%以上的文字都被改写了：

世蕃假醉，先辞去了。沈炼也不送，坐在椅上，叹道："咳！'汉贼不两立！''汉贼不两立！'"一连念了七八句。这句书也是《出师表》上的说话，他把严家比着曹操父子。众人只怕严世蕃听见，倒替他捏两把汗。沈炼全不为意，又取酒连饮几杯，尽醉方散。睡到五更醒来，想道："严世蕃这厮，被我使气逼他饮酒，他必然记恨来暗算我。一不做，二不休，有心只是一怪，不如先下手为强。我想严嵩父子之恶，神人怨怒，只因朝廷宠信甚固，我官卑职小，言而无益。欲待觑个机会，方才下手，如今等不及了。只当张子房在博浪沙中椎击秦始皇，虽然击他不中，也好与众人做个榜样。"就枕上思想疏稿。想到天明已就，起身焚香盥手，写起奏疏。疏中备说严嵩父子招权纳贿、穷凶极恶、欺君误国十大罪，乞诛之以谢天下。圣旨下道："沈炼谤讪大臣，沽名钓誉，着锦衣卫重打一百，发去口外为民。"[1]（《今古奇观》）

严世蕃假装着醉了，就告辞走了。沈炼也不送他，就坐在椅子上叹息说："汉贼不两立！"一连念了好几句。又拿过酒来喝了几杯，一脑门子的气回家去了。赶睡到五更天醒了，心里一想说："严世蕃这个东西，叫我赌气子拿酒灌了他，他必怀恨我，打算害我，不如我先下手倒好。"这么着他就起来，洗完了脸，写了一个奏折，那折子里头就说，严嵩父子揽权纳贿、欺君误国，十条大罪，请皇上把他杀了，以戒天下。赶这个折子递上去，旨意下来说："沈炼谤毁大臣，沽名钓誉，着发交锦衣卫重杖一百，发到口外去为民。"[2]（《北京官话今古奇观》）

"北京官话"本的特征有如下几点：

（1）文中的典故——以曹操父子喻严嵩父子、张子房椎击秦始

［1］（明）抱瓮老人辑：《今古奇观》，上海古籍出版社2005年版，第133页。

［2］燕京金国璞译：《北京官话今古奇观》，东京文求堂印行昭和八年版，第36～37页（标点为引者加）。

皇，都删去。

（2）把原来没有外在语法形态相连的短句，或是通过连词或是通过动词建立起明显的关联，构成长句。如"世蕃假醉，先辞去了。"改为"严世蕃假装着醉了，就告辞走了"，这是通过连词相连。如"那奸臣是谁？姓严名嵩，号介溪，江西分宜人氏。"改为"那奸臣是谁？他姓严，名字叫嵩，号叫介溪，是江西分宜县的人。""那人姓沈名炼，别号青霞，浙江绍兴人氏。"改为"这个人姓沈，名字叫炼，号叫青霞，是浙江绍兴府的人。""就枕上思想疏稿。想到天明已就，起身焚香盥手，写起奏疏。"改为"这么着他就起来，洗完了脸，写了一个奏折。"这三句是通过动词连接。

（3）通过增加逻辑关联，使得词语间、短句间逻辑更为明确。"室中到处粘壁"改为"把屋里墙上都贴满了"。"见严家赃秽狼藉"改为"看见严家父子心中毒狠，残害好人。""好生打个出头棍儿，不甚利害。"改为"他极力地关照，打了一百棍，可不很厉害。""户部注籍，保安州为民"改为"然后就把他发到保安州去为民。"这就把不强调逻辑关系的汉语，变成了逻辑严明的表达。

（4）用口语直接翻译文言文。"天性绝饮"改为"生来的点酒不闻"，"巨觥"改为"大酒杯"。

（5）一些北京语汇的使用。大量用儿化词（女孩儿、点儿、小买卖儿、门口儿），"呢"、"呀"等叹词的使用，以"太太"代替南方方言"奶奶"称呼对方的妻子。使用了第二人称代词的敬称"您"[1]，包括式"咱们"的使用等。这些口语成分如今很多仍然保留在现代白话文中。

（6）人物对话都一律用"北京官话"。例如沈炼与贾石的对话，原文为："沈炼道、虽承厚爱、岂敢占舍人之宅、此事决不可、贾石道、小人虽是村农、颇识好歹、慕阁下忠义之士、想要执鞭坠镫、尚且不

---

[1] 江蓝生认为，"您"字当作第二人称代词的礼貌用语，最早出现在汉语会话课本《燕京妇语》（1906）、小说《小额》（1906）中，反映了清末北京话的特色。见江蓝生：《〈燕京妇语〉所反映的清末北京话特色》，《语文研究》1994年第4期～1995年第1期。

能、今日天幸降临、权让这几间草房与阁下作寓、也表得我小人一点敬贤之心、不须推逊、""北京官话"本中则改为:"沈炼就说:'虽然蒙您这么厚爱,我怎么敢占您的宅子呢?'贾石说:'我虽然是农庄人家,可很认得好朋友,我是久已仰慕阁下忠义。如今可喜光临敝处,就让给您这几间草房住处。不过表一点儿敬贤之心,请您不必推托。'"沈炼是浙江绍兴人,贾石是宣府保安州的人,两人此时一律说起"北京官话"来了。

具备鲜明的口语色彩,不使用文言典故,加之一些欧化的表达,是"官话小说"、"官话"宣教书和"官话"本《今古奇观》共同的特征。将书面"官话"的文本与旧白话文学区别开来。

狄考文曾说中国没有纯粹的"官话"书面作品,所有的书籍都追求一种"文人气"(pedantic),他将中国已有的白话文学称为"所谓的官话书"(so-called Mandarin books)。狄考文认为,其中的小说,虽然作者是用"官话"写的,却克制不住在其中引经据典、展示他们的书面语才能。[1]狄考文把这些古白话作品比喻为17世纪的英语——掺杂了不少拉丁语。

本章所述的改写也好,创作也好,虽由于各作者对中国语言——口语和书面语的掌握程度不同,这批作品的水平和风格并不一致,但因为目的或为了作为学习"北京官话"的材料,或为了向普通人宣扬教义,因此都无不尽力贴近口语,而刻意去除古白话的"文人气"。

由于处处刻意贴近口语,这批文本另一个共同特征是显得有些繁琐。这是由于口语和书面语的关系非常复杂。书面语要具备口语生动活泼的语感,吸收其易于理解的长处,同时又要富有修辞之美,更不用说精炼传神的风格了,需要长期的学习,才能掌握其中微妙的平衡。

以今时今日的写作习惯和标准去衡量这批作品,它们的行文已经显得陈旧。语言在变化,19世纪和20世纪之交的口语,与今天的口语有很大的差别,在书面语中,这种差别只会更大。而导致这种差别的主要原因,就是欧化。

---

[1] 狄考文:《官话圣经的风格》,《教务杂志》1900年7月第31卷,第332页。

第五章　翻译与欧化

作为一个约定俗成的说法，"欧化"是描述中国语言变革时经常使用的概念，但这个概念的内涵和外延却极其复杂。这种复杂性来源于两个方面。首先，是如何精确地描述和定义"欧化"；其次，20世纪前期关于语言问题的几次大争论[1]，使得社会政治因素不断渗入。时至今日，已经很难将"欧化"作为一个纯粹的语言或文学现象来进行回顾。

我们可以从风格的角度来界定什么是"欧化"的作品。《在延安文艺座谈会上的讲话》及其激起的长期争论中，"欧化"风格与"民族作派"之间的区别，一直是争论的焦点之一。我们也可以从语法的角度来区别不同作品的"欧化"程度。现代语言学家如王力和吕叔湘等人，正是从这个角度出发，来阐述新文化运动特别是五四运动给中国书面语带来的深刻变化，尤其是在王力看来，五四运动之后，欧化的表达就成了中国书面语的主流。这是现代白话文与文言文的主要区别之一。

王力为"欧化"拟定了一整套标准。这套标准显然主要是从语法，准确地说是从句法的角度提出来的。在很长一段时期内，这套标准为中国语言学界提供了分析欧化问题的主要框架和工具，至今也仍然频频被引用。

《左传》、《水浒传》和《井》是三个风格迥异的文本，创作时间

---

[1] 1910年代的白话与文言之争是革命性的，从某种角度来说，1930年代关于大众语的争论，是对这个主题的深化，而1940年代毛泽东《在延安文艺座谈会上的讲话》，内容广泛，并不仅限于语言风格问题，却对1949年之后中国大陆的文学语言影响深远。

相去很远，其语言风格则分属文言文、古代白话文和现代白话文。通过对这三个文本所做的详尽分析，申小龙先生从中发展出一套对中国书面语进行语法分析的新框架。他倡导的文化语言学更强调汉语与西方语言的区别，并将这种区别上升到了文化和思维方式的高度。他认为中国语言与西方语言有着重大区别，以至于建立在西方语言学基础上的现代汉语语法学无法有效地分析汉语作品。[1]

申小龙强调汉语在句法和风格上的巨大弹性。通过对《井》的句法所作的分析，他指出，和文言文一样，现代白话文仍然可以保持汉语的特性，根据流动的多个视点组织词组，以表达意义。这和西方语言有明显区别。后者的特色在于，句子以动词为中心，由此构造了一个单一焦点的意义结构。[2]

所谓欧化，在他看来，最明显的特征在于那些以动词为中心、往往具有复杂结构的长句。他也承认，在中国书面语中，欧化的表达的确越来越多，越来越常见。但这种欧化的表达更符合西方语言特征，而多少扭曲了中国语言的特性。[3]

根据我的理解，他的理论中蕴含了这样一种历史观念：现代白话文并不必然趋于欧化。他多次提到，欧化其实是"析句带动造句"的产物，即欧化文体并不是先于语言学界的研究而存在的客观事实，而是语言学界提倡的结果。

的确有很多历史事实可以说明，语言学界对现代白话文的形成和发展，起到了非同寻常的作用。19世纪后半期以至整个20世纪，语言学家是一个非常活跃的群体。语言学著作常常被用作改造中国书面语的依据，而从《马氏文通》出版以来，中国语言学的主流分析工具又大多是从西方语言那里继承来的。凡是不适应这套分析框架的语言现象，就

[1] 有关论述见申小龙《〈左传〉句型系统发展的现代模型》，申小龙《中国句型文化》东北师范大学出版社1988年版，以及申小龙《汉语与中国文化》修订本，复旦大学出版社2008年版。

[2] 申小龙：《中国句型文化》，东北师范大学出版社1988年版。

[3] 有关论述见申小龙：《人文精神，还是科学主义？——20世纪中国语言学思辨录》，学林出版社1989年版，第31～32页。

很容易被看作是"旧"文体，从而变成改造的对象。

辞旧迎新的激情以新文化运动时期为最。在此期间，欧化是白话文取代文言文的历史进程的一部分。很多人认为，只有吸收西洋语言的若干特色，才能革新中国原有的书面语——所谓"旧文体"，不但指文言文，也指旧白话。郑振铎就说：

> 中国的旧文体太陈旧而且成滥调了。有许多好的思想与情绪都为旧文体的成式所拘，不能尽量的精微的达出。不惟文言文如此，就是语体文也是如此。所以为求文学艺术的精进起见，我极赞成语体的欧化。[1]

胡适则说：

> 只有欧化的白话方才能够应付新时代的需要。欧化的白话文就是充分吸收西洋语言的细密的结构，使我们的文字能够传达复杂的思想，曲折的理论。[2]

胡适的学生傅斯年则将欧化的修辞作为造就"国语的文学"的途径：

> 直用西洋文的款式，文法，词法，句法，章法，词枝（figure of speech）……一切修辞学上的方法，造成一种超于现在的国语，欧化的国语，因而成就一种欧化国语的文学。[3]

如果把"造句"中"造"字理解成对中国书面语的改造，当不为过。

欧化也是翻译的产物。1922年，一位读者谈到著名文学杂志《小说月报》中的翻译小说时，忍不住抱怨说：

> 一篇很好的外国小说里面含着很好的精义，被那几位译者译得太不明显。碰着一句话，有一两行之长，三四十个字之多，而什么、之什么、底什么，转了又转，说是直译的妙法。我又想我这个人或者尚不十

---

［1］振铎：《语体文欧化之我观（二）》，《小说月报》1921年第6号。

［2］见赵家璧主编：《中国新文学大系·建设理论集》，上海良友图书公司1935年版，第24页。

［3］傅斯年：《怎样做白话文？》，《新潮》1919年1卷2号。

分笨，但要我去看这种直译的文字总得看了又看，连猜带想的费上好几秒钟，才得看明白那一句又长又啰嗦的句子。若是碰着比我更笨的人岂不更是费事吗？看小说如此费事，这或者太不经济罢。[1]

所谓"有一两行之长、三四十个字之多、而什么、之什么、底什么、转了又转"，说的就是欧化长句。这位读者显然认为，翻译，特别是直译，是这种欧化长句出现的主要原因。

读者对欧化长句的价值评判，与欧化表达的提倡者是不同的。但他们都认识到，翻译是欧化的重要动力。所以胡适说：

他（指周作人）用的是直译的方法，严格的尽量保全原文的文法与口气。这种译法，近年来很有人仿效，是国语的欧化的一个起点。[2]

的确，为了忠实于原著，很多新词和欧化句式都是翻译西书时不得已的发明。使用欧化的语言变成一种刻意追求的语言实验，是相对较晚的现象[3]。

第一节　文言翻译的局限

早期以中文翻译西书的，不管是外国人还是中国人，首选文体都是文言文。其中影响最大的两位中国翻译家——严复和林纾，他们使用的都是文言文。他们译文的特点，可以用"意译"来概括。有趣的是，严复为翻译制定的高标准（信、达、雅）流行至今，其译作向来被认为是信、达、雅皆备的典范，但后来的研究却指出，严译对原著并不忠实。

---

[1]　"求幸福斋主人"：《小说昏》，《晶报》民国十一年四月十五日（标点为引者加）。

[2]　转引自欧阳哲生编：《胡适文集》第3卷，北京大学出版社1998年版，第257页。

[3]　瞿秋白写给鲁迅的《关于翻译的通信》中说："翻译——除出能够介绍原本的内容给中国读者之外——还有一个很重要的作用：就是帮助我们创造出新的中国的现代言语。中国的言语（文字）是那么贫乏，甚至于日常用品都是无名氏的。中国的言语简直没有完全脱离所谓'姿势语'的程度——普通的日常谈话几乎还离不开'手势戏'。自然，一切表现细腻的分别和复杂的关系的形容词，动词，前置词，几乎没有。宗法封建的中世纪的余孽，还紧紧地束缚着中国人的活的言语（不但是工农群众！）。这种情形之下，创造新的言语是非常重大的任务。"见鲁迅《二心集》，1932年。这恐怕更接近"析句带动造句"的意思。

以严译《天演论》为例，原书"广义"一节有这样一句：

That the state of nature ,at any time,is a temporary phase of a process of incessant change.

原文意为："在任何时候自然都是不断变化中的过程"，主旨在阐扬科学义理。严复则翻译为：

> 自递嬗之变迁，而得当境之适遇，其来无始，其去无终，曼衍连延，层见迭代，此谓世变，此之谓运会。运者以明其迁流，会者以指所遭值。[1]

严整的文言正是严译的特色之一。他的译作尽量避免"翻译腔"，也即外语词汇和句法的痕迹，译文中用词多是中国文言文中固有的，而句式也严格符合文言规范。但严复的翻译是否做到了忠实于原文？用现代翻译的职业观点来看，严复用人事盛衰解释自然科学，导致赫胥黎生物哲学的本旨完全看不出来，这很难称得上是忠实的翻译。很多人认为严复的翻译其实是对西方思潮的一种评述。[2]

这种翻译方法的优劣得失另当别论，严复的确自创了一套西方新词的翻译准则，译文由文言传统而来，文字非常雅正，后来却并不流行。对此，后世的争议很多。王国维说："侯官严氏所译之名学，古则古矣，其如意义之不能了然何。以吾辈稍知外国语者观之，毋宁手穆勒原书之为快也。"[3]言下之意，懂英语的人看严复的翻译，不如直接看原文来得易解。近人则认为，翻译西书时如果不突破文言文的表达传统，是很困难的：

> 严复在着手翻译西书时，除了外语知识和新科学知识体系的建构等社会基础的问题以外，用移译外语媒介"汉语"本身，也存在着很多必须解决的问题。这些问题存在于三个不同的层次：即，篇章、句子、词

---

[1] [英]赫胥黎著，严复译：《天演论》，商务印书馆1939年版，第4页（标点为引者加）。

[2] 对这一问题的论述可见黄克武：《自由的所以然：严复对约翰弥尔自由思想的认识与批判》，上海书店2000年版，第69~103页。

[3] 王国维：《论新学语之输入》，《教育世界》1905年4月第96期（标点为引者加）。

语。篇章、句子是语言形式，即外语的语言结构及其所表达的"内容"能否置换成某种为中国读者所接受的"形式"的汉语？如果能，是何种形式？语词是译名，即概念对译关系的建立。外语的每一词都需要在汉语的词汇体系中找到一个与之对应的"要素"。这种"要素"可以是词（译名），也可以是短语或一个大于短语的小句。[1]

鲁迅兄弟是卓有成就的翻译家。和严复不同，他们最早尝试翻译时就提倡直译。鲁迅认为，翻译应当"装进异样的句法"、"保存着原作的丰姿"。但周氏兄弟共同翻译的第一本书《域外小说集》，用的是文言。《域外小说集》一、二册的销量只有二十本，周作人后来评价此书说"句子生硬"，"配不上再印"[2]。这一时期周作人另一本译作也被《小说月报》退稿，原因在于"行文生涩，读之如读古书，颇不通俗"[3]。

尽管试图摆脱文言的局限，"纯用"俗语翻译西书，但早期的翻译者发现，这样做的困难很大。梁启超在翻译《十五小豪杰》时就说："原拟依《水浒》《红楼》等书体裁，纯用俗话，但翻译之时，甚为困难。参用文言，劳半功倍。"[4]鲁迅在翻译《月界旅行》时，"初拟译以俗语，稍逸读者之思索"，但随后发现"然纯用俗语，复嫌冗繁"。最终不得不折衷，"因参用文言，以省篇页"。[5]

用什么样的文体翻译西书的问题，在传教士那里也引起了争议。以花之安（Ernst Faber）、卜舫济（Francis Lister Hawks Pott）等为代表的传教士认为，汉语与英语属于两类语言，两者之间不可能做到真正互译。傅兰雅（John Fryer）在《江南制造总局翻译西书事略》（1880年）"论译书之法"一章中对他们的意见有一个概括："中国语言文字

[1]沈国威：《近代中日词汇交流研究：汉字新词的创制、容受与共享》，中华书局2010年版，第153页。

[2][英]王尔德等著，周作人译：《域外小说集》，中华书局1936年版，第3页。

[3]陈福康：《中国译学理论史稿》，上海外语教育出版社1992年版，第175页。

[4]转引自罗新璋编：《翻译论集》，商务印书馆1984年版，第131页。

[5]引自陈平原、夏晓虹编：《二十世纪中国小说理论资料》第1卷，北京大学出版社1997年版，第50页。

最难为西人所通，即通之，亦难将西书之精奥译至中国。盖中国文字最古、最生而最硬。若以之译泰西格致与制造等事几成笑谈。"[1]

他们的策略是通过汉语"生新"来解决忠实反映西文原意的问题：

译西书第一要事，为名目。若所用名目，必为华字典内，之字义不可另有解释，则译书事永不能成。然中国语言文字与他国略同，俱为随时逐渐生新，实非一旦而忽然俱有。故前时能生新者，则后日亦可生新者，以至无穷。[2]

为翻译而"生新"，也即对"名目"的"另有解释"，是晚清书面文中新词大量出现的主要原因。翻译也是书面语从文言演化成白话的动力之一。因为不管如何"生新"，从文言文中产生新词、新表达方式的动力都有限。马礼逊对此深有感受，他在完成中文《圣经》翻译的当天，写了一份报告给伦敦传教会，其中就说：

中国文人对于用俗语，即普通话写成的书是鄙视的，必须用深奥、高尚的和典雅的古文写出来的书，方受到知识分子的亲睐，因此只有极小一部分中国人才看得懂。……中国古文的经典或语句，除了复古之外，极难推陈出新。[3]

傅兰雅、李佳白（Gilbert Reid）、狄考文都是来华传教士中非常优秀的语言人才，都能使用文言文，对中国语言的历史和现状有深刻的同情和理解，[4]但感到文言文难以适应翻译的需要，所以提倡"生新"和用"俗语"（也即"普通话"——"北京官话"）进行翻译。在这两方面，传教士们做出了杰出的贡献，下文将分别论述。

---

[1] 傅兰雅：《江南制造总局翻译西书事略》，《格致汇编》1880(5)（标点为引者加）。

[2] 傅兰雅：《江南制造总局翻译西书事略》，《格致汇编》1880(5)（标点为引者加）。

[3] 转引自顾长声：《马礼逊评传》，上海书店2006年版，第83～84页。

[4] 傅兰雅深知中国语言与中国文化的关系，极为反对"废除汉语"的极端主张。他说："中国书文流传自古，数千年未有或替，不特国人视之甚重，即国家亦赖以治国焉。有自主之大国弃其书文，而尽用他邦语言文字者耶？"（见傅兰雅《江南制造总局翻译西书事略》）

第二节 "生新"：新词的创造与传播

晚清以来，新词的出现对中国书面语的改变之大，现在看来，"无论从规模上还是在影响的程度上，都是前所未有的。它几乎在语言经验的所有层面上都根本改变了汉语，使古代汉语几乎成为过时之物"[1]。19世纪晚期和20世纪初期显然是新词不断涌现和被接受的关键时刻："从词汇的角度看"，这几十年间，"汉语发展的速度超过了以前的几千年"。[2]

这些新词，包括变化了词义的旧词、扩展了词义的旧词以及翻译创造的全新词。新词是新思想的代表。王国维在1905年撰写的《论新学语之输入》中就指出："近年文学上有一最著之现象，则新语之输入是已。夫言语者代表国民之思想也……言语者，思想之代表也。故新思想之输入，即新言语输入之意味。"[3]

新词的出现不单单意味着语言表达的丰富，更有着改变我们认识事物的方式、规范思维以及改变伦理和价值体系的重大意义。新的知识附着于这些新名词传播到中国，改变了人们对周围世界的基本认知。可以说，这些新词是新知传播的基础。新词的增加，对中国书面语的欧化有关键的作用。

一、新词传播的两条线路

论者历来注重新词从日本传入中国的路线。光绪二十七年（1901年）慈禧下诏变法，张之洞、刘坤一上奏《江楚会奏变法三折》，其中涉及教育方面改革的就有"奖励游学"一项，其中说道："教法尤以日

---

［1］刘禾：《跨文化研究的语言问题》，中央编译社2000年版，第276页。

［2］王力：《王力文集》第11卷，山东教育出版社1985年版，第690页。

［3］王国维：《论新学语之输入》，《教育世界》1905年4月第96期（标点为引者加）。

本为最善，文字较近，课程较速。"[1]总教习吴汝纶认为，学务一事应该效仿日本，并东渡考察学务，当时清廷制定了奖励政策鼓励学生留学日本。"1905年末，留学于日本者增至八千余人。"[2]学习日本成为了"师西"的捷径，清末民初更是掀起了留学日本和翻译东书的热潮。

日本书籍大量使用汉字，中国人翻译它就比较容易。梁启超说："学日本语者一年可成，作日本文者半年可成，学日本文者数日小成，数月大成。"[3]借着甲午战争之后留学和从日文转译西学的风气，日制新词像潮水一样涌入中国，时人即称："溯我国新名词之起源，于甲午大创之后，方渐涌于耳鼓。"[4]

日本人翻译西方名词时，采用音译、日本训读、日本语、日本字造词、汉语造词。其中汉语造词对中国语言影响最大，它的造词方法是"将中国古典词原义放大、缩小、改造，以对译西洋概念"，或者"运用汉字造词法创制新词，以对译西洋术语"。[5]这些新词都是汉字组成的，即便是意思发生了变化，但结合上下文还是容易理解。

正因为有这一条明显的语言传播途径，对于现代汉语中的新词来源于日本的判断，在研究界几成定论。但是随着对传教士翻译工作的发掘，越来越多的证据表明，很多新词乃是来华传教士首创，日本学者将其传入日本，再经中国留日学生传回中国的。

17世纪，当天主教传教士有意进入日本时，江户幕府十分担心，采用了锁国的政策，天主教的书籍一律禁止传入日本。1720年，德川吉宗放宽了禁书令，除宗教之外的西书被允许进入日本。由于对西方的锁国政策，直接翻译西书对日本人来说困难很大，而汉文却是日本大多数知

---

［1］（清）张之洞、刘坤一撰：《江楚会奏变法三折》，见沈云龙主编：《近代中国史料丛刊续编》第48辑，台北文海出版社1977年影印版，第40页。

［2］王辑五：《中国日本交通史》，商务印书馆1998年影印版，第224页。

［3］梁启超：《论学日本文之益》，《清议报》1899年第10册。

［4］彭文祖：《盲人瞎马之新名词》，（东京）秀光社1915年版，第4页。

［5］冯天瑜：《新语探源——中西日文化互动与近代汉字术语生成》，中华书局2004年版，第27页。

识分子所熟悉的，汉译西书因此大受欢迎。日本学者土井贽牙在训点汉译合信的《全体新论》时说：

> 今兰（指荷兰）之学[1]，未经汉译，而我以吾所学以译之。徒以其卷帙众多，指受紊乱，往往有隔靴搔痒之感。此在专门学习者，犹感其入之难，而引以为苦，遑论常人。其由何在，无他，盖无汉译以为据也。[2]

日本学者大庭修总结日本接受西洋文化的基础时说：

> 事实上明治初期的日本人，却是得益于汉学在知识阶层中的深度普及，并以汉译作为阅读欧美人著作媒介的，所以如果没有汉学普及的基础，就不可能有欧美文化的传入。[3]

近代以来，日本大量购买中国所译的西书，"19世纪初叶以降入华的欧美新教传教士与中国士人合作的'晚期汉文西书'，是日本幕末及明治洋学的重要参照系"[4]。韦廉臣（Alexander Williamson）则说："上海制造局所刻各种西书亦系日本人买去最多。"[5]所谓"上海制造局"，指的是在1865年由曾国藩、李鸿章在上海创办的江南制造局，目的是生产军事武器，并于1868年5月始设翻译馆，专事译介西书。江南制造局的翻译馆是晚清最大的格致类书籍的翻译机构，由传教士如傅兰雅、林乐知（Young John Allen）等与中国人（如徐寿、华蘅芳、徐建寅、舒高第、李凤苞等）共同主持，传教士们口译，中国人笔述。译书范围包括数学类、化学类、地学类、医药卫生类等。从1870年到1896年，译书馆翻译的西书有129部之多。[6]

虽然当时中国人的习惯还是"以造字之权利，让之古圣先王，后

---

[1] 在江户时代，荷兰人最早将西方文明传入日本，当时所谓的"兰学"指的就是西洋学术。

[2] 转引自汪向荣：《日本教习》，三联书店1988年版，第27页。

[3] [日]大庭修著，徐世虹译：《江户时代中日秘话》，中华书局1997年版，第5～6页。

[4] 冯天瑜：《新语探源——中西日文化互动与近代汉字术语生成》，中华书局2004年版，第424页。

[5] 《东洋刻印格物探源》，《万国公报》1877年3月17日。

[6] [意]马西尼著，黄河清译：《现代汉语词汇的形成——19世纪汉语外来词的形成》，汉语大词典出版社1997年版，第73页。

人不许杜撰一字，亦不许自著一新名词，必稽诸陈旧之经典，方为雅驯。"[1]但这些格致类书中涉及大量中国不曾有过的知识，对此必须创新名词、术语。傅兰雅为译书制定了标准：

中西诸士皆知名目为难，欲设法以定之，议多时后，则略定要事有三：

一、华文已有之名。设拟一名目，为华文已有者，而字典内无处可察，则有二法：一可察中国已有之格致或工艺等书，并前在中国之天主教师，及近来耶稣教师诸人所著格致、工艺等书。二可访问中国客商或制造或工艺等，应知此名目之人。

二、设立新名。若华文果无此名，必须另设新者，则有三法：一以平常字外加偏旁而为新名，仍读其本音，如"镁"、"钟"、"砷"、"矽"等，或以字典内不常用之字释以新义，而为新名，如"铂"、"钾"、"钴"、"锌"等是也。二用数字解释其物，即以此解释为新名而字数以少为妙，如"养气"、"轻气"、"火轮船"、"风雨表"等是也。三用华字写其西名，以官音为主，而西字各音亦代以常用相同之华字，凡前译书人已用惯者，则袭之，华人可一见而知为西名。所已设之新名，不过暂为试用，若后能察得中国已有古名或见所设者不妥，则可更易。

三、作中西名目字汇。凡译书时所设新名，无论为事物、人地等名，皆宜随时录于华英小簿，后刊书时可附书末，以便阅者核察西书，或问诸西人。而各书内所有之名，宜汇成总书，制成大部，则以后译书者有所核察，可免混名之弊。[2]

1872年，傅兰雅在《化学鉴原》里使用表意加表声的方式，用汉字写出了48个化学元素，如用"钙"翻译Calcium，用"铀"翻译Alumnium，用"砷"翻译Uranium。其中46个字沿用至今。这个译法随后被日本化学界借用。

包括江南制造局翻译馆所译西书在内，大量西书的中文译本流入日

---

[1] 林乐知、范祎：《新名词辨惑》，《万国公报》1904年第184册。

[2] 傅兰雅：《江南制造总局翻译西书事略》，《格致汇编》1880(5)（标点为引者加）。

本，为明治维新后的日本社会提供了新的知识动力。许多汉译新词在日本流传渐广，日后又经中国留日学生移译回中国，读者知其一不知其二，常将本由传教士最早为汉译而使用的新词，误认为是日本的创造。此处举数例以资证明。

日本人麟祥君在19世纪70年代翻译法律书籍，从丁韪良（William Alexander Parsons Martin）汉译、1864年出版的《万国公法》里借用了"权利"和"义务"，随后日本教育部将麟著公之于世[1]，随着1905年京师译学馆出版的《汉译新法律词典》在中国出版，这两个词日益在中国流传，向来被认为是日本译者的创造。被王力引为日本造的新词"银行"[2]，来自理雅各1848年为香港英华书院翻译的课本《智环启蒙塾课初步》中"论通宝"（on money）一课，其中把"Bank-notes"译为"银行钱票"。而"文法"这个被认为是日译的新词，实际上是丁韪良在1627年《名理探》中对"grammar"的译法。[3]另据周振鹤先生考证，"阳极"、"阴极"由美国人合信在广州出版的《博物新编》中译出，1870年前后传入日本，若干年后再传入中国。

周振鹤说：

中国在十九世纪、二十世纪之交曾从日本接受了大量新词语，这些词语都是汉语固有或用汉字组成。许多人遂以为这些新词语都是日本学者从西文直接翻译过来，再输入中国，其实并不尽然。有些词语是在中国产生（或由中国人翻译，或由在华传教士翻译，或双方合译）再进入日本，而后又返回中国。[4]

另据意大利学者马西尼考证，"权利"、"主权"、"民主"、"世界"、"学校"、"大学"、"中学"、"物理"、"博士"、"解剖"、"资本"、"会计"、"几何"、"数学"、"微分"、"积分"、"方程"、"警察"、"自

［1］[日]实藤惠秀著，谭汝谦、林启彦译：《中国人留学日本史》，三联书店1983年版，第282～283页。

［2］王力：《欧化的语法》，《王力文集》第2卷，山东教育出版社1985年版，第466页。

［3］转引自[日]实藤惠秀著，谭汝谦、林启彦译：《中国人留学日本史》，三联书店1983年版，第325页。

［4］周振鹤：《逸言殊语》增订版，上海人民出版社2008年版，第75～76页。

主"、"自护"、"自治"、"伦理"、"方法"、"进步"、"意见"、"电池"、"电器"、"电报"、"动物学"等，都乃由来华西人首创，又经过日本返传回中国的新词。"权利"、"主权"、"民主"以及一系列以"自"为前缀的词："自主"、"自护"、"自治"来源于《万国公法》；以"电"为前缀的词："电池"、"电器"、"电报"来源于《格致入门》；"几何"、"数学"、"微分"、"积分"、"方程"来源于《续几何原本》；化学、矿业、地理、医学类术语新词来源于江南制造翻译馆。[1]

沈国威新近的研究表明，以往被认为是日本创译的"化学"、"陪审"、"热带"等词，均是来华传教士与中国助手（如王韬、蒋敦复等）首创，传入日本，再反传至中国。"化学"是来华传教士戴德生（Hudson Taylor）首创，经过王韬传给伟烈亚力（Alexander Wylie），而被用在《六合丛谈》，随着传入日本的《官版删订本六合丛谈》，"化学"被日本人学者采用。[2]"陪审"是裨治文首创，郑观应等少数精英借此理解了陪审制度，而"陪审"在中国的普及却是借助"日本知识"。[3]被高名凯等当作日本借词的"热带"，是来华耶稣会士首创的译名，被新教传教士延用后，借助《六合丛谈》等传入日本。[4]

冯天瑜总结了新词"中→日"与"日→中"两个阶段：

19世纪初叶以降，入华的欧美新教传教士与中国士人合作的"晚期汉文西书"，是日本幕末及明治洋学的重要参照系。美国传教士裨理哲撰《地球说略》，裨治文撰《大美联邦志略》，丁韪良译《万国公法》、撰《西学考略》和《格物入门》，英国传教士慕维廉、艾约瑟与中国士人蒋敦复、王利宾合译的《六合丛谈》，合信撰《博物新编》，

---

［1］[意]马西尼著，黄河清译：《现代汉语词汇的形成——19世纪汉语外来词的形成》，汉语大词典出版社1997年版，第40～83页。

［2］沈国威：《近代中日词汇交流研究：汉字新词的创制、容受与共享》，中华书局2010年版，第509～533页。

［3］沈国威：《近代中日词汇交流研究：汉字新词的创制、容受与共享》，中华书局2010年版，第481～507页。

［4］沈国威：《近代中日词汇交流研究：汉字新词的创制、容受与共享》，中华书局2010年版，第458～479页。

理雅各撰《智环启蒙初步》，德国传教士花之安撰《德国学校论略》等，都有和刻本或训点本，被日本人视作西方知识的窗口。卫三畏的《英华韵府历阶》、麦都思的《英华字典》、罗存德的《华英字典》、卢公明的《华英萃林韵府》等入华新教传教士编纂的汉外辞书，成为幕末、明治间日本人以汉字词翻译西洋概念不可或缺的借鉴。总之，直至19世纪70~80年代，翻译西洋概念的汉字新语的传播方向，基本上还是"中→日"。当然，这决不是说，幕末至明治初中期，日本全然依赖来自中国的汉字新语。事实上，19世纪50~80年代的日本已在用汉字词对译西洋概念方面做了系统、大量的工作，不过当时尚未引起中国人的注意。"溯我国新名词之起源，于甲午大创制后，方渐涌于耳鼓"[彭文祖《盲人瞎马之新名词》，（东京）秀光社1915年版]具体言之，是1896年开始兴起的中国留学日本及翻译日籍的热潮，使中国人骤然发现这个东方邻邦竟然创制了如此之多的对译西洋概念的汉字词，正可满足译介西学之需，于是汉字新语的传播方向急剧地转变为"日→中"。[1]

传教士对新词的创造，是基于改变中国语言以适应西文翻译。傅兰雅在《江南制造总局翻译西书事略》中说：

译西书第一要事，为名目。若所用名目必为华字典内，之字义不可另有解释，则译书事永不能成。[2]

而据林乐知统计，他与傅兰雅主持江南制造局译书馆期间，所创新词的数量已经非常可观：

试观英文之大字林，科学分门，合之名词不下二十万。而中国之字，不过六万有奇，是较少于英文十四万也。……故新名词不能不撰，如化学、医学、地质学、心理学等科学。中国字缺乏者更多。余前与傅兰雅先生同译书于制造局，计为中国新添之字与名词，已不啻一万

---

[1] 冯天瑜：《新语探源——中西日文化互动与近代汉字术语生成》，中华书局2004年版，第423~424页。

[2] 傅兰雅：《江南制造总局翻译西书事略》，《格致汇编》1880(5)（标点为引者加）。

有奇矣。[1]

二、"物质"的流行史

新词的创造与传播过程对中国语言的变化至关重要，正如王国维所言：

十年以前西洋学术之输入，限于形而下学之方面。故虽有新字新语，于文学上尚未有显著之影响也。数年以来形上学渐入中国，而又有一日本焉，为之中间之驿骑。于是日本所造译西语之汉文，以混混之势而侵入我国之文学界……至于讲一学治一艺，则非增新语不可。[2]

以"物质"一词的出现为例，略作梳理。由此可窥19世纪汉译新词从创制到传播的一般过程。

"物质"一词是英文"matter，substance，busshitsu"的汉译，现今一般认为，此词是对可见之物及可见之物所构成的可见世界的总称。[3]论者目力所及，"物质"一词作为"matter"一词固定译法的，最早出现在香港英华书院所编《智环启蒙塾课初步》一书中。

1818年，马礼逊在马六甲创办了英华书院，聘请华人和西人共同担任教习。这是近代史上由传教士开办的第一所中文学校。在鸦片战争以前，它是传教士开办的最有名的教育机构。书院一面旨在向中国人介绍西方文化，一面向外国学者介绍中国文化。1843年，英华书院迁往香港，香港英华书院的第一任院长是最为有影响的基督教来华传教士之一理雅各，他归国后成为牛津大学第一任汉学教授。

1848年，香港英华书院从贝克（Mr. Baker）给英国少儿编写的教育课本*The Circle Of Knowledge*，译出《智环启蒙塾课初步》作为英华书院的课本。此书尽管没有署译者名，但前言署名为"J.L."，即理雅各姓名的缩写。

《智环启蒙塾课初步》第二十一篇"Of Matter, Motion（物质及移

---

[1] 林乐知、范袆：《新名词之辨惑》，《万国公报》1904年第184册（标点为引者加）。
[2] 王国维：《论新学语之输入》，《教育世界》1905年4月第96期（标点为引者注）。
[3] 见《现代汉语词典》、《辞海》等的"物质"条释义。

动等论）"中有九章内容："物质可以细分"、"物质不能灭"、"物之相引"、"物之体质异性"、"物之移动"、"物之形象"、"物之大小"、"量物之法"、"物色"。这些篇章涉及了"物质"的定义："宇宙之间所有者惟二样，以有形无形而别焉。有形者概可谓之物。"（第166课"物质可以细分论"）

"物质"从何而来："而凡所见之物，皆积质而成者也。物质可以分而又分，至于极细之地，此则名为物质之纤尘。其可分如此。"（第166课"物质可以细分论"）

"物质"的特性："凡物之本质，俱不能灭。人能捣石为粉，但其尘粉犹存。人能煮水使干，但其变为蒸气而去，得遇冷气遂凝结而复变为水矣。人烧炭及柴纸等物，但其烟尚在。此所谓物质之不能灭。"（第167课"物质不能灭论"）"物质有相引之势，故恒结聚。"（第168课"物之相引论"）

总之，既有定义，又有描述，全面介绍了"物质"的概念。从此，"物质"一词就成了英文"matter"约定俗成的译法。

在《智环启蒙塾课初步》出版的前半年，英华书院停办了他们创办了四年的汉语刊物《遐迩贯珍》[1]。《遐迩贯珍》中也使用过"物质"的说法，如"考地上之万物，乃知所成物质总有五十四样"（1855年第10号《热气理论》论热长物）。但大多数时候，用来表达"物质"概念的是"物"、"物类"、"万物"、"物象"、"物像"等词，散见于《遐迩贯珍》各篇。

"物"、"物类"："且夫热之为热，其物最要，其理甚广，其力至大至妙，常流通于众物之间。或能变物之形势，或能定物之形势，其用不一而已。故物类化生制器运动，风云之行，火轮之机，皆资所有之热气而成。"（1855年8号《热气之理总论》小引）

---

[1]《遐迩贯珍》是来华新教传教士创立的一份汉语定期刊物，1853年在香港英华书院创办，麦都思、奚礼尔（Charles Batten Hillier）、理雅各三人先后担任主编，1856年5月停刊。1855年理雅各开始任主编，直到停刊。本书采用的为(日)松浦章、(日)内田庆市、沈国威编著：《遐迩贯珍：附解题·索引》，上海辞书出版社2005年版。

同期《论热气迹象之理》："夫物之蓄力有多少，蓄力多则为健质，蓄力少则为重流质，蓄力尤少则为轻浮质，至热气之力则与物之蓄力相反。"

"物类"："中国内虽各省各府各州县村乡，言语礼仪亦皆有别，物类不齐、风俗各异，难以画一是处皆然。"（1855年第5号《京报》）

"物象"："此水导引目珠束聚之物象，至于脑筋衣，而转达于脑者。"（1855年7号《眼官部位论》大房水）"人身之宝无逾于目，能查阴晴，别五色，辨物像，分大小。"（同期《眼官妙用论》）

这些篇章多在描述"物质"的特性，但"物类"、"物象"等文言旧词杂用，显然作者和编者心目中对这些特性，并无一个固定而精确的命名。

译定新词，是翻译中最困难的工作之一。严复对此即深有体会，曾说："一名之立，旬月踟蹰。"而一个新词能够被接受，乃至流行，与译者对原文和译文的理解和熟练掌握密不可分。

《智环启蒙塾课初步》出版后，"物质"渐成约定俗成的说法。传教士创办另一本汉语刊物《六合丛谈》[1]较《智环启蒙塾课初步》晚出一年，其中已经多次出现"物质"[2]词，显出此词不仅固定，而且已经流行开来。

《智环启蒙塾课初步》只是在香港英华书院中使用的教材，《六合丛谈》则是在香港、上海、宁波、福州、广州、厦门等内陆通商口岸发行的杂志，"物质"一词（包括其定义和描述），正是经由这样的渠道实现了扩散。

《智环启蒙塾课初步》在明治维新前传入日本，"是江户末期、明

---

[1] 《六合丛谈》由伦敦传道会传教士伟烈亚力在上海创办，是上海第一家中文报刊，1858年停刊。本书采用的为沈国威编著：《六合丛谈：附解题·索引》，上海辞书出版社2006年版。

[2] 它们分别是1857年1卷1号《地理》篇："盖地质自地面至地中，压力渐重，在地面至轻之物入地深数百里，上为物质重压亦成坚密。"1857年1卷2号《地理》篇："陆地之边常为气水侵蚀，地势因之渐溃，碎石为沙泥、流水冲移沉于洋海之底，以上压之重及热气变化物质之力所凝结，成磐石新层。"1858年2卷1号《泰西近事述略》篇："有一书，论此道可凿并群究海底物质土性，备言宜如何垦掘之法。"

治初期在日本广泛阅读的汉译西书之一。包括福泽谕吉在内的许多明治时期的思想家、启蒙家都曾以该书为学习英语的入门书，该书的内容和词汇对日本产生了重大的影响"。[1]

随着人类对世界的了解不断深入，不断有新的观察和总结，词语的内涵和外延也在不断变化。19世纪中期以来，自然科学对物质的属性、结构、形态等的新认识，不断证实和丰富物质的范畴。到19世纪后期，"物质"的定义已经从可见、可触、可感的事物进入到抽象的领域。例如，梁启超在光绪二十二年（1896）《变法通议》中已经使用了"物质"一词："使吾稍讲农学，繁荣其物产，虽物质稍次，而西人制造家必以其廉而争购之。"[2]

及至1903年，语言工具书《新尔雅·释格致》中有"物质所含之量，谓之质量"[3]之说。

人类知识范畴的扩张，不得不借助一套稳定而又不断发展的符号体系来进行。自始至终，那些基本的概念和定义，如"物质"等是现代知识体系的基础和骨干。没有这些作为知识体系的基础和骨干的词语所构建的那个实体和思维的框架，现代知识体系（包括建立在这一体系之上的世界和人生观念）就很难实现持续的积累和突破。正如夏济安所言："我们固然很可惜地丢掉了一部分旧有的字和词，但是我们的字汇在另一方面也扩大了。这些新添的词，可能也是我们新思想的基本。"[4]

在这个意义上，"物质"并不仅仅是一个普通的汉语词汇。它的出现和流行也代表了一个物质的世界和以物质为基础的现代世界观，将在中国出现和流行。

三、字典和词典

作为知识体系扩张的基础，字典和词典扮演了重要的角色。新词在

[1] 沈国威：《近代中日词汇交流研究：汉字新词的创制、容受与共享》，中华书局2010年版，第460页。

[2] 《饮冰室合集》文集1，中华书局1936年重印本，第87页。

[3] 汪荣宝、叶澜：《新尔雅》，国学社1903年版，第121页。

[4] 《夏济安选集》，台湾志文出版社1971年版，第64页。

中国的出现，传教士既是开创者，也是收集者和传播者，后一种角色正体现在他们所编撰的字典和词典中。

在1900年出版的《中英字典》（鲍康宁）中，已经出现少量的新词，例如：选举（the elect）、选民（to decide/as a candidate）、法律（laws/statutes）、法制（laws;rules/restrictions）、议事厅（a council chamber/a senate/a ministry）、议事会（a council）、议政国会/议院（parliament）、保险（to insure against-as fire）、煤气（gas）等等。1913年，狄考文夫人（Julia Brown Mateer）编写了《表达新思想的新词语》（*New Terms of New Ideas*）；1913年，莫仁安（Evan Morgan）出版了《新词语及其意义》（Chinese *New Terms and Expressions*）等等，这些都是专收新词的词典。

根据赵晓阳的研究：

（加拿大传教士季理斐[Donald Mac Gilliray]）读了司登得的《汉英合璧相连字典》，觉得十分有帮助。但他发现其中有些错误，而且词汇有些陈旧，对社会前进中出现的新词也需要补充增加。他买下了司登得的著作权加以修订和补充。1896年，他开始全力以赴修订此词典，改正书中的若干错误并增收了当时中国受西方文化的影响而出现的大量新词……例如：爱国、债权、常备军、真空、侨民、殖民地、治外法权、警察局、劝业场、法制、选举权、红十字会、议员、公益、国债、国际法、留学生、保险、博览会、博物馆、三权鼎立、社会主义、德育、唯物主义、有限公司和运动会等。[1]

虽然这些新词的创制和传播的路径，还需更深入的考辨，但这些新词的确大量充实了中文的词汇库。这一点很快被传教士所注意。他们在编撰词典的时候，就特别注重吸收这些新词。

在赫美玲1916年编写的《英汉官话口语词典》中，词分"俗"、

---

[1] 赵晓阳：《19至20世纪外国人研究北京方言的文献资料》，《北京档案史料》2005年第4期。

"文"、"新"、"部定"四类[1]收录。其中"新"一类即是收录新词，赫美玲说这些新词来源于"古典汉语和日语"。沈国威对此研究后发现，至今还在使用的新词大部分是中日词汇交流中形成的中日同形词。[2]

曾帮助威妥玛编辑《语言自迩集》的禧在明，在其《英汉北京话字典》（1918年新版）中吸收了大量新词，并在改版序中对这些新词的出现做了说明。笔者所见为1953年版，收录了作者写在北京的1918年3月的新版序。

禧在明在序中说，自其书1910年第一版出版到1918年第二版出版前，八年时间里汉语发生了重大变化，这个变化的原因是中国社会出现了政权的变革、建立了共和政体和新的法律制度，语言为了适应这个变化，从与之亲缘关系最近的日语那里借用了大量词汇。[3]

这部字典1918年版中所收入的新词，有一些如今还是常用词，如信用、常备军、真空、殖民地、派出所、法定代理人、选举、选举之权、保险公司、博览会、博物馆、三权鼎立、社会主义、煤气等。有一些带有明显过渡性特点的（括号内是现在用法），如山口子（峡谷）、物体/实体（物质）、阳灰（水泥）、旋风儿/暴风（台风）等。

新词的出现对于旧有书面表达的改变到底有多大？历史学家葛剑雄先生在近期的一篇短文中谈到一件旧事：

二十多年前，胡道静先生为新编的《松江县志》写序，是典雅的文言文，但先师季龙（谭其骧）先生看后，却对文中的称谓提出异议，因为胡先生称县长为"邑侯"，对县委书记就直接用了"书记"。先师以为，如果此文放在称"邑侯"的年代，"书记"的功能和地位至多只等于秘书长，连放在"邑侯"的前面也没有资格。但要为今天的县委书记

---

［1］"俗"指俗语词，用于口语；"文"指书籍、公文、报刊等书面用词；"新"指新词；"部定"指被中国学者们使用的标准科技术语。

［2］沈国威：《近代中日词汇交流研究：汉字新词的创制、容受与共享》，中华书局2010年版，第453页。

［3］Walter Hillier, *An English-Chinese Dictionary of Peking Colloquial*, London Routledge &Kegan Paul Ltd.,1953.

103

在古代社会找一个相应的名称，无论如何都会不伦不类，因为古代根本没有这样一类的地方长官。[1]

葛剑雄认为，"这正是传统的文体，包括诗词曲在内，往往无法确切地表达现代社会的内容的原因。由于押韵或字数的限制，不少现代词汇无法运用，或者根本找不到对应的词汇。"[2]更困难的是，即便有现代词汇，但放在文言文的语境中，却"不伦不类"。事实上，往往一两个新词就能弄坏一篇优美的文言文。如果要大量使用新词，就必须换掉整个语言风格。

因此，19世纪中后期新词源源不断地出现，对书面语产生的影响，也就不难想见了。

第三节　官话文学翻译

19世纪中后期，为了翻译西方科学技术、法律和政治方面的著作，大量新词被创制和传播，除此之外，以"北京官话"翻译西书的尝试日渐增多，一些经典西方文学作品（如《伊索寓言》）甚至出现了多个"官话"译本。通过对这些译本的比较，可以看出书面"官话"在19世纪晚期发生的明显变化。口语化与欧化始终是主要的潮流。

1844年10月，当广州的传教士把他们汉译的《以弗所书》和一本中文写作的几十页"基督宣传手册"送给当地的中国官员，随后得到的反馈是，《以弗所书》"很难读懂"，而宣传手册"在写法和主题上更容易为中国人接受"。[3]

原因在于："《圣经》是由原文翻译成中文的，因此看上去显得与中文的文学风格有所不同。……那些宣传手册和其他书籍都是传教士们

---

[1] 葛剑雄：《诗歌为什么衰落》（上），《sohu小报》2010年第3期。

[2] 葛剑雄：《诗歌为什么衰落》（上），《sohu小报》2010年第3期。

[3] [英]施美夫著，温时幸译：《五口通商城市游记》，北京图书馆出版社2007年版，第37页。

自己撰写的，因此比较容易符合中文的遣词和风格。"[1]由翻译而来的"欧化"风格，显然对中国官员的阅读习惯造成了挑战。

第一部翻译成中文的西方小说，是英国作家班扬所著的《天路历程》，这是一本用《圣经》的语言和隐喻写就的小说，被基督教世界认为是最为重要的宗教读物之一。1853年，英国传教士宾威廉（William Charlmers Burns）先是与中国助手合作，将其译成浅文言本，若干年后又将其译成"北京官话"，1865年在北京福音堂出版。1866年，宾威廉又以"北京官话"翻译出版了小说的第二部（《续天路历程》）。

在同治十年（1871年）出版的英国循道公会传教士俾士（George Piercy）广州土话译本《天路历程土话》上，俾士作了一篇序。序中他是这样评价宾威廉的译文的：

《天路历程》一书，英国宾先生于咸丰三年译成中国文字。虽不能尽揭原文之妙义，而书中要理，悉已明显。后十余年，又在北京重按原文译为官话。使有志行天路者，无论士民妇孺，咸能通晓，较之初译，尤易解识。[2]

宾威廉的"官话"本《天路历程》是在英文原文的基础上翻译的，文字有明显的欧化色彩。其开篇：

世间好比旷野，我在那里行走，遇着一个地方有个坑。我在坑里睡着，做了一个梦，梦见一个人，身上的衣服，十分褴褛，站在一处，脸儿背着他的屋子，手里拿着一本书，脊梁上背着重任。又瞧见他打开书来，看了这书，身上发抖，眼中流泪，自己拦挡不住，就大放悲声喊道："我该当怎么样才好？"他的光景，这么愁苦，回到家中，勉强挣扎着，不叫老婆孩子瞧破。但是他的愁苦渐渐儿的加添，忍不住了，就对他家里的人叹了一口气，说："我的妻我的子呵！你们和我顶亲爱的，现因重任压在我身上，我将死了。而且我的确知道我们所住的本

────────────

[1] [英]施美夫著，温时幸译：《五口通商城市游记》，北京图书馆出版社2007年版，第340页。

[2] [英]约翰·班扬著，[英]俾士译：《天路历程土话》序，同治十年（1871）羊城惠师礼堂镌。

城，将来必被天火焚毁，碰着这个灾殃，我和你们都免不了灭亡。若非预先找一条活路，就不能躲避，但不晓得有这活路没有。"他的老婆孩子听了这话，诧异得狠，害怕得狠，不是把他的话当做真的，是怕他要疯。[1]

宾威廉的译本有了欧化的表达：

（1）"我将死了"。汉语中表示未来时，很少用"将"。即便是在旧白话中，也是"将来"、"将要"。吕叔湘认为，单独用"将"表示未来是欧化的结果。[2]

（2）"一个地方"（a certain place）、"一个梦"（a dream）、"一个人"（a man）、"一本书"（a book），这些都是翻译英语不定冠词a或an而来。"一个"的用法虽然是汉语原有的，但因为近代以来汉语与英语的语言接触，使用的频率增加了。[3]

（3）"但是"（but）、"而且"（moreover）、"若非"（except）、"但"（yet）、"或者"（might），这些连词的使用增加了句子的长度，丰富了句子的层次。[4]

"官话"本《天路历程》的语言同时也保留了"北京官话"的特色，如儿化——"脸儿"、"渐渐儿"，"北京官话"词汇的出现——"瞧见"、"瞧破"、"老婆"、"诧异"。

尽管出现了欧化现象，译本仍有部分表达，延续了旧白话的特征，最明显的是人称代词的省略："[我]梦见一个人……[他的]脸儿背着他的屋子，[他]手里拿着一本书，[他的]脊梁上背着重任。"（I dreamed, and behold, I saw a man … with his face from his own house, a book in his hand, and a great burden upon his back.）"[他]回到家中，勉强挣扎着，不叫[他的]老婆孩子瞧破[他]。"（He went home, and restrained himself as long as

---

[1] 转引自张中行：《文言和白话》，黑龙江人民出版社1995年版，第215页。

[2] 吕叔湘：《中国文法要略》，商务印书馆1982年版，第227页。

[3] 见《王力文集》第9卷，山东教育出版社1988年版，第536～548页。

[4] 本文所引《天路历程》英文原文部分来自John Bunyan, *The Pilgrim's Progress*, London :The Continental Book Company AB Stockholm,1946,P.13～14。

he could, that his wife and children should not perceive his distress.）

如今的译本（以上海译文出版社2004年版、西海翻译的《天路历程》为例）比起宾威廉的翻译，从使用的词汇、句法上看，差别并不大。细究起来，就是新标点代替了原来的圈点；增加了几个新词，如"保持缄默"——"silent long"（拦挡不住）、"神经错乱"——"frenzy distemper"（要疯）、"神经镇静"——"settle his brains"（心定）（括号内是班扬的译法）；语法上更加欧化一些：人称代词使用频繁，如，"我梦见一个衣衫褴褛的人站在那儿，背后就是他自己的房子。他手里拿着一本书，背上背着一件看来很重的东西。""他转身回家去了。他强自压制着，以免他的妻子和儿女们发觉他的悲痛。"

"官话"版《天路历程》是以通行口语为基础，采用欧化的语法，完全摒弃了说书人的口吻。较此书晚几年出版的《教会祷文》（1872年），由英国传教士包尔腾（John Shaw Burdon）和美国传教士施约瑟（Samuel Isaac Joseph Schereschewsky）共同翻译，凡例即申明："翻译是书专用官话者，一则像教中定例，祈祷须用众人熟悉之言语译成官话，使人易解。一则缘至尊之文，在天主前固不宜之乎者也等字常在口端也。"[1]其中使用的文字已与现代白话文区别甚微：

现在你们当知，天主必赦免宽宥一切诚心悔改真信福音的人。因此我们须靠我主耶稣基督，求天主赐我们真悔罪的心，又赐圣灵，使我们现在作事合主的圣意，洁净行善，末后可以享永远的安乐。阿们。[2]

译文频繁使用人称代词"你们"、"我们"，使用复杂的定语"一切诚心悔改，真信福音"，以中心动词"当知"、"靠"构成复杂长句。这都是现代白话文表达的特点。

几乎与此同时，日本人也开始用"北京官话"尝试翻译小说。前文所述日本东京外国语学校学生中田敬义等人作为秘书官见习赴中国之前，校长渡部温将自己根据Thomas James的Aesop's Fables翻译的《通俗

---

[1] [英]包尔腾、[美]施约瑟：《教会祷文》，京都美华书馆同治十一年（1872年）岁次壬申印刷。

[2]《教会祷文》卷1，《赦罪文》。

伊索寓言》（六卷，1875年版）交给了中田敬义，要他日后译成"北京官话"，以充当"北京官话"的教科书。

中田敬义等人的"北京官话"老师是旗人英绍古。关于此人，何盛三在他的《北京官话文法》一书中有如下介绍：

绍古英继之父已达到提督的高位，到了他时，家道衰落，经历杂多，后来加入了基督教，成为牧师，有相当的学问，和洋人交往也很多，尤其是与英国人关系亲密。他对中国语言研究甚多。当时为了修习语文，到北京的日本人很多，许多人接受过他的指导。[1]

在英绍古的帮助下，中田敬义费时两年半，完成了"北京官话"本《伊苏普喻言》的翻译。[2] 1879年4月，该书以《伊苏普喻言》在东京出版。六角恒广说："中田敬义的《伊苏普喻言》一书是用活字版印刷，采用洋式装订出版。后来还出版了线装本，不过，既没有序也没有封底，上边盖着'陆军士官学校文库印'，大概是做了陆军士官学校的教科书。实际上，《伊苏普喻言》成了整个明治时代的汉语教材之一。"[3]

《伊索寓言》最早的汉译本是利玛窦1608年写的《畸人十篇》，这本书中"伊索"被译成"阨琐伯"，是文言本。之后庞迪我（Pantoja Didaco de）、金尼阁（Nicolas Trigault）、艾儒略（Jules Aleni）都用文言译过它，米怜、罗伯聃（Robert Thom）有浅文言翻译本。在中田敬义之前，《伊索寓言》还没有"北京官话"本，中田敬义曾经说过："翻译本书相当辛苦，只把意思译出来不行，还必须在语言风格上接近，译稿反复修改了多次。另外，原书文字的发音，北京官话里没有的

---

[1] 转引自[日]六角恒广著，王顺洪译：《日本中国语教学书志》，北京语言文化大学出版社2000年版，第11页。

[2] 据中田敬义回忆："我翻译该书时，还要兼顾语言学习，在英绍古次子恩禄的帮助下，花费了两年半时间才完成。"

[3] [日]六角恒广著，王顺洪编译：《日本近代汉语名师传》，北京大学出版社2002年版，第52页。

很多，需要造新字。"[1]

在这种严谨的翻译态度下，《伊苏普喻言》的语言水准相当可观。以第一篇文章《狐骂葡萄》为例，对比在此之后中国人的白话翻译，可见其水准。

中田敬义的译本作：

有一天，一个狐狸，进一个葡萄园里去，瞧见很熟的葡萄，在高架上垂挂。

民国四年（1915年），无锡人孙毓修为普及儿童教育，曾编译了《伊索寓言演义》，此段译为：

有一狐狸，又饥又饿，到处寻觅食物……见一架葡萄藤，挂了夜明珠似的葡萄。[2]

周作人（署名"周启明"）也翻译过《伊索寓言》，此段译为：

饥饿的狐狸看见在葡萄架上有葡萄挂着，想要取得，却是不能够。[3]

相比之下，中田敬义翻译虽早于孙译数十年，却使用了语法结构复杂的长句，表达更为精确。而周作人的译文语法结构更为复杂，欧化也更明显了。

对于"北京官话"本《伊苏普喻言》的语言成就，当时已经翻译完"北京官话"《新约全书》的艾约瑟、丁韪良给予了很高的评价。他们以及中田敬义的老师英绍古都给此书做了序。艾约瑟的序中表彰此译本忠实原著，称道中田"精于翻译，长于言语"，丁韪良的序文特意点明此书作为"北京官话"教材的价值，而英绍古序则述说译事不易。

从这些序言可见，当时的传教士和日本人在学习和研究中国语言方面，不仅有交集，而且颇多共识，而一些身份特殊的中国人（尤其是向外国人教授中国语言的满族人），在其中也发挥了自己的作用。

―――――――――――

[1] 转引自[日]六角恒广著，王顺洪编译：《日本近代汉语名师传》，北京大学出版社2002年版，第50页。

[2] 孙毓修译：《伊索寓言演义》，商务印书馆1915年版，第17页。

[3] 周启明译：《伊索寓言》，人民文学出版社1955年版，第18页。

  1903年，季理斐夫人（Mrs. MacGillivray）用"官话"翻译了英国儿童文学作家盖蒂夫人（Mrs. Margaret S. Gatty）的《自然寓言集》（*Parables from Nature*）第一集，译本1906年由广学会出版，名为《喻言丛谈》。全书包括九个故事[1]，语言亦有明显的欧化色彩。

  以《蝶喻》篇[2]为例：

  我们世上的人，有许多奥妙不测的事，自己不明白，千万不可疑惑，但要存依靠的心。人若到去世的时候，这肉身埋在土里，灵魂却是不灭的，必要到天堂上头，世人往往以这话为奇异，疑惑不信，请看哥林多前书（十五章三十五至五十八节）说道：又问死的人，如何能复生？他凭个什么身子生呢？答道：你真愚得很，你所种的种子，必定变化，后来才生，你所种的种子，和你所生的身体不同，所种的，或者是麦子，或是百样的谷，只有一颗，上帝随意赐给各样身体，形象各各不同，有人兽鱼鸟等项，各有不同。日头的荣耀，不同月亮，不同星宿，一个星的荣耀，不同众星，复生的道理，也是这样。

  "灵魂"、"天堂"、"上帝"、"形象"、"荣耀"等新词的加入，使得小说在思想上体现出一种新质。"你所种的种子，必定变化"是一个欧化句。"你所种的"是一个主谓次品，用来修饰主品词"种子"，按照汉语习惯应该将"种子"置于前，表达为"种子你所种，必定变化"这样两个短句子。"所种的，或者是麦子，或是百样的谷，只有一颗"是个有插入语的欧化句。叙述语采用的是第一人称——"我们"。

  《磷火之喻》：

  有人骑马，黑夜行路，远望前面有磷火，忽显忽没，他心中暗想，这必是乡庄住家的点着灯，所以打马前去。马走的正快，不料想咕咚一声，人马都掉在泥坑里，把马蹄子陷住了，再也跳不起来，渐渐儿没

---

  [1] 依次为《磷火之喻》、《蜻蜓前身之喻》、《蝶喻》、《思想奇妙园》、《桦柏喻言》、《今日之劳今日足矣》（正文作《今日的劳苦今日足了》）、《蜜蜂之喻》（正文作《蜜蜂比喻》）、《风云蔽月》和《风花暗谈》。

  [2]《喻言丛谈》的原文引自朱静《季理斐夫人与〈喻言丛谈〉——清末民初西方来华新教女传教士文学翻译的考察》，见刘树森编：《基督教在中国：比较研究视角下的近现代中西文化交流》，上海人民出版社2010年版，第85～108页。

有力气，到这时人马算到了死地。骑马人微声叹气自语道："我真是冤枉，被这无情的火欺哄，领到这险地，可惜可惜，我的性命完了。"

这段文字中最值得重视的欧化特点在于，叙述视角从第三人称自由转到第一人称，注重人物的内心描写，还出现了如"无情的火"这样欧化的句式。

书面语发生变化的过程是复杂的。推动这种变化的，有社会政治和文化的变迁，有实用的目的，还有不断的语言实践。这些语言实践的主体，有的是中国人，有的是外国人。我们不难发现一种现象：推动官话书面化与书面语欧化的，很多时候是相同的力量，同样的人群，而这两种变化在许多文本中同时留下了变化的痕迹。

在19世纪中后期，传教士这个群体持续不断地以"北京官话"进行写作和翻译，遗存的文本充分显示出中国书面语变化的轨迹。以1902年发行的《中西教会报》（第82册）记载的一段文字——《合家祈祷式官话》为例，已经可以看出其持续努力所取得的成就：

> 仁慈的上帝，无所不在的天父，我一家人要亲近主，乃要用信神和诚实敬拜我父，这也是天父所帮助我的事。愿我们各人晓得，上帝虽然居高天，还是离我们不远，还是在这里。虽然肉体的眼目不能看见主，愿我心中的眼目，蒙圣神光照，使我看得见主的荣耀。[1]

这是纯净的口语，也是极洗练的书面文学，源自"官话"，却有若干欧化的特点，与后来成熟的现代白话文高度相似。这是传教士对中国现代书面语的独特贡献。

不难得出结论，到20世纪之初，传教士笔下最成熟的"官话"作品已经逐渐摆脱了过渡色彩，而趋于成熟。毫不意外，"官话"和合本《圣经》正是这种成熟的"官话"作品的代表。下文将对此专门论述。

---

[1] 高葆真：《家庭共赏：合家祈祷式 官话》，《中西教会报》1902年第82册。

第六章　"官话"和合本《圣经》的成就与贡献

第一节　"官话"译《圣经》的历史

《圣经》汉译本根据其所用语言的不同可分为三种：一是文言译本，也称深文理译本；二是浅文言本，也称浅文理译本；三是口语体译本，包括"官话"译本和各种方言译本。

尽管基督教传教士16世纪末就陆续来华，但在新教教士于19世纪大规模来华之前，只有少数天主教传教士尝试过翻译《圣经》。法国传教士白日昇（Jean Basset）用文言翻译了拉丁本《新约》的《四福音书》、《宗徒大事录》、《保禄书信》，文本被私人收藏，后来成为马礼逊最早学习中文时使用的资料；意大利传教士梅述圣（Antonio Laghi）用白话文翻译《创世记》和《出谷记》部分，当时被认为"完全是直译"，不够"准确、优雅和庄严"[1]；法国传教士贺清泰（Louis de Poirot）用"官话"翻译了全部《新约》和部分《旧约》。[2]这几种汉译《圣经》从没得到过印行，因此流传不广。由天主教翻译的第一部《圣经》

---

[1] 转引自孙尚扬、[比利时]钟鸣旦著：《1840年前的中国基督教》，学苑出版社2004年版，第372页。

[2] 见Marshall Broomhall, *The Chinese Empire*: *A General &Missionary Survey*, London: Marshall, Morgan & Scott and CIM, 1907，p385。

全译本1953年才得以印行。

19世纪，基督教新教开始来华传教，比之天主教，他们更重视《圣经》在信仰上的权威。1805年，新教传教士英国人马礼逊抵达广州，作为英国伦敦会的传教士，他的使命并不是传教。"伦敦会最初派遣传教士的目的，不是要求他们到中国直接宣讲福音（因为按照当时中国对基督教的禁令，那是不可能的），而是掌握汉语，翻译圣经。"[1]

马礼逊的助手米怜回忆，马礼逊一开始就想用"口语化文体"来翻译《圣经》：

在把圣经翻译为中文时，马礼逊博士曾经有一段时间对究竟采用哪一种文体最适宜，感到犹豫不决。正如其他大多数民族一样，中文书籍都是有深奥、浅白与中间三种文体。五经和四书的文体非常简洁，被视为是古典文学的典范。大多数小说作品则采纳较为浅白的文体，以完全口语的形式撰写。《三国演义》在中国深受赞赏，以文体而言，是介乎上述两者之间。他最初倾向中间文体，但是后来阅读了称为《圣谕》的皇帝谕示……是以完全的口语化文体释义的，他便决定以那文体为楷模：（一）因为它更容易被平民百姓所明白；（二）因为当朗诵它时，听众是清楚明了的，而深文言体裁则不然；中间文体虽然在会众朗读也是清晰明了，却不如浅白文体那么容易理解；而且（三）因为讲道时可以逐字地引述出来，不用任何讲解会众都能明白。[2]

最终马礼逊并没有采用"口语化文体"。他译出了新教的第一本汉语《圣经》，使用的文字是一种浅文言。正是这个译本，开启了新教传教士翻译《圣经》的大幕。

事实上，在新教传教士那里，他们对Madarin的理解，早就突破了利玛窦时期"官员的语言"的最初认识。新教传教士认为Madarin（or "Kuan-hua"）是整个清帝国"四分之三"的人口能说的语言。

[1]孙尚扬、[比利时]钟鸣旦：《1840年前的中国基督教》，学苑出版社2004年版，第428页。

[2][德]尤思德著，蔡锦图译：《和合本与中文圣经翻译》，香港国际圣经协会2002年版，第22~23页。

1854年，《新约全书》文言委办译本[1]刚出版，麦都思与施敦力（J. Stronach）就投入了在委办本《新约》基础上出版口语《新约全书》的工作，这其中有年轻的中国学者王韬的帮助。[2]这个版本的《新约全书》在1856年至1857年间出版，它不同于其他版本或是译自拉丁文或译自英文，这本《新约全书》完全是在文言委办本基础上的改写，使用的语言被传教士群体称为"Southern or Nanking Mandarin"。[3]

　　1860年，随着《北京条约》的生效，大批传教士进入北京，北部传教士们（The northern missionaries）认为他们需要着手准备一本"官话"版《圣经》（a Mandarin version）。[4]1861年，新教成立了"北京官话"译经委员会，由艾约瑟、丁韪良、施约瑟、包约翰（John S. Burdon）、白汉理（Henry Blodget）5人组成。第一部"北京官话"的《新约全书》在1866年至1870年间译出，1872年出版了修订版。这个译本广泛流传，"以麦都思的《官话新约译本》为蓝本……差不多在中国一半地区取代了过去的文理译本"[5]。

---

　　[1]"委办译本"，又叫"代表译本"，是以希腊文版本 *Textus Receptus* 为蓝本，由麦都思和理雅各负责译成符合中国传统的文言文，由大英圣书公会出版，1852年出版了《新约全书》，1854年出版《旧约全书》。

　　[2] Marshall Broomhall, *The Chinese Empire*: *A General &Missionary Survey*, p385。"As soon as the Delegates' High Wen-li Version was completed, Dr. Medhurst and the Rev. J. Stronach made arrangements for a translation of the New Testament into the Mandarin colloquial as spoken at Nanking. The first draft of this work was entrusted to a young Chinese scholar who simply translated from the Delegates' Version. A tentative edition was printed at the expense of the British and Foreign Bible Society in 1856 or 1857, but though other editions were called for, it was not successful and was displaced by the Peking Mandarin translation."

　　[3] 传教士群体认为当时中国有两套通行语，一是以南京为中心区域，被称为"Southern or Naking Mandarin"；一是以北京为中心区域，被称为"Nouthern or Peiking Mandarin"。参见Marshall Broomhall, *The Chinese Empire*: *A General &Missionary Survey*, p385. "Peikng and Nanking, as at various times the capital of China, may be said—as Paris does to French—to give the standard of Northern and Southern Mandarin respectively."《1901~1920年中国基督教调查资料》（原《中华归主》）中将1854年麦都思、施敦力的译本称为"南方官话"译本，而将1864~1874年施约瑟、艾约瑟等人的译本称为"北京官话"译本。见中华续行委办会调查特委会编《1901~1920中国基督教调查资料（下卷）》（原《中华归主》修订版），中国社会科学出版社1987年版，第1238页。

　　[4] Marshall Broomhall, *The Chinese Empire*: *A General &Missionary Survey*, p385~386.

　　[5] 傅敬民：《〈圣经〉汉译的文化资本解读》，复旦大学出版社2009年版，第132页。

1889年，杨格非出版了以汉口"官话"为基础的《新约全书》。[1]

赵维本指出：

传教士认为以官话翻译圣经的好处之一，是当颂读官话圣经时，在说话的中国人之中的文盲大多数能够听得懂，而文言文则只有阅读者本人能够理解，明白的仅限于少数。在讲道时，译员要将文言文圣经转述成口语，而使用的若是官话圣经，便可以避免额外添加的一步。此外，使用文言文难免会涉及大量的儒家用语，以及书写语言有时出现的各种意义暗晦之处，两者也都可以避免。[2]

1890年，"圣经公会"派出代表在上海开会，决定用文言、浅文言、"官话"各出一本大家都认同的"和合本"（*Union Version*）。"官话"本译文的目标是"简单、流畅、具有文学品味"[3]，这时候虽然新教传教士们早就意识到"官话"在中国十分通行，"官话"本《圣经》一定能流传深远，但是当时"官话"并不被中国人认为是文学语言（the language of literature）。[4]

1906年，"官话"和合本《新约》完成。1919年，《旧约》的翻译也完成了，当年正式出版，定名为"官话和合本译本"（*Union Mandarin Version*）。这个《圣经》汉译版本通行至今。该版本的翻译由狄考文、富善、鲍康宁、文书田（George Owen）和鲁伊士（Spence Lewis）负责，以英文修正译本（*English Revised Standard Version*）为底本，在此前"南京官话"本与"北京官话"本的基础上综合而成。"和合本"的译者以"忠于原文"为目标，同时"坚持文字上的准确"，"重视意义上的准确"，终于成就经典。

尽管"和合本"翻译者们已经尝试编写"官话"工具书、写"官话小说"，但《圣经》毕竟不同于一般宣道书，它的神圣地位要求翻译必

---

[1] 见江维藩：《圣经译本在中国》，《金陵神学志》1991年14～15期合刊。

[2] 赵维本：《译经溯源——现代五大中文圣经翻译史》，香港中国神学研究院1993年版。

[3] 见《教务杂志》（*The Chinese Recorder*）1919年第50卷，第439～440页。

[4] *Bible in modern China :the literary and intellectual impact*, edited by Irene Eber, Sze-kar Wan, Knut Walf ; in collaboration with Roman Malek,1999,P.85.

须非常严谨、忠实。这对翻译者来说是一个巨大的挑战。德国汉学家尤思德说：

在传教士中，很多是精通文言中文的专家。文言文是借助文学作品界定的，可以学习通晓至相当好的程度。然而官话却不同。尽管大部分传教士能够在传道和讲授时流利地说他们各自地区的方言，却只有很少数人感到有足够能力成为界定官话标准的语言学者。[1]

在"官话"和合本的翻译中，狄考文作为译经小组领导者发挥了非常重要的作用。他的努力直接决定了"和合本"的翻译水平。1900年，他发表在《教务杂志》（*The Chinese Recorder*）上的文章《官话圣经的风格》（*The style of the Mandarin Bible*）中，认为，"官话"就是一种口语，它的语法规则不同于书面语。狄考文一再强调汉译《圣经》一定要适宜于口头宣讲，"官话"无疑是译经文字的首选，但是要使得属于口语系统的"官话"能够胜任《圣经》的翻译，有一个工作必须要做，那就是使它符合书面汉语的风格。

在《官话圣经的风格》中，狄考文具体讲述了如何用"官话"翻译：

1. 字词应当是说"官话"的人日常使用和能理解的。书面用语和不通行的用语应当避免。

2. 句子的结构应该符合口语。但是有时必须借鉴书面语（book terms）以补充"官话"的匮乏，特别是在辩论（argument）和描述事物（description）时，比如"然而"、"而且"、"或者"这类词。

3. 风格应清楚而简单。首先是句子短一些，这是为了符合中文句法有限的特点。再次，字词的顺序要特别注意，中文语法的关键是字词的排列顺序。另外，清楚的表达建立在使用准确的连接词（connective particles）上，他认为，"北京官话本"（*Peking version*）在此方面有欠缺。最后，要使得句子之间的联结符合口语宣读的需要。

---

［1］ [德]尤思德著，蔡锦图译：《和合本与中文圣经翻译》，香港国际圣经协会2002年版，第217页。

4. 风格应是真正的中文风格。外国人所撰写或监督下完成的“官话”作品，常常在用字和习惯语上，多少显得洋化，这就不符合中文风格了。应该使得中国人读起来就像是中国人自己写的。[1]

狄考文又非常注意《圣经》原文的风格。他在1907年《教务杂志》上发表的《官话〈圣经〉翻译之心得》（Lessons Learned in Translating the Bible into Mandarin）中说：

“中国人会接受的是《圣经》原有的风貌，如果不按照原文风貌翻译《圣经》，中国人很快就会因为不满意译文而自己去翻译《圣经》。”《圣经》与中国文学不同的风貌，正表现在“道德和精神上的观点从没有在中国人的思维中存在过，所以汉语中也找不到合适的词或短语来表达”。[2]

尽管要在“真正的中文风格”和《圣经》原文风格中找平衡是困难的，狄考文仍然对这个译本抱有极高期待：

英文本《圣经》，尤其是《圣经》钦定英译本修订版（Revised Version），是精细和准确的里程碑。现在把《圣经》译成汉语的翻译人员也只有按照这个方法才能做到最好。[3]

他又非常注意符合中国人的阅读习惯，希望避免过分的欧化。1905年，在译委会准备审阅整部《新约》前夕，狄考文再次呼吁：

我要向委员会准备强烈要求更好的官话。我们一定不能将语言牺牲在直译的祭坛上。我们已经在这方面做了太多。我们最好是用一些时间在最后的润饰上，让我们的作品无愧于我们所投入的一切努力。[4]

狄考文认为，旧的中文标点系统太笼统、太不完整，需要引进一套新系统。为此，他开发了一套新的中文标点系统。除了表示新段落的大

[1] 见《教务杂志》1900年7月第31卷第331~336页。

[2] [美]丹尼尔·W·费舍著，关志远、苗凤波、关志英译：《狄考文——一位在中国山东生活了四十五年的传教士》，广西师范大学出版社2009年版，第172页。

[3] 转引自[美]丹尼尔·W·费舍著，关志远、苗凤波、关志英译：《狄考文——一位在中国山东生活了四十五年的传教士》，广西师范大学出版社2009年版，第173页。

[4] 转引自[德]尤思德著，蔡锦图译：《和合本与中文圣经翻译》，香港国际圣经协会2002年版，第273页。

圆圈、逗号和句号外，狄考文还引进了一个新标点符号——实心圆点（·），以代替英语的冒号和分号。此外，还增加了中文标点系统没有的引号和括号。原文所无、译文增译的内容，则用圆点（虚线）标明。

这套糅合了传统中文标点的新标点系统不久便得到周作人的赞赏：

人地名的单复线，句读的尖点圆及小圈，在中国总算是原有的东西；引证话前后的双钩的引号，申明话前后的括弓的解号，都是新加入的记号。至于字旁小点的用法，那便更可佩服；他的用处据《圣书》的凡例上说："是指明原文没有此字，必须加上才清楚，这都是叫原文的意思更显明。"[1]

这一套新的标点，给了狄考文莫大的帮助，在处理英文结构与汉语结构的差异时，新的标点提供了新的出路。

狄考文的继任者富善提出的翻译原则，同样强调在《圣经》原文和中文表达之间的调和。1912年10月，他在《教务杂志》上发表文章《为3亿中国人翻译的圣经》（*A Translation of Bible for Three Hundred Millions*），几乎重申了狄考文的翻译原则：

（1）语言必须能通行各地，而不是地方性的。

（2）语言必须是和我们的英王詹姆斯译本（*King James Version*）一样，当在讲坛上朗读它时，所有阶层的人都能明白。

（3）在汉语习惯用法容许之下，译文必须尽可能接近原来的希腊文和希伯来文。富善认为，这一点以往的译本都没有做到，包括"北京官话"本。而"和合本"要接近英文修正本（*Revised English*）。

（4）比喻（figures of speech）必须尽可能直接翻译（directly），不要意译（paraphrase）。[2]

1918年，富善写了《官话和合译本圣经》（The Union Mandarin Bible）一文，再次谈自己的翻译原则：

（1）翻译必须是真正口语化的，和"英王詹姆斯译本"一样，容

---

[1] 周作人：《圣书与中国文学》，商务印书馆1925年版，第17～18页。
[2] 《教务杂志》1912年第43卷，第587～591页。

易被所有能够阅读的人所明白。

（2）语言必须通用"官话"（mandarin）。

（3）文体虽然要简单易懂，却必须崇高而有道德感（hight enough to be chaste）。

（4）译文必须紧紧接近原文。

（5）例证必须尽可能翻译（translate）而不是意译（paraphrase）。[1]

"官话"和合本《圣经》在翻译的过程中，中国人张洗心（Chang His Hsin）和王元德（Wang Yuen Teh）帮助狄考文完成了文字的润饰。富善对他们在纠正错误的句子结构，为寻找更准确、优美的表达所做的努力称赞有加。[2]

"和合本"的翻译前后历经28年，其翻译文字比以前各版本更准确，也更适合教友的阅读和研究，付梓后成为最受教会及一般读者欢迎的中文译本。狄考文的传记作者尼尔·W·费舍说："在翻译的过程中，他们不仅完成了既定的目标，还为所有中国人树立了一个典范，将会大大影响其后世的文学作品。"[3]

在这一时期，中国政府公文、商务往来信函以及唯一的报纸《京报》，都是采用文言文，教会内部对译经的文体因此也有不同的主张，但最后在用"北京官话"作为《圣经》翻译语言这一问题上，教会取得了共识。其理由不外乎两个：其一是顺应时代的潮流，其二是引导这个潮流。

正如苏格兰圣经会的韦廉臣说：

我想我们应该推动官话。这些不同的地方方言必定会很快或稍后归

———————

[1]《教务杂志》1918年第49卷，第552～554页。

[2] 转引自[美]丹尼尔·W·费舍著，关志远、苗凤波、关志英译：《狄考文——一位在中国山东生活了四十五年的传教士》，广西师范大学出版社2009年版，第166～167页。

[3] [美]丹尼尔·W·费舍著，关志远、苗凤波、关志英译：《狄考文——一位在中国山东生活了四十五年的传教士》，广西师范大学出版社2009年版，第175页。

入一种统一的语言，而唯一实现这种可能性的是官话。[1]

翻译者也毫不掩饰对汉译《圣经》的期待。正如上文所论述，传教士期望他们翻译的"官话"和合本《圣经》能成为中国书面语的标准和典范——正如在欧洲曾经发生过的情形那样。"官话"和合译本完成后，译者之一鲁伊士写道："难道我们不也希望，它会对中国语言还未曾有过的标准国语文体作出明显的贡献吗?"[2]

第二节　"最早的欧化的国语文学"

"官话"和合本《圣经》的出版与五四运动发生在同一年。但汉译《圣经》引起周作人的注意，要早得多。1901年，周作人在南京江南水师学堂做学生时，受到胡诗庐指点，有时到三一书院旁听《路加福音》讲义，觉得"《圣经》是好文学"[3]。那时周作人看到的《圣经》是文言译本，他对此不甚满意，甚至打算重新翻译，他"想将《四福音书》重译一遍，不但改正钦定本的错处，还要使文章古雅，可以和佛经抗衡"[4]。

没有迹象显示周作人实行过自己的《圣经》重译计划。当他看到"官话"和合本《圣经》后，觉得"已经够好了"，"从前的计划便无形的完全取消"。[5]周作人甚至认为"官话"和合本《圣经》不仅是"中国最早的欧化的文学的国语"，且可能对新文学的未来产生影响。[6]"官话"和合本出版次年，也即1920年，周作人说：

我记得从前有人反对新文学，说这些文章并不能算新，因为都是从

[1] 转引自[德]尤思德著，蔡锦图译：《和合本与中文圣经翻译》，香港国际圣经协会2002年版，第132~133页。

[2]《教务杂志》1919年第6卷，第4~5页。

[3] 周作人：《〈希腊拟曲〉序》，商务印书馆1934年版，第1页。

[4] 周作人：《圣书与中国文学》，商务印书馆1925年版，第16页。

[5] 周作人：《〈希腊拟曲〉序》，商务印书馆1934年版，第1页。

[6] 周作人：《圣书与中国文学》，商务印书馆1925年版，第18页。

"马太福音"出来的，当时觉得他的话很是可笑，现在想起来反要佩服他的先觉："马太福音"的确是中国最早的欧化的文学的国语，我又预计他与中国新文学的前途有极大极深的关系。[1]

他在此文中数次引用汉译《圣经》的文字，如：

我必向以色列如甘露，他必如百合花开放，如利巴嫩的树木扎根；他的枝条必延长，他的荣华如橄榄树，他的香气如利巴嫩的香柏树。（《何西阿书》第4章5~6节）

要给我们擒拿狐狸，就是毁坏葡萄园的小狐狸；因为我们的葡萄正在开花。（《雅歌》第2章15节）

天使对我说："你为什么希奇呢？我要将这个女人和驮着他的那七头十角兽的奥秘告诉你。你所看见的兽，先前有如今没有；将要从无底坑里上来，又要归于沉沦……"（《启示录》第17章7~8节）[2]

据此，他所称许的《圣经》汉译，正是狄考文领导翻译的"官话"和合本《圣经》。

周作人注意到"官话"和合本中的语言与中国传统白话小说之间的差异，认为这几节文字"都不是用了纯粹的说部的白话可以译得好的"[3]。"官话"和合本《圣经》译文与传统白话文的确有显著差别。周作人所引《何西阿书》中这种排比句式："他的枝条必延长，他的荣华如橄榄树，他的香气如利巴嫩的香柏树。"每个小句主谓宾完备，它来自对英文原文的翻译。[4]主项加谓项构成完整句子，是印欧语构成的前提。

如果将《马太福音》在不同时期的汉译版本加以比较，尤其可以看出中国书面语在晚清以来的明显变化。

"官话"和合本参考了1857年的"南京官话译本"与1870年的"北

---

[1] 周作人：《圣书与中国文学》，商务印书馆1925年版，第18页。

[2] 周作人：《圣书与中国文学》，商务印书馆1925年版，第16~17页。

[3] 周作人：《圣书与中国文学》，商务印书馆1925年版，第17页。

[4] 英文原文为 "I will be as the dew unto Israel: he shall grow as the lily, and cast forth his roots as Lebanon.His branches shall spread, and his beauty shall be as the olive tree, and his smell as Lebanon."

京官话译本"，而"南京官话本"又是在"委办本"基础上改写的，因此下文的分析中，除了个别情形，都将列出英文"修订本"原文，并依次罗列"委办本"、"南京官话本"、"北京官话本"及"官话"和合本译本[1]四种汉译，以便观察在半个多世纪内，《圣经》译文所发生的变化。

正如前一章中所述，语言学界对"什么是欧化"有不同的答案。下文分析依据的标准，结合了语言学上几种关于欧化的代表观点。王力界定的欧化标准，在语言学界影响很大。

王力说：

五四以后，汉语的句子结构在严密化之一点上起了很大的变化。基本要求是：主谓分明，脉络清楚，每一个词、每一个词组、每一个谓语形式、每一个句子形式在句中的职务和作用都经得起分析。[2]

这种"很大的变化"即欧化。他认为词汇和风格所占欧化的成分最多，语法的欧化成分较少。从语法的角度，王力总结了欧化语法的六种表现：（1）复音词的创造，（2）主语和系词的增加，（3）句子的延长，（4）可能式、被动式、记号的欧化，（5）联结成分的欧化，（6）新替代法和新称数法。

申小龙先生代表了另一种分析的路径。申小龙提出："印欧语的句子组织是以动词为中心的，句中各种成分都以限定动词为中心，明确彼此关系。"[3]受此影响，汉语的句子趋向于以动词为中心，其他成分紧密地联系在一起构成长句，这是汉语欧化表达形成的关键。

至于这些欧化表达的产生，有些为西方语言独有，汉语本来没有，因为受西方语言的影响而开始使用，这是一种欧化。但更常见的欧化情形是，一种表达方式在汉语中虽有但少见，而在西方语言中却很常见，因为与西方语言的频繁接触，汉语中也开始大量使用这种表达。

---

[1] 以下"官话"和合本《马太福音》，引自上海美华圣经会1930年出版的"官话"和合本《新约全书》。

[2] 《王力文集》第9卷，山东教育出版社1988年版，第553页。

[3] 申小龙：《汉语与中国文化的结构通约》，《光明日报》1993年12月13日。

对欧化做精细的分析，尚需专门的数学统计为前提。这里以《圣经》中《马太福音》一章从文言到"官话"的翻译历史变化为线索，重在通过几个版本之间的比较，获得近代文体变化和欧化的一种直观印象。

一、新的标点对句子结构的改造

正如前文所述，在"官话和合本"中，狄考文引进了一套新的标点系统。包括大圆圈（表示新段落）、逗号、句号、实心圆点（对应英文的冒号和分号）、引号、括号。为了翻译通顺，狄考文还将原文所无、译文增译的内容，用虚线圆点标明。

在处理英文结构与汉语结构的差异时，新的标点提供了新的出路。这些新标点的使用，改变了汉语主要的特征，使得本来主要依赖节奏气韵的汉语，变得重视内部结构，句子长度也相应增加。

在"官话和合本"中点号"."常常用来表示长句中的小层次划分。如"耶稣回答说、你暂且许我.因为我们理当这样尽诸般的义。《马太福音》第3章15节"（But Jesus answered him，"Let it be so now; for thus it is fitting for us to fulfil all righteousness."）"虚心的人有福了。因为天国是他们的。《马太福音》第5章3节"（Blessed are the poor in spirit, for theirs is the kingdom of heaven.）在其他三个译本中，并没有表示句子二级层次的标点。联合圣经公会1988年修订的《新标点和合本》中，这两处的"点号"都被"逗号"所取代了，译文为"你暂且许我，因为我们理当这样尽诸般的义。""虚心的人有福了，因为天国是他们的。"新的标点，在因果关系的复句中，分担了长分断句的作用。且"由于有标点符号以为辅佐，则不完全的句子插在中间，便不会有上下文不相衔接之感。不整齐的句子错落杂用，也不会有佶屈聱牙之感"[1]。这种表达在日后被认为是现代书面汉语欧化的一个重要特点。

二、数词的新用法

汉语本身就有数词+量词的表达，但在表示种类而不强调数量的情

---

[1] 见申小龙：《汉语与中国文化》修订本，复旦大学出版社2008年版，第166页。

况下，则很少使用数词。如今已然欧化了的汉语表达中，"一+量词"修饰名词表示种类的用法却呈现出高频趋势。这种表达在"北京官话本"《马太福音》中已经大量出现。

（1）英文本：she will bear a son, and you shall call his name Jesus, 1：21

委办本：彼必生子，可名曰耶稣。

南京官话本：必定养个儿子，名字可叫耶稣。

北京官话本：他必要生一个儿子，你可以给他起名叫耶稣。

和合本：他将要生一个儿子，你要给他起名叫耶稣。

（2）英文本：for from you shall come a ruler who will govern my people Israel. 2：6

委办本：将有君于尔是出。

南京官话本：后来有个王，在你的地方生出来。

北京官话本：将来有一位君王，从你那里出来。

和合本：将来有一位君王，要从你那里出来。

这两例"一+量词"的表达，都是对应英文定冠词"a"的翻译（a son/ a ruler）。这种表达，到了"和合本"《马太福音》中变得多起来，如"一座城、一根头发、一个人、一朵花、一个文士、一个门徒、一个会堂、一只羊、一个家主、一匹驴、一个比喻、一个葡萄园"等。

三、助词的新用法

英文本：and her husband Joseph, being a just man and unwilling to put her to shame, resolved to divorce her quietly. 1：19

委办本：其夫约瑟义人也，不欲显辱之，而欲私休之。

南京官话本：马利亚的丈夫约瑟原是个义人，不肯显明辱没他，意思要暗暗的休他。

北京官话本：他丈夫约瑟是个义人，不肯明明的羞辱他，想要暗暗的将他休了。

和合本：他丈夫约瑟是个义人，不愿意明明的羞辱他，想要暗暗的把他休了。

助词"的"、"地"在中国古代就有，但现代书面语中形容词的词尾用"的"，副词的词尾用"地"是受"西洋语法的影响"。[1] 当然，在很长时期内，"的"、"地"也存在混用情况。尤其是用在副词词尾的"地"，常写作"的"。这种情形是一个逐渐区分、规范的过程。而这种区分和规范本身，最能够说明欧化的动力——此处用"析句带动造句"来形容，倒也恰如其分。

四、系词的新用法

英文本：Enter by the narrow gate; for the gate is wide and the way is easy, that leads to destruction, and those who enter by it are many. 7:13

委办本：当进窄门。引而之死，其门也阔，其路也宽，入之者多。

南京官话本：你应该从窄门里进去。那引人到死地去的，门儿是阔的，道儿是大的，进去的人多。

北京官话本：你们要进窄门：因为领到灭亡地方的门是宽的，路是大的，进去的人多。

和合本：你们要进窄门：因为引到灭亡，那门是宽的，路是大的，进去的人也多。

系词的大量出现是汉语欧化的一个重要现象，因为翻译英语，有些句子本不需要借助系词的也加入了系词。"the gate is wide and the way is easy"在汉语"委办本"中翻译为"其门也阔，其路也宽"，这是一种主语+形容词的描写句。两种"官话"本中，将英文中系词"is"翻译出来，变成主语+系词+形容词的句式，这句话就成了一个判断句。这与王力在分析汉语欧化句时所举的"发出的声音是很沉重"、"发出的声音是非常大"之类"不合中国语法的"[2] 句子，是一个逻辑下的产物。"and those who enter by it are many"的翻译（进去的人多/进去的

---

[1]《王力文集》第9卷，山东教育出版社1988年版，第418页。

[2] 对此问题的详细论述见《汉语史稿》，山东教育出版社1985年版，第476页。

人也多），算是一种并不彻底的欧化，如在五四运动之后，这一句很可能会被译成"进去的人是很多"。

王力认为，汉语判断句中，不会用平行的两个名词或名词性词组作宾语。[1] 反之，用两个名词或名词性词组作宾语是一种欧化的现象。这种欧化表达在"官话"和合本《马太福音》中已经大量出现，如：

这约翰身穿骆驼毛的衣服，腰束皮带。吃的是蝗虫野蜜。第3章4节

这是我的爱子，我所喜悦的。第3章17节

耶稣在加利利海边行走，看见弟兄二人，就是那称呼彼得的西门和他兄弟安得烈。第4章18节

又看见弟兄二人，就是西庇太的儿子雅各和他兄弟约翰。第4章21节

他的名声就传遍了叙利亚。那里的人把一切害病的，就是害各样疾病，各样疼痛的。第4章24节

五、被动句的新用法

英文本：And being warned in a dream not to return to Herod, they departed to their own country by another way. 2：12

委办本：博士梦中得默示，令勿反见希律，则由他途而归。

南京官话本：那好学问的人在梦中被上帝戒他，不要再见希律，醒时只得抄别条路儿回去。

北京官话本：博士因为主在梦中指示他们，不要回去见希律，就从别的路上回本地去了。

和合本：博士因为在梦中被主指示，不要回去见希律，就从别的路回本地去了。

"南京官话本"、"北京官话本"都是由几个动词按照时间顺序展开（戒/指示→不见→回）构成长句。"和合本"中，"在梦中被主指示，不要回去见希律"作为状语修饰"博士"，这个长句是以动词"回"为中心，各成分按逻辑关系紧密结合在中心动词"回"的周围。汉语的

[1]《王力文集》第11卷，山东教育出版社1985年版，第476页。

结构一般通过内部逻辑关系体现，英语各语法单位间的关系常靠连词表示，汉语重意合（parataxis）而英语重形和（hypotaxis）[1]。"being warned in a dream"在英文中是个被动句，"南京官话本"用"被"字句翻译，"北京官话本"没有采用，可能还是尊重了"被"字句在汉语习惯上的用法——用作说明主语遭受了不幸的事。[2] "和合本"采用了"南京官话本"的译法，随着语言接触的频繁发生，汉语被动句的用途扩大了，现在已没有表达不幸的意义了。

王力说，"我们被欺负"这样的句子是不大符合汉语习惯的表达，在汉语表达里，需要加上实施者——"我们被你/他欺负"，而英语中实施者经常不出现，因为翻译的原因，现代汉语中没有实施者的"被"字句大大增多。[3]以王力所举的例子为证，在"汉语语料库"的古代汉语部分中，不指明实施者，直接使用"被欺"的有三十条，而"被+实施者+欺"的用法，实施者在四个字以内（包括四个字）的则有二百多条。在"官话"和合本《圣经》中不加实施者的"被"动表达明显有了上升的趋势。以"和合本"《马太福音》为例，这一章共有48个"被"动句，其中25处没有实施者，23处是有实施者的被动，两者出现的频率几乎达到了1:1。

六、时态的新表达

英文本：for from you shall come a ruler who will govern my people Israel. 2:6

委办本：将有君于尔是出。

南京官话本：后来有个王，在你的地方生出来。

北京官话本：将来有一位君王，从你那里出来。

---

[1] 如王力所说："西洋语的结构好像连环，虽则环与环都联络起来，毕竟有联络的痕迹；中国语的结构好像无缝天衣，只是一块一块的硬凑，凑起来还不让它有痕迹。"见《中国语法理论》，商务印书馆1951年版，第141页。

[2] 丁声树、吕叔湘等语法学家对此均有一致看法。见丁声树、吕叔湘：《现代汉语语法讲话》，商务印书馆1979年版，第6页。

[3]《王力文集》第3卷，山东教育出版社1985年版，第252页。

和合本：将来有一位君王，要从你那里出来。

吕叔湘说："明明是未来的事情。可是我们不感觉有标明的必要，我们就不标明，这是汉语异于印欧语言的地方。"[1]印欧语表示将来，多以"shall"、"will"这样的语法记号标明。因为受到翻译的影响，如今汉语中此种用法越来越普遍。

英文本：he will not break a bruised reed or quench a smoldering wick, 12:20

委办本：已伤之苇不折，燃余之炷不灭。

南京官话本：已经伤损的芦荻，他是不去折断的。点过的灯草，他是不去吹灭的。

北京官话本：受伤之芦苇，他不折断。将残之灯火，他不吹灭。

和合本：压伤的芦苇，他不折断。将残的灯火，他不吹灭。

事实上"将"字表示将来意，在文言文中是有的，如"君将若之何？"但旧白话中表示将来意，则用"将来"、"将要"，一般不会单独用"将"。文言之外，"将"单独用表示将来，确实是在欧化之后。"北京官话本"已经单独用"将"表示将来时了，这比"新文学"要早得多。[2]

英文本: The men of Nin'eveh will arise at the judgment with this generation and condemn it; 12:41

委办本：*尼尼微人*，当审判时，将起而罪此世之人。

南京官话本：*尼尼微人*，到审判的时候，要起来定这世人的罪。

北京官话本：*尼尼微的人*，当审判的日子，要起来定这世代的罪。

和合本：当审判的时候，*尼尼微人*要起来定这世代的罪。

王力认为，"当……时"置前的翻译，是五四运动之后的欧化

---

[1] 对此问题的详细论述见吕叔湘：《中国文法要略》，商务印书馆1982年版，第227页。

[2] 认为"将"在白话文中单独使用表示将来，是到五四新文学中才出现的观点。见老志钧：《鲁迅的欧化文字：中文欧化的省思》，台湾师大书苑有限公司2005年版，第108~109页。

句。[1]但在"和合本"中已经出现了这种欧化的句子。

七、增加语言外在形态

英文本：But Jesus answered him, "Let it be so now; for thus it is fitting for us to fulfil all righteousness." Then he consented. 3∶15

委办本：<u>耶稣</u>曰："今姑吾许，吾侪当如是以尽礼。"乃许之。

南京官话本：<u>耶稣</u>道："现在权且依了我，我们应该这样做，尽尽各样的礼。"<u>约翰</u>只得依他。

北京官话本：<u>耶稣</u>回答说："你暂且许我，我们应当如此尽各样的礼。"<u>约翰</u>就许了他。

和合本：<u>耶稣</u>回答说："你暂且许我，因为我们理当这样尽诸般的义。"于是<u>约翰</u>许了他。

"和合本"将"for thus"（因为）、"Then"（于是）这样的关联词翻译了出来，加强了短句间的逻辑关系，外在形态上将几个独立成分构成了一个复句。

英文本：Jesus said to him, "You have said so. But I tell you, hereafter you will see the Son of man seated at the right hand of Power, and coming on the clouds of heaven. 26:64

委办本：吾语汝："此后，尔将见人子坐大权者之右，乘夫云而来。"

南京官话本：我告诉你："后来将见人子，坐在全能上帝的右边，驾着天云而来。"

北京官话本：<u>耶稣</u>说："你说的是了。只是我告诉你们，后来你们要看见人子，坐在有大权柄的主的右边，驾着天上的云降临。"

和合本：<u>耶稣</u>对他说："你说的是。然而我告诉你们，后来你们要看见人子，坐在那权能者的右边，驾着天上的云降临。"

"power"的翻译由"大权者"、"全能上帝"、"有大权柄的主"到

---

　　[1]《王力文集》第2卷，山东教育出版社1985年版，第507页。

"权能者"，这个"者"字是翻译词缀-er而来，如今现代汉语中频繁使用，如读者、作者、消费者、牺牲者。[1]

英文本：Again, the devil took him to a very high mountain, 4：8

委办本：魔鬼复携彼登峻峭之山。

南京官话本：魔鬼再拉耶稣到一座顶高的山上。

北京官话本：魔鬼又领他上最高的山。

和合本：魔鬼又带他上了一座最高的山。

"北京官话本"用了一个最高级句式，它是欧化而来的。"南京官话本"译为"顶"，"顶"既可作方位名词，也能加重程度，与被加重者"山"还是有意义上的关联的。而"北京官话本"，就用"最"这个与所加重者没有意义联系，只表示程度的副词来翻译了。"最……"，成为最高级表达的外在标志。

八、一些固定的新表达

用"官话"翻译《圣经》时，出现了诸多古代汉语中极为罕见，而现代汉语中常见的新表达。

1. 新的疑问句："可以不可以？"

"可以不可以"这个用法，在"官话"《圣经》翻译中，最早见于"北京官话本"。如"有人问耶稣说：'安息日治病，可以不可以？'"但在"北京官话本"中还同时有"合适不合适"、"应当不应当"这样旧白话小说中常用的疑问句。到了"和合本"，就基本统一为"可以不可以"。"和合本"中出现"耶稣说：'安息日治病，可以不可以？'""请告诉我们，你的意见如何？纳税给该撒，可以不可以。""可以不可以"是现代汉语中使用频繁的问句。"汉语语料库"中收录的古代汉语语料中，这种表达仅有七例，其中最早的一例出现在明代瞿佑《剪灯新话》中。接下来的两例出现在几乎与"和合本"

---

[1] 王力在《中国语法理论》里具体分析了"者"字的产生，他说："'者'字大概用来翻译由动词转成的名词，等于英文词尾-er，或-or，例如'reader'译为'读者'，'creator'译为'造物者'。"

同时诞生的晚清小说《官场现形记》、《老残游记》中。

2. 新的比喻："以牙还牙"、"披着羊皮"。

正如耶稣所说"我要开口用比喻，把创世以来所隐藏的事发明出来。"《圣经》中很多表达采用了借喻的修辞方式，一些常用的意象被现代汉语吸收。如"以牙还牙"的比喻在古代汉语中是没有的，它源于"官话"和合本《圣经》："以眼还眼、以牙还牙。"需要注意的是，在"北京官话本"中还是"牙还牙"，"南京官话本"中为"有人打坏你的牙齿，你也将他的牙齿打坏"。

"披着羊皮的狼"的比喻来自"官话"和合本《圣经》："外面披着羊皮，里面却是残暴的狼。""北京官话本"为"外面像羊，里面是豺狼。""南京官话本"为"外面装作绵羊的样儿，里面却是豺狼的心肠。"

3. 新的时间表达："直到永远"。

"直到永远"是现代汉语中常见的时间表达方式，表示时间上的无止境。在古代汉语中是没有的，它来自"和合本"中对英文"forever"的翻译："国度、权柄、荣耀，全是你的，直到永远。""南京官话本"中"for ever"译为"直到世世代代"，"世代"表示人类繁衍延绵不断，其时间标准乃由人类社会限定，显然有限得多。而在"北京官话本"中，"forever"被译为"世事无穷"，这是通过否定的方式表达时间上的无限。

4. 新的判断句式："这是因为……"

这个判断句，"北京官话本"中已出现："门徒彼此议论说：'这是因为我们没有带饼罢。'""和合本"中沿用了这种表达。查"汉语语料库"可知，在古代汉语中这一表达仅出现八例，均为白话小说。其中只有文康的《儿女英雄传》早于"北京官话本"。[1]

---

[1] 这种表达可能来源于北京语。在"南京官话本"中没有这种表达，且"汉语语料库"显示在《儿女英雄传》后，这种表达出现在《八仙得道》中，此书是作者无垢道人游历到北京期间创作的。

九、新的修辞技巧

《圣经》的修辞技巧多样，尤其善于利用排比说理，反复强化主题，形成一种严密、庄严和极富文学性的效果。

在"和合本"《马太福音》中常有重复的句式，它们有着非常严谨的结构。如："虚心的人有福了，因为天国是他们的。哀恸的人有福了，因为他们必得安慰。温柔的人有福了，因为他们必承受地土。饥渴慕义的人有福了，因为他们必得饱足。怜恤人的人有福了，因为他们必蒙怜恤。清心的人有福了，因为他们必得见上帝。""凡向弟兄动怒的，难免受审判。凡骂弟兄是拉加的，难免公会的审断。凡骂弟兄是魔利的，难免地狱的火。"汉语文言中也有这一类表达，最精巧的要数古诗中反复回环的句式，有的仅一个词、一个字之别。如《诗经·关雎》中"参差荇菜，左右采之。窈窕淑女，琴瑟友之。参差荇菜，左右芼之。窈窕淑女，钟鼓乐之"。《乐府诗集·江南》中的"江南可采莲，莲叶何田田！鱼戏莲叶间。鱼戏莲叶东，鱼戏莲叶西，鱼戏莲叶南，鱼戏莲叶北"。但古代白话文中极少使用这种手法。

这种重复排比的修辞手法，用于说理显得十分雄辩。如"这样凡好树都结好果子，惟独坏树结坏果子。好树不能结坏果子，坏树不能结好果子。凡不结好果子的树就砍下来丢在火里。所以凭着他们的果子就可以认出他们来。""没有人把新布补在旧衣服上。因为所补上的反带坏了那衣服，破的就更大了。也没有人把新酒装在旧皮袋里。若是这样，皮袋就裂开，酒漏出来，连皮袋也坏了。惟独把新酒装在新皮袋里，两样就都保全了。"古白话的长处在于白描，市井百态、人情世故、一笑一骂，都可以传达得惟妙惟肖，让读者有身临其境之感。《圣经》中颇多辩难说理的部分，那种雄辩的气势往往通过重复、排比句营造出来，为丰富白话文的说理效果，贡献了新的手段。

综合以上各版本中用词和句式的比较，可见，"南京官话本"采用的词语，有不少是方言词汇，因为是改写文言文的"委办本"，不是对英文原文的翻译，所以某些表达方式借鉴了古代白话的表达，更接近汉语的表达习惯，欧化色彩较少。"北京官话本"在词汇上极少采用方言词，又因是从英文原文译出，欧化句式开始大量出现。"和合本"在词汇上基本沿袭了"北京官话本"，而句式欧化的程度又高于"北京官话本"，作为译文更重视忠实于原文。这种比较不能不给我们留下一个深刻的印象：作为一种与现代白话文高度近似的语言形体，"和合本"的语言并不是少数人在短时间内发明出来的，而有一个逐渐演化的过程；各种语言因素——文言文、古代白话文、方言以及各类流行程度不一的"官话"——都在这个演化的过程中留下了自己的痕迹。如同古生物学上的化石和标本，不同时期的汉语《圣经》译本可以让我们看到语言演化的线索，不同于自然进化的是：《圣经》译文的不同语言形态是人为选择的结果。这些选择建立在译者对19世纪中后期以来中国语言和社会、政治、文化的理解与判断之上。

第三节　"官话"和合本《圣经》与现代白话文

周作人对"官话"和合本《圣经》的评价，足以表现出周氏在学术上的视野与胸怀。在同时代人中，他最早认识到，语言的演化必有一个长期的历史过程，而不是少数人振臂一呼的产物：

有人主张"文学的国语"，或主张欧化的白话，所说都很有道理：只是这种理想的言语不是急切能够造成的，须经过多少研究与实验，才能约略成就一个基础；求"三年之艾"去救"七年之病"，本来也还算不得晚，不过我们总还想他好得快点。这个疗法，我近来在圣书译本里寻到，因为他真是经过多少研究与实验的欧化的文学的国语，可以供我们的参考与取法。[1]

自从《新青年》发起关于文言与白话之争，数年之内，"文学革命"的观念渐渐深入人心，但周作人深知，要将"新文学"的观念落到

---

[1] 周作人：《圣书与中国文学》，商务印书馆1925年版，第15～16页。

实地，根本还是要有一批堪为典范的作品。当年欧洲民族语言之所以能够取代拉丁文的位置，原因在于产生了一批以民族语言写作的名作，流传广泛，为民族语文提供了写作的范例，其中就包括以民族语言翻译的《圣经》。这正是他要反复推举"官话"和合本《圣经》的原因。虽然，

　　《圣书》在中国，时地及位置都与欧洲不同，当然不能有完全一致的结果，但在中国国语及文学的改造上，也必然可以得到许多帮助与便利，这是我所深信不疑的：这个动因当是文学的，又是有意的。两三年来文学革命的主张在社会上已经占了优势，破坏之后应该建设了；但是这一方面成绩几乎没有；这是什么原故呢？思想未成熟，固然是一个原因，没有适当的言词可以表现思想，也是一个重大的障害。前代虽有几种语录说部杂剧流传到今，也可以备参考，但想用了来表现稍微优美精密的思想，还是不足。[1]

　　周作人认为，书面化的口语表达早已在"语录"、"说部"、"杂剧"中使用，但是使用在这些作品中的书面语，还是不能表达"优美精密的思想"。

　　周作人对"和合本"《圣经》的语言必定经过"多少研究与实验"的判断，可以在《圣经》翻译的历史中得到印证。但他关于《圣经》与"新文学"的关系的猜想，则要复杂得多。现代白话文，用茅盾的说法也即"欧化的白话"[2]，其源流一直是文学界和语言学界争执不休的话题之一，而传教士和汉译《圣经》在其中的影响更加难以厘定。

　　来华新教传教士对"官话"和合本《圣经》的语言和文体价值有很高期待，但这个译本和他们用"北京官话"进行的其他翻译和写作活动，到底对中国的语言演化和文体革命起过什么样的作用？这个问题在教会内部也难以回避，却很难给出一个线索清晰的答案。参与过"官话"和合本《圣经》修订的中华全国基督教协进会会长诚静怡，在接受

　　[1] 周作人：《圣书与中国文学》，商务印书馆1925年版，第15页。
　　[2] 茅盾：《文艺大众化问题》，《救亡日报》1938年3月9～10日。

英国传教士海思波访问时说："关于您所问销流广大的官话《圣经》有没有帮助国语被人用作文字媒介的问题，我相信它有……虽然不能说官话《圣经》就是介绍中国新文字的工具。它一定曾在这件事上做过重要的角色。"[1]

也的确不断有中国作家谈到这两者之间的关系。郭沫若把《圣经》的翻译与佛经的翻译并提，认为两者均对中国语言文学发生了影响：

翻译的文体对于一国的国语或文学的铸造也绝不是无足轻重的因素。让我们想到佛经的翻译对于隋唐以来的我们中国的语言文学上的影响吧，更让我们想到《新旧约全书》和近代西方文学作品的翻译对于现行的中国的语言文学上的影响吧。[2]

郭沫若没有详细论述自己提出的类比和推断，但沈从文倒是提供了一个汉译《圣经》对中国"新文学"的直接影响的例证。

沈从文来自偏远的湘西乡下，由一个行伍少年变为著名作家，主要靠自学。1957年，在编纂《沈从文小说选集》时，沈从文提到他学习写作时最重要的两本书是《史记》与《圣经》。他说："从这两部作品反复阅读中，我得到极多有益的启发，学会了叙事抒情的基本知识。"[3]他把自己抒情文学的启蒙教育归功于《圣经》那"接近口语的译文，和部分充满抒情的篇章"[4]。

沈从文并不是教徒，他显然只把汉译《圣经》作为文学作品乃至语法书。在小说《冬的空间里》，他就借A先生之口说："我是把圣经当文法书看的，这东西不坏。"他的作品中的确常常可见《圣经》的影响。

在他早年写的情诗《呈小莎》中，已可见出《圣经》的影响：

你是一切生命的源泉，

光明跟随在你身边：

男人在你跟前默默无言，

---

[1][英]海思波著，陈翼经译：《圣经与中华》，宣道书局1934年版，第7页。

[2]郭沫若：《浮士德简论》，商务印书馆1984年版，第335页。

[3]沈从文：《选集题记》，人民文学出版社1982年版，第1页。

[4]沈从文：《选集题记》，人民文学出版社1982年版，第1页。

好像到上帝前虔诚一片——

在你后面举十字架的那个人，

默默看着十字架腐朽霉烂。[1]

小说《龙朱》中，他称龙朱为"我的主，我的神"，他描述道：

族长的儿子龙朱年十七岁，为美男子中的美男子。这个人，美丽强壮像狮子，温和谦驯如小羊。是人中模型，是权威，是力，是光。

这显然是借用了《圣经》"雅歌"中描写所罗门王的一段文字：

我的佳偶，你甚美丽，你甚美丽。你的眼在帕子内好像鸽子眼。你的头发如同山羊群卧在基列山旁。

你是园中的泉，活水的井，从利巴嫩流下来的溪水。

我的佳偶阿，你美丽如得撒，秀美如耶路撒冷，威武如展开旌旗的军队。

从巴金、老舍、冰心、庐隐、张资平等著名现代作家的小说中，也同样能轻而易举地找出与"官话"和合本《圣经》中的文字非常接近的段落。[2]这些都是汉译《圣经》对中国现代文学影响的确凿证据。

总的来说，"官话"和合本《圣经》的语言成就毋庸置疑。尽管在它出版的年代，周氏兄弟乃至胡适等人已经为现代白话文贡献了新的典范，但比起同时期出版的大多数白话文作品（大多带有实验性质），"官话"和合本《圣经》的语言更复杂、精确、成熟、优美，因此成为后来的中国作家学习的对象，也不足为奇。但即便如此，我们在探讨"官话"和合本《圣经》与现代白话文的关系时，仍然会注意到一种强烈反差：这种高度的语言成就很少被讨论和推荐。实际上，在出版之初，除了周作人等极少数人，"官话"和合本《圣经》的成就甚至很少有人提及。

基督教世界在这个问题上的失落感是难以避免的。1940年代，出生

---

　　[1]沈从文：《呈小莎》，转引自[美]金介甫著，符家钦译：《凤凰之子：沈从文传》，中国友谊出版社2000年版，第168页。

　　[2]见陈伟华：《基督教文化与中国小说叙事新质》，中国社会科学出版社2007年版，第54～64页。

于基督教家庭而毕业于金陵神学院的朱维之指出，传教士翻译"官话"和合本《圣经》是"中国新文学运动底先驱"，"是最初的'国语的文学'；并且给新时代青年以新的文学作风，新的文学实质"[1]，而其语言成就之所以没有得到应有的评价，是因为"那时一般青年对于基督教还没有认识，没有好感；纵使心里明白这本国语的圣经本是白话文学底先驱，也不肯直接承认"[2]。

中国人对基督教的观感到底有没有影响他们对汉译《圣经》的语言贡献的评价？至少在沈从文的故事里没有。很多作品中，沈从文都讥讽过基督教会和教徒，如《绅士的太太》、《若墨医生》、《建设》、《平凡的故事》、《阿丽思中国游记》等。他甚至有过更加刺激的评论："教会的慷慨，拿出一百万或五百万，到中国来办教育，培养成就一些以教会为生活的混账东西就够了，为什么还一定要顾全到这些肮脏的下等人？"[3]但他对汉译《圣经》的态度显然是另一回事。

如果说中国人因为反感基督教而刻意抹杀了汉译《圣经》在语言上的贡献，亦难以证实。"官话"和合本《圣经》的语言与现代白话文都吸收了古代白话文的成分，但都与古代白话文有显著差别，大量欧化和口语成分是古代白话文所没有的。如果两者的交集仅止于吸收了古代白话，为什么现代白话文中的欧化和口语成分，与"官话"和合本《圣经》中的欧化和口语成分，会如此接近？"官话"和合本《圣经》翻译出版在前（传教士用"北京官话"进行翻译和写作的年代更早），现代白话文的流行在后，两种语言形态却高度类同，这仅是一种巧合吗？

第四节　"官话"的文学，文学的"官话"

欧化促进了文体的变化。随着使用的普遍，书面官话还有一个大的

[1] 朱维之：《中国文学底宗教背景———个鸟瞰》，《金陵神学志》1940年12月。
[2] 朱维之：《基督教与文学》，上海青年协会书局1948年版，第70～71页。
[3] 沈从文：《建设》，见《沈从文子集》，新月出版社1931年版。

137

变化，那就是远离粗鄙的口语（剔除方言俗语），变得越来越高雅。"官话"和合本《圣经》翻译小组的领导者狄考文在这方面的贡献尤其重大。

他显然是当时传教团体中首屈一指的中国语言文字专家。狄考文大学和神学院时期的同学丹尼尔·W·费舍写的狄考文传记，高度评价了狄考文编写的《官话类编》（*A course of Mandarin Lesson, Based on idiom*）。费舍说："自那以后，它一直是想要学习汉语的外国人使用的最为普遍的教材，而且现在它已经被广泛地应用到了其它各行各业之中。他花了整整25年才完成了这本书。"[1]

在《官话类编》中，狄考文对"官话"的概念作了细分。

狄考文认为，有通行官话（t'ung-hsing mandarin）、地方官话（local Manclarin）、口语官话（book Mandarin）、书面官话(colloquidl Mandarin)四种分类，通行官话的用词与习惯用语都是目前各地流行的，能被作者记录成文；地方官话是在某个地区通行，在书本中可见不到这种话，也没法记载这种话；口语官话包括了通行官话和地方官话，在某个特定地区大家都能懂；而书面官话来源于文学作品，一般口头很少用，不过它能补充通行官话不够庄严优雅的毛病。[2]

虽然中国早有用"官话"来称呼各省通行语，但如此细致地辨析这个概念，以及将这个概念由口头语而转向书面语，狄考文无疑是第一人。他还根据北京语音考定了"官话"的四声。他说《官话类编》"所记之四声，非凭五方元音而定，乃凭北京之语音而定"[3]。

狄考文主张在通行官话的基础上加上书面官话庄严优雅的风格，这就要借鉴中国已有的白话文学作品，包括《圣谕广训》、《好逑传》、

---

［1］[美]丹尼尔·W·费舍著，关志远、苗凤波、关志英译：《狄考文——一位在中国山东生活了四十五年的传教士》，广西师范大学出版社2009年版，第107页。

［2］Rev. C. Mateer, D. D., LL. D, *A course of Mandarin Lesson, Based on idiom*, Revised 1906, Shanghai:American Presbyterian mission press, p.xiv.

［3］Rev. C. Mateer, D. D., LL. D, *A course of Mandarin Lesson, Based on idiom*, Revised 1906,Shanghai:American Presbyterian mission press,1909，p2.

《西游记》、《水浒传》和《语言自迩集》等书。[1]

但是正如上文提到，中国已有的白话文学作品夹杂了很多文言成分以及不通行的俗语，并不完全适用于狄考文理想中的新文体。他所采用的办法是将书面白话文与口语揉合，维持口语的语法特点并融入高雅的风格。他说："此所编之话语，亦非效法书中句法，特以工雅为贵。乃摹仿口中句法，以自然为贵也。"[2]

在此之前，威妥玛就以"北京官话"改写《西厢记》，使得"官话"带有了文学风格而显得高雅了。狄考文则第一个说明了新文体的发展方向是融合口语与书面语言。且更进一步，他要融合中西。他认为，西方思想文化的引入同样有助于中国新文体的形成。

在狄考文看来，基督教和西方思想引入中国，有利于促进官话文学的发展；而教会学校的教育有助于使官话口语和书面体都更加精确，最终成为口语的模范。[3]这种对书面语和口语关系的认识，可以概括为"官话的文学，文学的官话"，这和胡适的"国语的文学，文学的国语"是完全一致的。[4]

在翻译与教学方面，狄考文身体力行了他的主张。1864年，狄考文在山东登州开设了蒙养学堂，1876年改名为文会馆。文会馆是中国创立最早的教会大学。1904年，文会馆与英国浸礼会在青州开设的广德书院合并迁到潍县，改名为广文学堂。文会馆以中国语言施教，这是因为，狄考文认为只有如此才能使学生被中国士大夫群体接受。[5]文会堂施

---

[1] Rev. C. Mateer, D. D., LL. D, *A course of Mandarin Lesson, Based on idiom*, Revised 1906,Shanghai:American Presbyterian mission press,1909, p1.

[2] Rev. C. Mateer, D. D., LL. D, *A course of Mandarin Lesson, Based on idiom*, Revised 1906,Shanghai:American Presbyterian mission press,1909, p2.

[3] Rev. C. Mateer, D. D., LL. D, *A course of Mandarin Lesson, Based on idiom*, Revised 1906, Shanghai:American Presbyterian mission press,1909, p. xxix.

[4] "国语"和"官话"的语言形态并无不同。"国语"的说法强调了这种语言在民族国家里的法律地位。在很长时间里，人们将两者混用。1909年，资政院议员江谦正式提出把"官话"定名为"国语"，但是一直到民国后期，还是有不少人依然使用"官话"的说法。

[5] Calvin W. Mateer , "How May Educational Work be Made Most to Advance the Cause of Christianity in China? " Records of the General Conference of the Protestant Missionaries of China held at Shanghai, May 7 ~ 20,1890,pp.456 ~ 463.

行的是九年教育（小学三年，中学六年），其课程如下[1]：

小学课表	
第一年	官话问答、马太六章、孟子（上）、《诗经》一二、分字心算、笔算数学（上）
第二年	以弗所哥罗西书、圣经旨略（上）、诗经三四、孟子（下）、讲读唐诗、笔算数学（中）、地理志略、乐法启蒙
第三年	诗篇选、圣经旨略（下）、书经一二、大学、中庸、作文章、作韵诗、笔算数学（下）、重学地理志略
中学课表	
第一年	天道溯源、书经三四、诗经、论语、读诗文（后改策论经义）、作诗文（后改策论经义）、代数备旨
第二年	天路历程、礼记一二、书经、孟子、读诗文、作诗文、形学备旨、圆锥曲线、万国通鉴
第三年	救世之妙、礼记三四、诗经、大学、中庸、读诗文、作诗文、八线备旨、测绘学、格物、省身执掌
第四年	天道溯源、左传一二三四、礼记一二三、书经、读赋文、作诗赋文、量地法、航海法、格物、地石学
第五年	罗马书、左传五六、礼记四、读赋文、作诗赋文、代行合参、物理测算、化学、动植物学、二十一史约篇
第六年	心灵学、易经、系辞、是非学（逻辑学）、读文、作文、微积分、化学辨质、天文揭要、富国策

　　狄考文的教育方针是融合古今中西，在教学过程中，他"特别注重和提倡习'官话'，以训练学生的口才"，以"培养合格的传道人才和教员"。[2]狄考文始终坚持用中国语言教学，在学生中组织辩论会，每周六下午开展辩论。《文会馆志》将辩论会称为"学生共和国之试验场"，辩论会总纲规定"以交换知识，练习口辩，造就共和国民资格为宗旨"。[3]辩论一律要用"官话"，"如用文言或者是地方方言都

---

[1] 曹立前：《晚清山东新式学堂》，山东文艺出版社2004年版，第127～128页。
[2] 曹立前：《晚清山东新式学堂》，山东文艺出版社2004年版，第132页。
[3] 曹立前：《晚清山东新式学堂》，山东文艺出版社2004年版，第132页。

要罚款"。[1]

登州文会馆及其教育模式在中国教育界影响深远。1898年，清政府办京师大学堂，狄考文带领登州文会馆毕业生刘永锡、仲伟仪、丁志坚、王长庆、綦鸿基、连英煌、朱葆深任西文教习。1901年，袁世凯创办山东大学堂，承担创办任务的就是当时文会馆馆长赫士（Wastson McMillen Hayes）。他率领文会馆美籍教习4人、早期毕业生教习9人、新毕业生8人、汉文教习2人，按照登州文会馆的模式创办。随后，慈禧颁发诏令，命各省立即仿照山东举办新式学堂。一时间，文会馆学生供不应求。"一份1910年的调查资料显示，登州文会馆共毕业26届学生170人，加上随校到潍县广文前四届毕业的38人共为208人，当时在社会上供职的180人中，58%担任学堂教习，遍布除贵州外的全国各省。"[2]另据王立新统计，"1876年至1910年，文会馆共培养学生208人，其中有104人担任各地学堂的教习，分布在全国各省，其中包括一些重要的官立学堂，如：京师大学堂、山西大学堂、江南高等学堂、北洋大学堂、云南政法学堂、保定陆军学堂和奉天陆军学堂。"[3]

狄考文对中国口语和书面语在19世纪发生的变化高度敏感，立刻以自己的倡导、教育和示范，试图影响这种新语言的面貌。他如此重视对中国人进行中国语文的教育，一开始甚至在传教士内部引起了争议：

在十九世纪中叶几十年间，新教徒对于非宗教的教育普遍采取否定立场。但是大约从新教传教士在华第一次大会（1877年）前后开始，情况发生了十分显著的变化。在这次会议上，美国长老会的狄考文恳求传教士同道们在教育方面负起更大的责任。虽然狄考文当时受到猛烈批评，但是冰层打破了，在后来十年间，越来越多的传教士转而赞助他的立场了。[4]

---

[1] 曹立前：《晚清山东新式学堂》，山东文艺出版社2004年版，第132页。

[2] 滕新书：《登州文会馆：开中国近代音乐教育先河》，《烟台日报》2008年8月16日。

[3] 王立新：《美国传教士与晚清中国现代化》，天津人民出版社2008年版，第125页。

[4] [美]费正清编，中国社会科学院历史研究所编译室译：《剑桥中国晚清史》上卷，中国社会科学出版社1983年版，第620页。

因为狄考文在中国语言文字及教育方面的非凡成就，在1890年5月的基督教第二次在华传教大会上，他被任命为"官话"和合本《圣经》翻译小组的组长、修订委员会主席。狄考文在1890年12月13日写给美国传教士倪维思的信中说："我的著作《官话课本》无疑是让我当选的原因，此书的准备工作也或多或少使我具备了此项工作的要求。"[1]在由投票选出的五位翻译人员中，狄考文是唯一一位全票当选的，日后他选择了《创世记》和《赞美诗》的一部分作为自己的翻译内容。

关于翻译的标准，狄考文在1900年的《教务杂志》中说：

让那些识汉字的人很好地诵读《圣经》还远远不够，还要让那些不识汉字的人——这部分人实际上在中国占相当大的比例——在聆听《圣经》的时候能够听懂，这才是《圣经》修订本的目的。这样我们便有了翻译的标准：修订本要使用口语化的汉语，要注意听众而非读者。[2]

狄考文领导下的"官话"和合本《圣经》译本，要符合口语的习惯，使普通讲"官话"的人能听懂，言简意赅，没有不雅的词和地方方言。对于教会提出要不要使得文言本、浅文理本[3]和官话本三个修订本协调一致的问题，狄考文作出了否定的答复，他说：

百分之九十九讲官话的人是绝不会看任何其他译本的。……尝试统一现有的三种修订本将会带来更多的困难。尤其是官话句子是很难改动的。一个字的改动常常会打乱整个长句，需要重新翻译和调整才会与全文保持一致。[4]

狄考文对"和合本"《圣经》语言的认识是极为精准的。所谓

---

[1] 转引自[美]丹尼尔·W·费舍著，关志远、苗凤波、关志英译：《狄考文——一位在中国山东生活了四十五年的传教士》，广西师范大学出版社2009年版，第164页。

[2] 转引自[美]丹尼尔·W·费舍著，关志远、苗凤波、关志英译：《狄考文——一位在中国山东生活了四十五年的传教士》，广西师范大学出版社2009年版，第168页。

[3] 最先将《新约》译成浅文理的是英国传教士杨格非，他于1885年出版《新约全书》。西方中文圣经研究者认为"'浅文理'是'句式归于传统记略，而语汇较为常用的文体'（Britton,1933:57）。所以它在古典语言（传教士称之为'深文理'）与白话之间起了承前启后的作用。"（魏贞恺《和合本〈圣经〉与新文学运动》）

[4] 转引自[美]丹尼尔·W·费舍著，关志远、苗凤波、关志英译：《狄考文——一位在中国山东生活了四十五年的传教士》，广西师范大学出版社2009年版，第169页。

"一个字的改动常常会打乱整个长句"的看法，正如申小龙指出的那样，欧化的句子是以动词为中心，所有成分紧密连接在一起，而欧化之前的汉语句则是通过自然音韵构成的弹性结构，两种不同文体很难协调地共存于同一文体。

胡适和傅斯年批评中国旧书面语（文言文和古代白话）时，认为其弊病在于"太简单"、"异常质直，异常干枯"乃至"组织上非常简单"，因此需要吸收西洋语法，增加书面语的层次感。狄考文领导翻译的"官话"和合本《圣经》的语言，相较之下，的确符合丰富、高雅和精确的新文体的要求。

有研究者指出，"1919年出版的和合译本引进了一千个新的表达词组，八十七个新字，这表明翻译并非只是写下口说的语言而已，其更有塑造隐约显现的书面语言之效。"[1]

领导翻译和合本《圣经》之前，狄考文就说过："毫无疑问，丰富的、正确的、高雅的官话终将成为中国口头语和书面语。"[2]历史的发展也证实了他的预言。1920年1月，教育部正式通令全国："自本年秋季起，凡国民学校一二年级先改国文为语体文，以期收言文一致之效。"

一向以小心谨慎示人的传教士，在清朝末年就敢大胆断言"丰富的"（词汇量增加了）、"正确的"（被语法加以规范了的）、"高雅的"（可以取代文言）"官话"，"毫无疑问"会成为中国口头和书面语，显示出狄考文在这一问题上深邃的洞察力。毫无疑问，"官话"和合本《圣经》也是在这一判断指导下的产物，其目标正是成为"丰富的、正确的、高雅的官话"文体的典范。

"官话"和合本《圣经》的翻译长达数十年，也足以证明，任何新

　　［1］[美]魏贞恺著，吴恩扬译：《和合本圣经与新文学运动》，《金陵神学志》（复）1995年6月第22～23期。

　　［2］Rev. C. Mateer, D. D., LL. D，*A course of Mandarin Lesson, Based on idiom*, Revised 1906，Shanghai:American Presbyterian mission press,1909,p. xxix.原文为："These is little doubt that ultimately Mandarin ,enriched,corrected and dignified ,will come to be the written,as well as the spoken, language of China."

文体的出现都是长期"研究和实验"的结果。

第五节　传教士与中国知识分子

现代白话文的形成也并非一夕之功。相较于新文化运动的狂飙突进，改用语体文教科书的水到渠成，更多、更漫长的工作其实埋藏在历史的深处。

讨论"官话"和合本《圣经》语言也好，讨论现代白话文的形成也好，首先要摒除一种观念，即认为一种稳定的语言形态，可以是少数人短时期内振臂一呼的结果。相反，应该牢记周作人的看法，即成熟的语言形态是经过长期的"研究和实验"而来。因此，要讨论汉译《圣经》与现代白话文的关系，要从两者经"研究和实验"而成形的历史当中去验证，而这种历史有时候又是异常复杂的。

这种复杂性是语言演化本身的特性使然，也有社会心理因素在内。对传教士及其在华工作的态度，对其在思想文化和文字语言方面的贡献，不同类型、不同时期的中国知识分子，其看法有相同之处，也有不同之处。这与他们的个人经历和时代背景是分不开的。

以其受西方思想文化影响的方式不同，王尔敏将晚清知识分子划分为几个不同的群体。第一类是直接在西方接受教育的人，这些人多与传教士有关联，如马建忠、沈敦和、辜汤生、伍廷芳等，后来多数成为新事业的专家、文武官员、洋商买办，很少有在政治上留下见解、思想界留下记录。第二类乃是清末的留日学生，在日本接受了西方文化思想，日后在政学两界影响巨大，如陈独秀和周氏兄弟等人。还有一类，没有受过西方教育，通过亲自游历欧美而领悟西方现实，如康有为、梁启超。最后一类人未出国门，不识洋文，他们对西方的认识是由国内译书、报章和国人著作获得。[1]

[1] 见王尔敏：《晚清政治思想史论》，广西师范大学出版社2005年版，第15～16页。

第一类知识分子如《马氏文通》的作者马建忠，和第四类知识分子中的沈从文的出身完全不同。马建忠生在一个笃信天主教的家庭，青年时期在法国人于上海开办的天主教教会学校学习，1876年被派往法国巴黎大学留学。但他对教会的态度却和沈从文一样，是警惕和愤怒的：

> 窃谓今日之中国，其欺于外人也甚矣。道光季年以来，彼与我所立之约款税则，则以向欺东方诸国者转而欺我。于是其公使傲睨于京师以凌我政府，其领事强梁于口岸以抗我官长，其大小商贾盘踞于租界以剥我工商，其诸邑教士散布于腹地以惑我子民。[1]

相比于这种更流行也更有代表性的观点，梁启超的态度要平和一些：

> 各派教会在国内的事业颇多，尤注意教育，然皆竺旧，乏精神。对于数次新思想之运动，毫未参加，而间接反有阻力焉。基督教之在清代，可谓无咎无誉，今后不改此度，则亦归于淘汰而已。[2]

有人认为，"无咎无誉"的评价不免过于绝对，而"没有注意到或者有意无意忽略了传教士在宗教活动之外，还实际上成为了晚清中西跨文化对话交流的开拓者及重要力量"[3]。

在这个问题上，梁启超是否存在"有意无意的忽略"，很难考察。但从梁启超与传教士的交往看来，认为传教士对中国"新思想之运动""无咎无誉"，似乎有苛求之嫌。因为在1898年，康有为曾对一个记者说，他主张变法，应该归功于李提摩太和林乐知的著作。[4]

事实上，康有为、梁启超为变法在北京组织强学会，出版第一份报纸时（1895年），资料很多就来源于传教士李提摩太所办的《万国公报》，甚至连报名也一度叫《万国公报》。1896年，梁启超在北京与李提摩太相识，还短期担任过李提摩太的中文秘书，李提摩太翻译《泰西

[1] 马建忠：《适可斋记言》第4卷，中华书局1960年版，第89页。

[2] 梁启超著，朱维铮校注：《梁启超论清学史二种·清代学术概论·中国近三百年学术史》，复旦大学出版社1985年版，第82页。

[3] 赵白生：《跨文化启示录》（代序），广东人民出版社2007年版，第3～4页。

[4] [美]费正清编，中国社会科学院历史研究所编译室译：《剑桥中国晚清史》上卷，中国社会科学出版社1983年版，第632～633页。

新史揽要》时，梁启超还"从旁参与中文意见"[1]

李提摩太是一位翻译家，1891年他翻译了美国人爱德华·贝拉米（Edward Bellamy）的乌托邦小说*Looking Backward 2000～1887*，以《回头看纪略》为题，连载于《万国公报》。1894年，该译本由广学会改名为《百年一觉》出版，梁启超于1896年刊行《西学书目》中介绍过此书。这可能是中国出版的第一本翻译过来的政治小说。

梁启超在《三十自述》中说，自己18岁那年真正接触到西学知识。1890年，他"道经上海，从坊间购得《瀛寰志略》读之，始知有五大洲各国"。之后他便拜康有为为师，学习"陆王心学，而并及史学西学之概"。他的老师康有为的西学被人嘲笑为"李提摩太（Timothy Richard）、林乐知（Young John Allen）等所译一二粗浅西籍而初窥西方政治"[2]。梁启超20岁时，"于国学书籍外，更购江南制造局所译之书，及星轺日记，与英人傅兰雅所辑之《格致汇编》等书"[3]。

1896年秋到1897年冬，梁启超每晚都跟马建忠学习拉丁文，马建忠还让梁启超阅读了《马氏文通》手稿。[4]通过学习拉丁语，梁启超感到"文法书"对于学习语言者大有好处。1897年，梁启超在《变法通议·论幼学》中表示，对中国没有"文法书"感到十分遗憾："中国以文采名天下，而教文法之书乃无传焉……西人于识字以后，即有文法专书。若何联数字而成句，若何缀数句而成笔，深浅先后，条理秩然。余所见者，马眉叔近著《中国文法书》，未成也。"[5]

梁启超认为，江南制造局以及其他翻译的西书，一般都是"格致"、"兵类"、"医类"，很少涉及他亟需的"西政"类书。[6]而梁启超将自己在思想上的成熟归在"戊戌变法"失败逃亡日本之后，用他的话说是

［1］见张朋园：《梁启超与清季革命》，吉林出版集团2007年版，第23～24页。

［2］胡汉民：《记戊戌庚子死事诸人纪念会中广东某君之演说》，《民报》1905年第1号。

［3］转引自丁文江、赵丰田编：《梁任公先生年谱长编》初稿，中华书局2010年版，第17页。

［4］见[意]马西尼著，黄河清译：《现代汉语词汇的形成——19世纪汉语外来词的形成》，汉语大词典出版社1997年版，第90～91页。

［5］见《饮冰室合集》文集1，中华书局1936年重印本，第52页。

［6］见梁启超：《西学书目表后序》，《时务报》第8册。

"思想为之一变"[1]。

梁启超本人并不精通西方语言文字，主要通过汉译和日译来了解西方文化，但梁启超一生对西方小说尤其是政治小说有极高热情。"戊戌变法"后流亡日本，梁启超还翻译了不少日文政治小说——大多是西方政治小说的模仿之作。和梁启超从事过的很多种文学活动一样，他翻译政治小说目的皆不在小说，而在政治。他的一切作为，用他自己的话说，都是一个"过渡时代"的产物。他如此描述这个"过渡时代"："今日之中国，过渡时代之中国也。"政治上，"人民既愤独夫民贼愚民专制之政"；学问上，"士子既鄙考据词章庸恶陋劣之学，而未能开辟新学界以代之"；理想风俗上，"既厌三纲压抑虚文缛节之俗，而未能研究新道德以代之"。[2]

以今人的眼光看来，梁启超是这个"过渡时代"最好的代言人。他名震天下，思想和文章影响广泛，一生数开风气，追随者众多。他是"过渡时代"的第一健笔，创造了一种前所未有的文体——连这文体本身也带有"过渡时代"的色彩——"一步步地从清规戒律甚多的文言散文趋于文白参半，并向白话文靠近"[3]。

"新文体"萌芽在鸦片战争前后，冯桂芬、薛福成等撰写介绍西方文明的散文、政论文时，反对"桐城派"的作文法，认为"称心而言，不必有义法"。及至戊戌变法前后，维新派在自己创办的报纸上撰写文章，文字上更为洒脱，被称为"报章体"，又因为其中最为有名的正是梁启超等发表在《时务报》上的文章，所以又被称为"时务文"、"时务体"。这种文体，"不守家法，非桐城，亦非六朝，信笔取之而又舒卷自如，雄辩惊人的崭新的文笔，在当时文坛上，耳目实为之一新"[4]。用梁启超自己的话讲：

---

[1] 见《饮冰室合集》文集11，中华书局1936年重印本，第18页。

[2] 梁启超：《过渡时代论》，见《饮冰室合集》文集6，中华书局1989年版，第27～30页。

[3] 朱文华：《近代新文体派简述》，见蒋凡主编：《古代十大散文流派》第5卷，湖南文艺出版社1997年版，第3173页。

[4] 郑振铎：《梁任公先生》，引自陈引弛编：《自述与印象：梁启超》，上海三联书店1997年版，第58页。

务为平易畅达，时杂以俚语、韵语及外国语法，纵笔所至不检束。学者竞效之，号"新文体"。老辈则痛恨，诋为野狐。然其文条理明晰，笔锋常带感情，对于读者，别有一种魔力焉。[1]

胡适也说梁启超的文章"最不合'古文义法'，但他的应用的魔力也最大"[2]。"数月之间销行至万余份"[3]的《时务报》是当时"全国发行量最高、影响最大的报刊"[4]，自然就是这种魔力的最好证明。"时务体"被追捧的程度，可用1902年黄遵宪给梁启超的信为证。信中说："此半年中，中国四五十家之报，无一非助公之舌战，拾公之牙慧者。乃至新译之名词，杜撰之语言，大吏之奏折，试官之题目，亦剿袭而用之。"[5]

梁启超流亡日本期间，日本已经完成了"文体改良"，建立起了言文一致的文体。在此期间，梁启超研究日本流行的"欧文直译体"散文，进一步丰富了自己的写作手法。他在日本创办的《清议报》、《新民丛报》上的文章更见流行，被称作"新民体"，特点是"句法的丰富、长句的增多和结构的自由"[6]，再次引发效仿的热潮。

几乎所有新文化运动中的著名人物，都受到过梁启超文体的影响。正如郭沫若1928年评价梁启超时所说："当时的有产阶级的子弟——无论是赞成或反对，可以说没有一个没有受过他的思想或文字的洗礼的。"[7]

《新青年》时代的作者利用"新文体"发挥了自己独特的语言风格：短平快的时事议论、文化现象点评、针砭社会弊病乃至挑起或回应

---

[1] 梁启超：《清代学术概论》，复旦大学出版社1985年版，第70页。

[2] 胡适：《五十年来中国之文学》，见欧阳哲生编《胡适文集》第3卷，北京大学出版社1998年版，第220页。

[3] 语出梁启超：《本馆第一百册祝辞并论报馆之责任及本馆之经历》，《清议报》1901年，第100册。

[4] 方汉奇主编：《中国新闻事业通史》第1卷，中国人民大学出版社1992年版，第559页。

[5] 转引自王晓平：《近代中日文学交流史稿》，湖南文艺出版社1987年版，第273页。

[6] 王晓平：《近代中日文学交流史稿》，湖南文艺出版社1987年版，第273页。

[7] 郭沫若：《少年时代》，人民文学出版社1979年版，第112页。

论争，语言锐利、晓畅。民国初年而至"文化大革命时期"，政论和类似政论文的论争性文字，一直蔚为大观，至今不绝。《新青年》乃至后来流行的杂文文体，大致都可以看作是梁氏政论文的一种流变。

对于叶德辉这样固守旧文体的晚清文人，梁启超文章中使用的大量新词，是让人难以容忍的。从他批评梁启超的文字中，也可见得借助梁启超的巨大影响力，他在日本习得的新词传回中国后影响有多大："自梁启超、徐勤、欧榘甲主持《时务报》、《知新报》，而异学之诐词、西文之俚语，与夫支那、震旦、热力、压力、阻力、爱力、抵力、涨力等字，触目鳞比，而东南数省之文风，日趋于诡僻，不得谓之词章。"[1]

这里面列举的新名词，大多是明清时期来华传教士翻译西方著作时创造的，被日本人引入后，再借梁启超的影响，重新返销至中国，大大促进了其传播和流行。但梁启超评价传教士对中国的影响，主要着眼在其政治方面，尤其是传教士政治态度中较为保守的一面：传教士对中国的新思想运动"毫未参加"，"而间接反有阻力焉"。所以尽管传教士在语言文化方面的贡献甚多，两相抵消，也不过是"无誉无咎"而已。

基督教会在政治上的保守色彩，导致了他们对中国的思想文化和政治运动的冷淡，而甲午战争之后，中国加紧开放，对外渠道日益增多，新时期的思想界风云人物，不再像康有为、梁启超那样，不谙外语，需要借助传教士的汉译了解西学。不管是留日学生，还是留欧美学生，都以更加直接的方式领略了西方思想文化和语言文字的奥妙，这使得传教士作为西方文化传入中国的通道作用重要程度下降。另一个导致教会与中国本土思想界隔膜的原因，可能是一连串与教会有关的国际争端和战争，特别是世纪之交的义和团运动和八国联军入侵，导致国人对教会的观感变化；传教士与中国思想文化界的关系，不可能再像李提摩太等人与"戊戌变法"的领袖人物之间的关联那么直接、紧密。

---

[1] 叶德辉：《〈长兴学记〉驳义》，见（清）苏舆编《翼教丛编》，上海书店2002年版，第103~104页。

第七章　晚清文字改革与白话文运动

近代以来中国与西方文化接触越来越广泛，西方现代科技的发展、教育的普及、国家竞争观念的兴起等都在刺激着中国的上层官僚和下层民众，中国人也加入到对现代文明的追逐中。中国士大夫看到西方"井市道路所通行文字，即是语言，故孩提、奚竖、乞丐皆能识字"[1] 的景象时，不禁大为吃惊，相比之下中文显出劣势："我国文字语言离为二物"[2]，知书者少。到了清朝末年，中国人识字人口比例低，文化不能普及，与文言文难学脱不了干系——这被看作中国语言文字自身的弱势，几乎成为士子们的共识。而摆脱落后的面貌，恢复中国昔日荣光的责任同样落在这些士子身上。他们基于实用的角度，将文字看成是传播知识、普及教育的工具，在言文一致的基础上使用拼音文字以普及文化的方案层出不穷——改革语言就这样成了无法回避的潮流。

在言与文的关系上，中国文化是以文为中心的，自古以来士子们就牢记"言而无文，行之不远"的教训，十分重视文字在制度和文化传承中的根本地位。到了文化风气开放的晚明，重"文"的观念才受到挑战。出于理解古代典籍中文物制度的需要，古人的"言"日渐受到重视，音韵学由此发达。清雍正以来"正音书院"的建立，又从政治层面开展了语言教育。无论重视"言"的动力在于其认为口语中才能真正保

---

[1] 郭嵩焘等著：《使西记六种》，三联书店1998年版，第384页。
[2] 见舒新城编：《近代中国教育史料》，中国人民大学出版社2012年版，第327页。

留古音，还是文言深奥难学影响了文化普及，总之，重"言"的文化背景，某种程度上成为晚清文字改革派提倡言文一致的根基。

鸦片战争后，特别是经过甲午一战，士大夫们愈加清楚地认识到中国与欧洲、日本相比全面落后的事实。开始不断有人反省中国的落后在于教育不能普及，而不能普及的根源又在于文言与口语脱离，文言难学。为了改变汉语在普及教育上的障碍，晚清的中国士子们开始了旨在言文一致、统一国音的文字改革的尝试。

最早亲身感受到西方现代化景象并提及文字改革的知识群体，是清廷派出的出外考察人员。在他们提交的观察报告中，欧洲、日本的进步或多或少地被归之于识字人口在总人口中所占的比例远远高于中国。而这又是因为西洋实行的拼音文字利于教育普及。文化上向来追随中国的日本，在明治维新时期，仿照西洋改革了本国文字，创造了新的言文一致的"国语"，使得国家迅速进步。这些观察使得外出考察群体开始把语言文字问题与教育、宗教、文化乃至国家的命运联系在一起。

刘锡鸿乃清廷第一位驻外使节郭嵩焘的副手，其《英轺日记》中说：

西士博学者，皆通十数国文字，而能识埃及字者甚稀。其习中文者，仅能译公牍而已。据埃及文、犹太音与中文同列，则知埃及、犹太时，文字与语言为二。知书者少，变而从音，语言与文字为一，令人易晓，故举国知书，其端甚微，而变动甚大。其教之遍传国士，深中人心，实由于此，不可不察。[1]

刘锡鸿从言文一致易于学习的角度，解释基督教在西方民众中普及的原因。他意识到语言是传播思想的利器，当时，中国语言学者的主要精力花在对字源、字音、字形、字义等语言文字内部问题的探究上。刘锡鸿在此提醒统治者重视西方由于语言易学而能普及文化观念的现象。刘锡鸿还注意到全球商业时代的来临对语言的巨大冲击。他说，"环球大势，以某国商业盛，即通行某国文，为便用而易谋利。中文难而无功，洋文易而有利。"在他看来，"试士之文，既肤廓而无实，不足取

---

[1] 刘锡鸿：《英轺日记》，引自郭嵩焘等著《使西记六种》，三联书店1998年版，第371页。

重于时。儒官仅存，已成寒乞。"[1]他认为，中国语言文字的分离不改变，文言难学的局面不改变，势必危害儒教的正统地位。他担心当时势力日益庞大的来华传教士群体，以"平等"为号召的基督教会撼动儒教的"伦常"观念。刘锡鸿说："二十年后，无人习汉文，而周孔之书废，彝伦之教裂。传教者乘机煽诱，以称天平等，如发蒙振落，士不能自存，必且附其教，以助扬其波。故广兴功利，诚可转贫弱为富强，然不力护本源，势必沦中夏为夷狄。"[2]

"易姓改号"仅为当朝统治者所顾虑，而到了"沦中夏为夷狄"时，就不仅是"亡国"而是顾炎武所说的"亡天下"了，这是让所有中国人都感到最为恐惧的情况。在刘锡鸿看来，语言的改革不再是语言问题，也不止是一个文化事件，而是上升到国家存亡和文明绝续的高度。

刘锡鸿于1876年至1878年出使西方。1905年，科举被废除。1920年1月，教育部训令全国："自本年秋季起，凡国民学校一二年级先改国文为语体文，以期收言文一致之效。"[3]刘锡鸿的担忧一一得到了证实。唯一值得安慰的是，代替文言文的并不是刘锡鸿所担心的"夷狄"的文字，而是中国已有的、在他使西时代还不登大雅之堂的白话文。

这一切，多少要感谢他的同时代人所作的努力。晚清文字改革派、晚清白话文运动的参与和附和者，他们推行语言改革的方式和取得的实际成果，都大大超出语言自身的层面。

第一节 晚清文字改革派应运而生

大体上说，汉字是表意的符号，如"火"字是火苗的象形，

---

[1] 刘锡鸿：《英轺日记》，引自郭嵩焘等著《使西记六种》，三联书店1998年版，第375～376页。

[2] 刘锡鸿：《英轺日记》，引自郭嵩焘等著《使西记六种》，三联书店1998年版，第375～376页。

[3]《教育杂志》，1920年第12卷第2期。

"上""下"是方位的指示。正因为汉语汉字是音义分离的，使得这两个系统内部可以相对独立地发展。汉字重在象形表意，为了方便学习读音，古人发明了"反切"的方式标注字的读音。反切是用两个汉字注一个字的音，第一个字注子音和阴阳，第二个字注元音和声调，用作反切的字有5000多个，古人使用"切音"时还要借助其他音韵书籍或辞书才行。因此，"反切"这种拼读方式一直是中国治文字学的专门方法，无助于初学者习得文字。用拼音符号标注汉字，用于启蒙学习，是自明朝利玛窦来华起，传教士在学习汉语的过程中最早尝试的。

美国传教士丁韪良就详细记载了他在宁波首创拼音识字的过程：

由于没有任何课本或词汇表来指引我的学习——当时在宁波的传教士团还没有任何此类出版物——我只好自己创建一套拼音系统。我把德语中的，或者说是欧洲语言中的元音作为基础，加上其他一些变音符号，很快就编出了一套标音，使我能够复制从老师嘴唇里说出来的话语。……在请人用单独的角质材料刻了一副罗马字母活字以后，我教会了一位年轻人用它们在识字课本的每一页上盖印。这种识字课本是以中国的方式刻板印刷的，虽然字迹粗糙，但应被视为是新学问的萌芽，因为当时虽然它只限于在宁波地区的传教使团内部使用，但也发挥了很大的作用。当地的中国人看到自己的孩子只学了几天就能够阅读，都感到十分惊奇，因为他们学汉语，往往要经过数年的悬梁苦读才能做到这一点。70岁的老婆婆和不识字的仆人与劳工在皈依基督教时，都发现这种拼音的方法能使自己张开眼睛，用生来就会的母语阅读上帝的圣经。[1]

传教士的成功很快启发了一批中国读书人。从厦门人卢戆章开始，到福建人蔡锡勇、力三捷，江苏人沈学，天津人王照，浙江人劳乃宣等，他们各自发明了自己的记音符号系统，并用于普及教育的尝试。这些音标的书写形式各不相同，有的是汉字的笔画，有的是罗马字母，有

[1] 转引自[美]丁韪良著，沈弘、恽文捷、郝日虎译：《花甲忆记——一位美国传教士眼中的晚清帝国》，广西师范大学出版社2004年版，第27～30页。

的是汉字的简笔字（即一个字的一两笔）。他们掀起了后来被称为"清末文字改革"的一场文字变革运动。

之所以有这个文字改革的运动，实与甲午战争的冲击有关，晚清思想界弥漫的是一种变法、唤醒民众的急迫要求，这个要求实现的途径有几种：一是平民识字、受教育；二是知识普及运动；三是借助通俗文学传播救亡意识。[1]

晚清文字改革第一人，当推福建同安人卢赣章。卢赣章，字雪樵，生于咸丰四年（1854年），卒于民国十七年（1928年）。他十八岁时应试不中，三年后去新加坡学习英文。二十五岁返回厦门，任英国传教士麦嘉湖（John MacGowan）的助手，帮助其编著《华英字典》。正如胡适所说："最早创造中国拼音字母的人大多是沿海各省和西洋传教士接触最早的人。"[2]中英两种语言两相对比，卢赣章感叹道：

> 欧美文明之国，虽穷乡僻壤之男女，十岁以上，无不读书。据《客岁西报》云：德全国每百人中不读书者一人而已，瑞士二人，施哥兰二十一，澳大利亚则三十。何为其然也？以其以切音为字，字话一律，字画简易故也。[3]

当时闽南的传教士，结合拉丁字母和韵书《十五韵》，创造出了"话音字"用来翻译《圣经》。卢赣章自述，在翻译《华英字典》"间隙之时，欲自著《华英十五音》。然恐漳泉刻本之十五音字母不全，于是苦心考究，至悟久源源本本，则以汉字话音字与英话横列对排。然页地有限，恒嫌话音字、数字母合切为一字，长短参差，甚占篇幅。忽一日，偶触心机，字母与韵脚、两字合切即成音。自此之后尽弃外务，朝夕于斯书"[4]。终于，卢赣章在"话音字"基础上创造出五十五个罗马字式的字母，起名为"中国第一快切音新字"，并在1892年编写

[1] 对此的专门研究见王尔敏：《近代文化生态及其变迁》，百花洲文艺出版社2002年版。其中《中国近代知识普及化之自觉及国语运动》与《中国近代知识普及运动与通俗文学之兴起》两篇都有详细论述。

[2] 胡适：《中国新文学运动小史》，台湾伟文图书公司1978年版，第9页。

[3] 卢赣章：《一目了然初级》，文字改革出版社1956年版，第4页。

[4] 卢赣章：《一目了然初级》，文字改革出版社1956年版，第1页。

了教授这种新字的课本——《一目了然初级》（又名《中国切音新字厦腔》），这是中国拼音文字的第一个方案，是以拉丁字母和它的变体为拼音符号。此课本在福建传播广泛，以致"都察院"上奏清廷，认为读此书"只须半载便能持笔抒写其所欲言"[1]。但清廷认为，其"声母不完全"，"韵母无入声"，"写法乖谬"，"自难用为定本，通行各省"。[2]最终并没有推行这种新字。

自卢赣章之后，北方的王照和南方的劳乃宣进一步推动了这场文字变革。王照，字小航，河北宁河人。生于咸丰九年（1859年），卒于民国二十二年（1933年），是"戊戌变法"的领袖之一，变法失败后亡命日本，"庚子之乱"后回国。他是晚清文字改革运动中最有影响力的人物。王照认为，"朝廷所应注意而急图者"在"齐氓"而不在少数"英俊"，所以文字应该"便民用"、"当语言之符契"。[3]在白话文运动中，王照的努力不仅得到了胡适等人的注意，其成就也被胡适等人所推举。[4]

1900年，王照在天津出版了《官话合声字母》，模仿日本"片假名"，采用汉字的一部分作字母，以京音为准，拟定音母（即声母）五十个，喉音（即韵母）十二个，音调分阴平、阳平、上、去"四声"。此书一出，在士子中间就备受推崇，连翰林院编修严修也要求全家主仆都学习《官话合声字母》。

稍晚于王照，在南方还有一个同样为推行官话字母而奔走的人，他就是劳乃宣。劳乃宣，字季瑄，号玉初，浙江桐乡人。生于道光二十三年（1842年），卒于民国十年（1921年）。劳乃宣曾任京师大学堂（北京大学前身）总监督，兼署学部副大臣及代理大臣。劳乃宣是著名的等韵学者，1883年出版《等韵一得》，被公认为清代等韵代表作。1905

---

[1] 见力捷三：《闽腔快字》，文字改革出版社1956年版，第2页。

[2] 译学馆文典处批文。见文字改革出版社编：《清末文字改革文集》，文字改革出版社1958年版，第70～71页。

[3] 王照：《官话合声字母·原序》，文字改革出版社1957年版。

[4] 胡适在1924年写作的《中国新文学运动小史》中说王照的主张"有许多地方和后来主张白话文学的人相同"，认为这些主张的"逻辑的结论当然是提倡白话文学"。

年，劳乃宣在王照发明的"官话合声字母"基础上增加了六个声母、三个韵母和一个入声符号，发明了"宁音谱"，这样就可以拼写下江官话了。后来劳乃宣又增加了声母、韵母和浊音符号，拼写吴音、闽广音（"吴音谱"、"闽广音谱"）。在中国拼音运动史上，他被认为是解决方言与共同语关系问题的第一人，对"读音统一会"在1913年制定的注音字母方案有很大的影响。

第二节 "官话"拼音方案

一旦认识到语言与教育普及、与文明进步息息相关，中国方言林立、文言与口语不统一的事实，看起来就尤其刺眼，"言为言、文为文"的局面必须改变。

按照基督教圣经公会（Bible Societies）的指示，在尚未出现书面文字的地方，传教士们应该使用拼音文字记录下当地流行的口语译经。虽然中国并不符合没有书面文字的前提，圣经公会还是支持了传教士使用方言翻译《圣经》的活动，因此来华传教士花了很多精力用方言翻译《圣经》。《上海方言译本圣经》（1847年）、《福州方言译本圣经》（1854年）就是这样产生的。这与两地通行口语与"官话"相距甚远有关。丁韪良于1850年到了宁波传教，开创用拼音拼写宁波方言，并用这种拼音文字撰写了赞美诗等基督教读物。但当时这种方法只在传教群体中流行，一般的中国民众是没有机会接触到这种拼音的。丁韪良觉得，宁波话毕竟是方言，如此易学的拼音文字应该推广到"官话"学习上。他说："这套拼音系统应该在官话上实验一下，因为中国近一半的地方都说官话，虽然官话已经有了汉字记载，因此没有迫切的原因要寻求另外一种载体。"[1]

---

[1] 转引自[美]丁韪良著，沈弘、恽文捷、郝田虎译：《花甲忆记——一位美国传教士眼中的晚清帝国》，广西师范大学出版社2004年版，第27～30页。

到了19世纪末，有汉字记载的"官话"，却面临了一种"迫切的原因"，"要寻求另外一种载体"了。这个原因就是比文言易掌握的"官话"更适合普及教育，而拼音文字比汉字更简便。

清末最后一个提出拼音文字方案的郑东湖，在其1910年出版的《切音字说明书》中说：

欧美诸国文言一致凡学者学其语言便可通其文字习其文字亦即通其语言故文字与语言不必歧而为二也若吾国与日本则不然言语与文字各殊相差远甚故学者须先通其语言而后可习其文字[1]

可见，改革者们清楚，文言一致的前提是统一语音。"国语统一"、"言文一致"这两个方向的努力，在实际操作中都落实在了寻找到标准的"话"上，中国十九个省中方言林立，哪种方言有资格成为标准的"话"呢？

前文已经论述，到晚清，统一语音应该以"官话"为基础，这一点已经是改革者的共识。

卢赣章在其1892年的第一套方案中说：

十九省之中除广福而外，其余十六省大概属官话，而官话之最通行者莫如南腔，若以南京话为通行之正字，为各省之正音。则十九省语言文字，既从一律，文话皆相通。中华虽大，犹为一家。[2]

不但要统一读音，同时也把口语与书面语统一了。1906年，卢赣章在他的第二套方案《北京切音教科书》中提出"十条办法"，把统一语音的标准由"南京话"调整为"京音"，这个方案有二十一个"声音"（声母）、四十二个"字母"（韵母）。卢赣章说：

颁定京音官话，以统一天下之语言也。凡乡谈与通都市镇言语可以相通者，饬该地方百姓，无论男女蒙小学堂，在地方居民，务必全国男女老幼均能习诵本土通都市镇之切音字书。本土切音已成，次及京音切音字书。……各种学堂以及文武官员、兵丁皂隶，凡国家所用之人，全

---

[1] 郑东湖：《切音字说明书》，文字改革出版社1957年版，第1～2页。

[2] 卢赣章：《一目了然初级》，文字改革出版社1956年版，第6页。

国一律。学习京音官话之切音字书。全国公文、契据、文件、通信，均认京音官话为通行国语，以统一天下之语言也。[1]

两相比较，统一语音在"官话"系统内，由"南京音"变成了"北京音"。需要注意的是，一旦"官话"通过书面来学习时，"南京音"、"北京音"就不仅仅是发音问题了，而是在用词[2]、习语以及语法结构上都有差别。从卢赣章两个方案同选的一篇课文中，我们可以看到书面的南北方"官话"的差异：

吴猛八九岁，就能晓得有孝。因为家内丧穷，所以眠床无蚊罩。至夏天之时，蚊嘎嘎吼，伊就醒醒卧的，由在蚊咬。是惊了蚊饥，去咬伊之娘母。[3]（《一目了然初阶》）

吴猛八九岁，就晓得孝顺爹妈。因为家里很穷苦，所以床上没有帐子。至热天的时候，蚊子声儿哄哄响，他躺在床上，任从蚊子螫。是恐怕那些个肚子饿的慌，去螫了他的爹妈。[4]（《北京切音教科书》）

这是元代郭居敬编录的《二十四孝》中的一个故事《恣蚊饱血》。《二十四孝》是宣扬儒家传统道德的通俗读物，也是少儿启蒙读物之一。《恣蚊饱血》原文如下：

晋吴猛年八岁，事亲至孝。家贫，榻无帷帐，每夏夜，蚊多攒肤。恣渠膏血之饱，虽多，不驱之，恐去己而噬其亲也。

夏夜无帷帐，蚊多不敢挥，恣取膏血饱，免使入亲帏。[5]

卢赣章将这个故事用白话重写，且在很短的时间内由南方话为基础改为以北方话为基础，其方式主要是在词汇的选择。括号内为"北京话"本的词：丧穷（很穷苦）、眠床（床上）、无（没有）、蚊罩（帐

[1]卢赣章：《北京切音教科书》首集、二集，文字改革出版社1957年版，第3页。

[2]其中值得注意的是"您"字的使用，在《一目了然初阶》中，这个字并没有敬称的意思，只是普通的第二人称代词，到了《北京切音教科书》一书，"您"字只被用作第二人称敬称。

[3]卢赣章：《一目了然初级》，文字改革出版社1956年版，第25页。

[4]卢赣章：《北京切音教科书》首集、二集，文字改革出版社1957年版，第45～46页。

[5]转引自王雪梅编注：《蒙学：启蒙的课本》，中央民族大学出版社1996年版，第366页。

子）、时（时候）、蚊（蚊子）、嘎嘎吼（声儿哄哄响）、伊（他）、由在（任从）、咬（螯了）、伊之（他的）、娘母（爹妈）。"南京话"本中使用的词汇更古老，保留了许多单音字，在句子结构上，"南京话"本近文言，语法成分不完整，"北京话"本主谓宾相对完整。且《一目了然初阶》中很多词汇和表达在现代书面汉语中几乎消失，如"丧穷"、"有孝"、"由在"、"伊"、"娘母"等。

卢赣章用南京音写就的《一目了然》，使用的材料均为极短的寓言故事，而在《北京切音教科书》中用"北京官话"写了几则寓言故事、几段《圣谕广训》的内容、几篇家庭通信以及官府告示。此前，通信、官府告示一般都是文言写就，卢赣章虽没有提出用书面体"北京官话"代替文言，实际上已经是作此尝试了。

1901年，王照也在自己的书中明确主张以"京语"来统一全国的语言，他说，统一的语言"宜取京话"，"因北至黑龙江，西逾太行宛洛，南距扬子江，东傅于海，纵横数千里，百余兆人皆解京语外，此诸省之语，则各不相通，是以京话推广最便。故曰'官话'。'官'者公也，公用之话，自宜择其占幅员人数多者"。[1]

劳乃宣也主张要用"京音"统一。他认为："先各习本地方音以期易解，次通习京音以期统一。"[2]在劳乃宣看来，王照的官话字母以京音为准，在北方容易推行，在南方却不易推广。为此，劳乃宣修订了官话字母，制成"宁音谱"：他在京音五十个字母之外，加了六个字母，在十二个喉音之外又加了三韵，根据南方音还添了入声符号。又在"宁音谱"基础上制成"吴音谱"，增加的是七个声母、三个韵母、一个浊音符号。南方的"简字学堂"用的就是劳乃宣的课本《简字全谱》。《简字全谱》于光绪三十三年（1907年）刻于南京，是用汉字笔画记音的，记载的语言是北京话，例如《劝人自强说》一篇：

列位啊，咱们各人都要点儿强罢。瞧瞧咱们中国成什么样儿啦！

---

[1] 王照：《官话合声字母·新增例言》，文字改革出版社1957年版，第9页。

[2] 劳乃宣：《进呈〈简字谱录〉折》，见文字改革出版社编《清末文字改革文集》，文字改革出版社1958年版，第80页。

早些年的事不用提，就打甲午那年说起，不是咱们跟日本打勒［了］一仗吗

劳乃宣是南方人，但在他的学堂里，那些学得好的南方学员"口操京音，几跟北京人无异，并且动辄用简字写成洋洋千言的大文章"[1]。

看到劳乃宣的方案如此通行，两江总督周馥便采用"宁字谱"作为他办的"简字学堂"课本，其后任总督端方更是令江宁四十所初等学堂都附设简字科目。后来劳乃宣还制定了"闽广音谱"。但无论宁音、吴音还是闽广音各谱，其中都把"京音谱"包罗在内，以期达到"通习京音以期统一"的最终目的。

尽管改革者们分布在中国南北，但他们在编写的教科书中却一直把语音的标准定为"官话"或曰"官音"。如浙江瑞安人陈虬的方案，是以瓯文（即温州话）为教授拼音文字的起步，使得没有受过教育的人初步通晓，然后用"官韵正方音"，使得学习者最终能掌握"官音"。[2]刘孟扬在光绪二十四年（1898年）写成《中国音标字书》，用二十六个拉丁字母注"官话"，他的目的在于"一则易于识字，一则各地读法亦可画一，并可为统一全国语言之导线"[3]。

这样，大家的主张基本明确为"北京官话"，它不是"文言"，而是一种活生生存在于人们口头的语言。问题接踵而来，这种"北京官话"必须能从口头到书面，一方面方便教学，一方面才能真正落实"言文一致"，而此前虽然有十九省较为通行的语言存在，国人却从没有将其记录下来。这样一来，从口头到书面的工作就落在了提倡者身上，他们需要自创规章并推行它。

如今保留下来的晚清文字改革者编写的各种"官话"教材里，虽然记录"官话"的符号不同，但每个字的读音基本一致，这对于统一口音十分有利。但在用词、语法结构上，记录下来的"官话"却有着差异。

［1］方师铎：《五十年来中国国语运动史》，国语日报社1969年版，第13页。
［2］陈虬：《新字瓯文七音铎例言》（1903），文字改革出版社1958年版，第3～4页。
［3］刘孟扬：《中国音标字书》，文字改革出版社1957年版，第2页。

这是因为他们的主张大多是在各自的省内或者邻近的几个省内实施，如卢赣章的方案在福建一带流行，王照的方案在津京一带流行。在清廷没有统一"官话"教科书的要求前，不同语言区的人并没有机会同时使用同一种"官话"拼音书。并且卢赣章、王照、劳乃宣等人的"官话"教育对象一般是士大夫之外的底层人，能让他们使用拼音文字写信、看懂书报就达到目的了，并不涉及更高一级的文学创作。所以，晚清文字改革者们不可能提出"官话"标准化以及"官话书面化"问题。

确定标准的"官话"的历史在1902年出现了转机。这一年，吴汝纶受清廷委托出游日本，在东京见到了日本著名学者伊泽修二，伊泽修二向他介绍了日本的"国语"，并且告诉他日本培养国民、增强国势的手段正是通过教授"国语"而完成的。吴汝纶回国后记下了与伊泽修二的这次谈话。

伊泽氏又曰："欲养成国民爱国心，须有以统一之。统一为何？语言是也。语言之不一，公用之不便，团体之多碍，种种为害，不可悉数。察贵国今日之时势，统一语言尤其亟亟者。"

答："统一语言，诚哉其急。然学堂中科目已嫌其多，复增一科，其如之何？"

伊泽氏曰："宁弃他科而增国语（着重号为引者所加）。前世纪人不知国语之为重，知其为重者，犹今世纪之新发明。为其足以助团体之凝结，增长爱国心也。就欧罗巴各国而论，今日爱国心之最强者，莫若德意志。若然德意志本分多少小国，语言自不相同。斯时也，彼自彼，我自我。团体之不结，国势之零落，历史中犹历历如绘也。既而德王维廉起，知欲振国势，非统一联邦不足以跻于盛壮；欲统一联邦，非先统一语言，则不足以鼓其同气。方针既定，语言一致，国势亦日臻强盛。欧罗巴各国中爱国心之薄弱，殆莫如墺大利、匈牙利之共同国。全国国种不一，自然语言不齐。莫知改良之方，政治风俗，在在见参互错综之状。甚至陆军不受政府之驾驭，骚乱之举，曷其有极。旁观者时切杞忧，谓墺匈之恐不国也。此皆语言不统一之国。一则由不统一以致统一，其强盛有如德国。一则本不统一而不知改为统一，其紊乱有如墺匈。合国成绩攸兮，似足为贵邦前车之鉴矣。”

答：“语言之急宜统一，诚深切著明矣。敝国知之者少，尚视不急之务，尤恐习之者大费时日也。”

伊泽氏曰：“苟使朝廷剀切诰诫，以示语言统一之急，著为法令，谁不遵从。尊意大费时日一节，正不必虑。即如仆信州人，此阿多者（时席上有此人）萨摩人，卅年前对面不能通姓名，殆如贵国福建广东人之见北京人也。然今日仆与阿多君语言已无少差异。敝国语言之最相悬殊者推萨摩，初建师范学校时，募萨摩人入学，俾其归而改良语言。今年春，仆曾游萨摩，见学生之设立普通语研究会者，到处皆是。所谓普通语者，即东京语也。（着重号为引者所加）故现在萨摩人殆无不晓东京语者，以本国人而学本国语，究不十分为难。况乎今日学理之发明，哑者尚能教之以操语言，况非哑者乎，惟不试行之为患耳。苟其行之假以岁月，其效果显著于齐鲁闽粤之间，可操券决也。”[1]

明治维新初期，日本就发生了言文一致运动。伊泽氏的这番启发，促动了吴汝纶。回国后，吴汝纶便开始推行王照以北京音为基础的“官话”字母，目标是使目不识丁的妇孺花费几个月的时间，不仅能识字，还能写信。吴汝纶于1902年上书清廷的管学大臣张百熙说道：

中国书文渊懿，幼童不能通晓，不似外国言文一致。若小学尽教国人，似宜为求捷速途径。今天津有省笔字书，自编修严范孙家传出，其法用支、微鱼、虞等字为母，益以喉音字十五，字母四十九，皆损笔写之略。如日本之假名字，妇孺学之，兼旬即能自拼字画，彼此通书。此音尽是京城声口，犹可使天下语音一律。今教育名家，率谓一国之民，不可使语言参差不通，此为国民团体最要之义。日本学校，必有国语读本，吾若效之，则省笔字不可不仿办矣。[2]

“天津有省笔字书，自编修严范孙家传出”，说的就是王照的《官

[1] 吴汝纶：《东游丛录》，见文字改革出版社编《清末文字改革文集》，文字改革出版社1958年版，第27~28页，标点为引者所加。

[2] 吴汝纶：《上张管学书》，见文字改革出版社编《清末文字改革文集》，文字改革出版社1958年版，第29页，标点为引者所加。

话合声字母》，"此音尽是京城口声，尤可使天下语音一律。"与伊泽氏"所谓普通语者，即东京语也"的论调几乎一致，吴汝纶要拿它作为"国语课本"[1]。伊泽氏说："语言之不一，公用之不便，团体之多碍。"有趣的是，吴汝伦使用"团体"一词，是被当时传统士大夫明确作诗嘲笑过的。[2]

吴汝纶上书的第二年，朝廷颁布了奏定《学堂章程》，其中的《学务纲要》要求各学堂都学习"官话"："各国言语全国皆归一致，故同国之人，其情易洽，实由小学堂教字母拼音始。……兹拟以官音统一天下之语言，故自师范以及高等小学堂，均于中国文一科内附入官话一门。"[3]这也就是为什么黎锦熙认定，"国语统一"最早是由"桐城派"古文家吴汝纶提倡的。[4]

第三节　"官话"拼音教育的开展

随着晚清文字改革口号的提出和命令的颁布，社会各界开始学习"官话"，使用拼音书写"官话"。

对于推行者来说，最重要的事情是办学堂、教学生。虽然《学务纲要》有"自师范以及高等小学堂，均于中国文一科内附入官话一

[1]据郑国民考证，第一本以"国语"命名的汉语教科书，是1906年8月出版的，林万里等人编辑，专门供初等小学后二年使用的《国语教科书》。"这套国语教科书是选当时的文言课文作底本把它们翻译过来。"此书发行者商务印书馆在1910的《教育杂志》上介绍此书，"取材于学部审定之各种教科书，演为通行官话…… 以国语为统一国众之基，又注意于语法，并准全国南北之音而折衷之。全编大致由浅入深，虽异文言，却非俚语"。

[2]诗文如下："处处皆团体，人人有脑筋。保全真目的，思想好精神。势力圈诚大，中心点最深，出门呼以太，何处定方针。"（见李宝嘉《南亭四话》之《新名词诗》。）

[3]转引自舒新城编：《近代中国教育史料》，中国人民大学出版社2012年版，第199页。

[4]倪海署认为"国语"这个概念的最早使用在王照的《官话合声字母·凡例》中（重刊本）。王照说："苏人每借口曰：京话亦杂土音，不足以当国语之用。殊不知京中市井小有土语，与京中通用之官话自有不同，不得借彼黜此也。"王照此番话是为了明确"官话"的定义，并且把它跟北京土话区别开来。

门"[1]的规定。但并没有规定采用何种书做教本。改革者们各自实施自己的主张，从编写课本到办学校，无不亲力亲为。其中影响最大的是王照办的"官话字母义塾"。

1903年1月，王照的学生王璞上书张百熙，呈请推广《官话字母》，他的理由是用俗话字母传讲《圣谕广训》，可以做到家喻户晓，他说：

> 《官话字母》，拼合自然，无音不备，至为简当。若以之译《圣谕广训》，饬州县遣生贡之无事者，布之民间，虽目不识丁之人，教字母十余日，自能读解……由此而得作书信记簿之能，且有他日读书、读示谕等类之益，则转相传授，增添之速，不可思议。[2]

王照于1903年在北京东城裱褙胡同创设了"官话字母义塾"，令门人王璞教授。光绪二十九年（1903年）十一月十一日，直隶大学堂学生何凤华等人上书直隶总督袁世凯，提出"以语言代文字"，"颁行官话字母设普通国语学科以开民智而救大局"，使得向来被摒弃于教育之外的"亿万众妇女与贫苦下等之人"能言即能文。[3]

1905年，河北省大名县知事严以盛向袁世凯报告，要求创办"官话拼音学堂"，呈文中说：

> 窃维地方教育普及之法，先贵人人识字。卑邑士民，有力读书能通文义者，十人中不过一二，农工商贾中人，识字绝少。今欲强素未读书之人教以识字，势必畏难而退。卑职购阅官话拼音书报，喜其教法简易，口授旬日即能读拼音之书。适有候选县丞李洒庚，谙习拼音，通笔算，愿尽义务受教于人。卑职遂就阅报公所内设立官话拼音学堂，兼教浅近笔算，业于十月二十五日开学。因来学者流品不同，分班演教，蒙学堂，为头班，巡警为二班。第一期共三十五人，十一月初十日毕业。第二期报名人数较多，风气渐开，卑职今又寄购拼音书报多本，由李教员散给来学之人，冀令转相传习。愚浅妇孺，皆可通晓。是亦推广教

[1] 转引自舒新城编：《近代中国教育史料》，中国人民大学出版社2012年版，第199页。
[2] 转引自倪海曙：《语文杂谈》，新知识出版社1957年版，第215页。
[3] 倪海曙：《清末汉语拼音运动编年史》，上海人民出版社1959年版，第100页。

育，开通民智之一助也。卑职愚见，拼音学堂之设，经费无多，开化最易，北京、保定、天津等处均已盛行，可否通饬所属，一律照办？[1]

上书者指出，"官话字母"对统一语言、兴女学、训军士、兴学堂皆十分有益。

直隶学务处接到严以盛禀报后，很快做了回应：

禀悉。官话拼音学堂之设，意在使目不识丁之人，咸能读书观报，此实普及教育之基础。该学堂分班教授，已有卒业之人，即令彼等传播乡里，庶几人人通晓。该县丞克充义务讲员，洵堪嘉许，仰即随时督查，以期逐渐推广，至通饬各属照办之处，仍候督宪批示。[2]

随后，袁世凯亲自批示并通饬各属曰：

光绪三十一年十二月十四日，奉宫保批。据大名县禀报，设立官话拼音学堂，开摺呈请查核由。奉批。禀摺均悉，仰学务处查照饬遵，并核明通饬各属，一体照办缴等因，奉此。查此案前据该县禀报到处，当经批示在案，奉批前因，除札饬外，札到即便遵照办理。此札。[3]

王照说他办义塾是因为"吾国有力读书以通汉文者，不过千人之一。朝野如两世界，实心任事者皆知行政困难之故矣。"[4]这是想通过启发民众普及教育，推动国家的进步。他的办法是"仿国书之制，取京音为准，以俗言代文字"[5]。这里明确提出了以"言"为基础。他的教授对象"原为教贫贱妇稚不能读汉文者"[6]，是被文言教育排除在外的"贫贱妇稚"，王照并没有以"官话"代替"文言"的雄心。

---

[1] 严以盛：《上直隶总督袁世凯书》，见文字改革出版社编：《清末文字改革文集》，文字改革出版社1958年版，第45页，标点为引者所加。

[2] 见文字改革出版社编：《清末文字改革文集》，文字改革出版社1958年版，第45页，标点为引者所加。

[3] 袁世凯：《直隶学务处通饬各属札文》，见文字改革出版社编《清末文字改革文集》，文字改革出版社1958年版，第46页，标点为引者所加。

[4] 王照：《〈字母书〉序》，见文字改革出版社编《清末文字改革文集》，文字改革出版社1958年版，第32页，标点为引者所加。

[5] 王照：《〈字母书〉序》，见文字改革出版社编《清末文字改革文集》，文字改革出版社1958年版，第32页，标点为引者所加。

[6] 王照：《〈字母书〉序》，见文字改革出版社编《清末文字改革文集》，文字改革出版社1958年版，第33页。

最初，义塾印了二百本教材施送，其篇目为《圣谕广训第一条》、《大舜耕田小说第一回》、《劝不裹脚说》、《家政学总论》，算是试读本，随后正式出版了五千本书，篇目调整为《圣谕广训第一条》、《劝不裹脚说》、《地理一》、《家政学总论》、《算学引起》。[1]这是东西方、新旧文化杂糅在一起的一本书。从语言面貌上说，是白话与浅文言[2]交织在一起的。可见，在实际操作上王照重在拼音识字，而不是在汉字基础上创造一种与口语接近的书面表达。教授的对象是文化程度低的民众，所以他的课本绕开了传统文言。

袁世凯批示下达后，各地省城开始建立"简字学堂"，专门学习"官话字母"。有人统计"简字学堂"有好几十处，官话字母传到十三个省，好几十万人认识这种字母。[3]

对于袁世凯及直隶学务处的大力支持，王照十分感激，认为"袁世凯提倡官话字母，间接助余之处甚多"[4]。

1904年，袁世凯还命保定蒙养学堂、半日学堂、驻保定各军营学习官话字母，王照为此在保定办起了"拼音官话书报社"，并编了教材《对兵说话》。王照在书中说：

> 自从光绪二十八年腊月，袁宫保就商量教各军营里的人学习这官话字母。如今商量定了教咱们军营的人，无论官长头目兵丁，都得学习。[5]

1905年，在袁世凯领导下，北洋巡警学堂[6]编订《警察课本》

---

[1]王照：《〈字母书〉序》，见文字改革出版社编《清末文字改革文集》，文字改革出版社1958年版，第32页。

[2]如《家政学总论》，所用文字便是浅文言。《家政学》原为是日本华族女学校学监下田歌子所作，由钱玄同的大嫂钱单士厘译述，1902年出版。其"总论"说道："凡人生在世，走东西，集南北。昕夕所劳者，大抵为衣食住一家经营之计耳。而文明之民，富于进取，所求于衣食住之程度必愈高，所求既高。自不复如未开之世，其不安于目前小康，而期于永远大成之气象者。情也。"这是加入了一些新词的浅文言。

[3]方师铎：《五十年来中国国语运动史》，国语日报社1969年版，第12页。

[4]王照：《书摘录官话字母原书各篇后》，转引自倪海曙：《清末汉语拼音运动编年史》，上海人民出版社1959年版，第104页。

[5]转引自倪海曙：《清末汉语拼音运动编年史》，上海人民出版社1959年版，第112页。

[6]1902年袁世凯在天津创办了"天津警务学堂"，培养年轻的警官力量，第二年更名为"北洋巡警学堂"，这是中国第一个警察学校。

（共三编），其序提到："编辑简明课本，以为速成之计大要以欧美、日本为模范，而去其不能行者，以国体民情为权衡，而取其易行者。以现势现情为基础。"[1]课本中出现了大量新名词，如"积极的职务"[2]、"消极的职务"[3]；新的句式，如"警察有行政司法之别"、"警察有服从法律命令之义务"、"警察有强制执行之权"。[4]

在一个占人口总数比例极小的精英阶层统治的帝国里，书写和教育都被视为特权，文言的正统地位因此有了政治的内涵。只是在某些特定的情况下，为了统治的便利，文言的正统地位也不得不为现实需要让路。这种情况早已有之。明代早在《皇明诏令》中就有对武官的白话敕。[5]到了清代，为了向民众宣讲圣谕，各地出现了多种白话的宣讲

---

[1]北洋巡警学堂编：《警察课本》，1905年版。

[2]北洋巡警学堂编：《警察课本》，1905年版，第1页。

[3]北洋巡警学堂编：《警察课本》，1905年版，第2页。

[4]北洋巡警学堂编：《警察课本》，1905年版，第1页。

[5]《皇明诏令》是明人付凤翔于嘉靖十八年（1539年）辑成刊行。诏令文字有文言有白话，白话部分多见于"敕"，尤其是对文化程度相对不高的武臣的敕，如《谕天下武臣敕》："（永乐七年正月初一日）自古国家设立军马的意思，只为要看守地方，保安百姓，征剿那做歹勾当不顺的人。虽是天下十分太平，不曾撤了军马不整理。如今恁军官每是自己立功劳出来的，有是祖父立功劳承袭出来的，都承受朝廷付托，或掌着方面，或管着边塞，或镇守地方，都要十分与国尽心尽力。"武将是维护皇朝根基稳定的保障，一般文化程度较文官要低。为了保证皇帝的旨意能被他们领会，制敕的文字就不能是文官中通行的文言，而要采用浅显接近口语的白话。此事说明文言不利于上情下达，为了保证政令在帝国范围内得到正确的理解和执行，在语言上必须采取变通的策略。这种变通做法是可以理解的，但这种发自统治阶层的训令也只是在《皇明诏令》中得以保留，到了修订成正史的《太祖实录》里，就看不到这样的白话文了。在《皇明诏令》中白话写的敕在《太祖实录》中变成了文言体。如《谕武臣恤军敕》："（洪武二十一年六月制谕）管军官人每知道，前辈老官人每到处里厮杀，但寻见一两个好汉留在跟前，十分用心抚恤，着似那般积渐聚得多少，或一百、二百、三百、五百。将这等人，便似自家兄弟、儿子一般看待，因此上这等军士，但遇着厮杀，便在管人前面杀得赢了。人都道官人好厮杀，谁知道是他抚恤人好。自家纵然会厮杀，对得几个？"（见刘海年、杨一凡总主编，杨一凡、田禾点校：《中国珍稀法律典籍集成·乙编·第三册·皇明诏令》，北京科学出版社1994年版，第67～68页。）这条敕，在《太祖实录》中是这样的："尔今居位食禄者，岂尔之能哉！皆由尔祖父能抚恤军士，流庆于尔也。朕观国初诸老成将官初起兵时，手抚士卒，或一二十人，或一百人、二百人、二百人至四五百人，必以恩抚之，亲如兄弟，爱如骨肉。故攻战之际，诸士卒争先效力，奋身不顾，以此所向克捷。人皆称其善战，而不知其善抚士卒，故能如此。"（《太祖实录》卷一九一，洪武二十一年六月壬申条。）

本，为了将皇帝的道德教诲传达给无知无识的百姓，白话才开始悄悄侵蚀了文言的领域。

总的来说，卢戆章、王照等文字改革派们重视的是统一语音，及推行拼音文字，而使得汉语比起西方文字来，在普及教育的功能上不相上下。在他们看来，自己的使命是使得下层民众也能受教育。至于士大夫阶层，在他们看来还是要读文言经典。晚清文字改革派们，大多出身于那个熟练掌握文言文的特权阶层，他们并没有用"官话"替代文言文的主观愿望。不管是为了在内交外困的局面下缓解帝国治理的危机，还是为国家的现代化准备文化普及的国民基础，他们对西方国家情形的描述和借鉴，大多不出"师夷长技以制夷"的范畴，但以现有"官话"为基础，推行拼音文字，不能不对文言形成巨大的冲击。

对此局面，他们并不是不知道。王照《官话合声字母·凡例》中对"官话"可能带给文言的冲击做了预测：

> 汉文俗话互有长短，不特吾国旧书终古不能废，以后翻译西书，用汉文俗语并行，互相补助，为益更多。若令人厌故喜新，非我同人之志。[1]

但他在感情上仍然眷恋着那个文言构成的传统："有力读书、有暇读书者，仍以十年读汉文为佳。"[2]可见传统文化的影响不是那么容易放下的。

1905年，王照在保定创办了拼音官话书报社，1906年迁往北京，除了定期出版《拼音官话报》外，王照还大量编印了拼音官话书。王照的各种拼音官话书销量达到六万多部，流传到河北、河南、山东、山西、江西、江苏等十三个省。

---

［1］王照：《官话合声字母》凡例，文字改革出版社1957年版。
［2］王照：《官话合声字母》凡例，文字改革出版社1957年版。

第八章 "官话"上升为"国语"

出于帝国治理以及强化文化认同的需要,清帝国自雍正一朝开始大力推行"官话"。迭经19世纪中期以来的种种动荡:两次鸦片战争、太平天国战争、甲午战争、庚子之乱和八国联军入侵,特别是1900年代的立宪运动,推行"官话"的动力渐渐发生了转移:从皇帝提倡变成社会提倡,推行对象从南方的士子变成了全国各地的底层民众,其目的,不在于维持清朝帝国的统治,而是要提升民众的素质,从而使民族国家得以在世界上生存立足和发展。

关于"国语"一词的由来,黎锦熙从语言学上有所解释:

"国语"在上古是一部书名,意思是"列国的故事";中古倒成了统治者的"外国语"的高贵称呼,如辽的契丹语、金的女真语、元的蒙古语,当时都叫"国语",清的满洲语叫"国书",实际上统治阶级都用的是汉文汉语了。但是中国人从来不把汉语叫做"国语"的,这并不是表示谦虚,是恰好表现了"半统一"(指书面语——引者注)"半分化"(指口语——引者注)特殊过程中"统治阶级放弃口头语"这个观点,而另一观点就是抓紧书面语(汉字——引者注),一直在宣扬"天下同文一统"的。"国语"到清末才是指着汉语的标准语说的,其实也就是套用日本造的汉字名词,又幸亏当时清代的满洲语叫"国书"不叫"国语",所以不相冲突,毋庸避免。[1]

---

[1] 黎锦熙:《汉语发展过程和汉语规范化》,江苏人民出版社1957年版,第23~24页。

作为汉语的标准语，"国语"在语言学上的特征，与"北京官话"并无差别。实际上，早在19世纪中期，"北京官话"已经确立了作为通行的标准语的地位。这一点上文已有论述。然而，从"官话"到"国语"，并不仅是一个名词的变化。相反，其中包含了政治、经济和社会变迁的内容，以及文化和情感上的变化。正如刘复（半农）多年后回顾这段历史时所说：

我的理想中的国语，并不是件何等神秘的东西，只是个普及的、进步的蓝青官话。所谓普及，是说从前说官话的只是少数人，现在却要把这官话教育普及于最多数。所谓进步，是说从前的官话并没有固定的目标，现在却要造出一个目标来。[1]

这个目标也即一个民族国家自信图强的未来。早在1907年，就有人在报纸上撰文，大谈统一语言与振兴国家的重要关联，指出联络各行省的统一语言——"国语"在将来"风气打开"时必然"盛行"：

外人诮我中国无国语，非铁道通行以联络之，万无振兴之理，何则，华人彼此隔别，语言殊异，虽有二十行省，宛若二十邦国。以一邦自分数十国，望其振兴难矣哉！吾国深蒙此耻，有志之士不忍旁观。现将内地外埠学堂，倡教国语。[2]

和"官话"不同，"国语"一开始就是与"外人"、"中国"、"振兴"、"深蒙此耻"等联系在一起的。而且毫无疑问，很快就引入了一种注重平等的现代观念。宣统二年（1910年）则有资政院议员江谦正式建议，用"国语"之称替"官话"，原因为"官话之称，名义无当，话属之官，则农工商兵，非所宜习，非所以示普及之意"[3]。

江谦还拟出了国语教育在接下来几年内该做的事情，这些事情都是围绕着编辑"官话"课本、设立"官话"传习所、中小学堂兼学"官

---

[1] 刘复：《国语问题中的一个大争点》，《国语月刊》1922年第1卷第4期。

[2]《通问报》1907年第241回，时评《耶稣教家庭新闻》（The Chinese Christian Intelligencer）。

[3] 江谦：《质问学部分年筹办国语教育说帖》，转引自倪海曙：《清末汉语拼音运动编年史》，上海人民出版社1959年版，第213页。

话"、中学及师范学校加考"官话"等展开。

中华民国建立后，借助着政治力量，统一国音的问题被再次提及。民国元年（1912年）八月七日，教育部决定采用"注音字母"方案，统一读音是前提。

民国二年（1913年）二月十五日，"教育部读音统一会"正式召开。吴敬恒为议长、王照为副议长。会议拟定了七条"国音推行方法"：（一）请教育部通咨各省行政长官，饬教育司从速设立"国音字母传习所"，令各县派人学习。毕业回县，再由县立传习所，招人学习，以期推广。（二）请教育部将公定字母从速核定公布。（三）请教育部速备"国音留声机"，以便传播于各省而免错误。（四）请教育部将初等小学"国文"一科改作"国语"，或另添"国语"一门。（五）中学师范国文教员及小学教员，比以"国音"教授。（六）"国音汇编"即"国音字典"颁布后，小学校课本应一律于汉字旁添注国音。（七）"国音汇编"颁布后，凡公布通告等件，一律于汉字旁添注国音。

此后，"注音字母传习所"设立，王璞任所长。传习所附设"注音书报社"，出版了一些注音读物，其中最有代表性的出版物是民国五年（1916年）定期出版的《官话注音字母报》，此报为半月刊，每期有四十页，分论说、中外故事、注音讲字、实业浅说、国民须知、格言、杂俎、浅近物理、选录、小说十项。到了民国九年（1920年），《官话注音字母报》才变更为《国语注音字母报》。[1]

"国语"即"官话"，这一点并无异议。民国九年（1920年）十二月二十四日，教育部颁布了第五七八号训令[2]，正式公布《国音字典》，并提出定北京音为国音：

读音统一会审定字典，本以普通音为根据。普通音即旧日所谓官音，此种官音，即数百年来全国共同遵用之读书正音，亦即官话所用之

---

［1］见方师铎：《五十年来中国国语运动史》，国语日报社1969年版，第29～30页。

［2］民国八年，吴敬恒根据"读音统一会"审定之后编出的《国音字典》出版，教育部"审音委员会"推举钱玄同、汪怡、黎锦晖三人对此字典进行审校，他们审校的文章《修正国音字典之说明及字音校勘记》送呈教育部，由此教育部颁布了这个训令。

音，实具有该案所称通行全国之资格，取作标准允为合宜。北京音中所含官音比较最多。故北京音在国音中适占极重要之地位；《国音字典》中所注之音，什九以上与北京音不期而暗合者，即以此故。（原文如此）惟北京亦有若干土音，不特与普通音不合，且与北京人读书之正音不合，此类土音，当然舍弃，自不待言。[1]

具体到《国音字典》的编纂准则：

本会此次修订《国音字典》，凡遇原来注音有生僻不习者，已各照普通音改注；北京音之合于普通音者，当然在采取之列。至北京一隅之土音，无论行于何地，均为不便者，则断难曲从。该会所欲定为国音之北京音，当即指北京之官音而言，决非强全国人人共奉北京之土音为国音也。《国音字典》中对于北京官音，既已尽采用，是该会所请求者，实际上业已办到，似可无庸赘议。至于声调问题，公布注音字母之部令中，仅列阴平阳平上去入五声，并未指定应以何地之五声为标准。诚以五声读法，因各地风土之异，与语词语气之别，而千差万殊，绝难强令一致。入声为全国多数区域所具有，未便因北京等处偶然缺乏，遂尔取消，正犹阳平亦为全国多数区域所具有，未便因浙江等处偶然缺乏，遂尔取消也。盖语音统一，要在使人人咸能发此公共之国音，但求其能通词达意彼此共喻而已（原文如此）……[2]

"国语运动"中关于"国音"的讨论，几乎是晚清对标准"官话"讨论的翻版。为了便于民众理解，训令特意点出现在所谓的"普通音"即"读音统一会"审定的国语标准音，是除去了北京音中土音的"官话"音。1921年6月，修订后的《国音字典》由商务印书馆发行。此后几年，在涉及"国音"的问题上，还是需要借助"官话"才能解释清楚的。如1924年黄正广编写的《国语作文法》中，提到：

我国国语，现在还未确定。不过我国人此省人和彼省人交际，用的是普通官话，而且用普通官话来作书的，也已经不少。所以这种普通官

---

［1］转引自倪海曙：《国语运动史纲》，商务印书馆1934年版，第99页。

［2］转引自倪海曙：《国语运动史纲》，商务印书馆1934年版，第99~100页。

话，不过国人没有公认它是国语，实在是已经取得国语资格了。"[1]

最早研究"北京官话"的传教士对国语运动自然不会毫无反应。上海时兆报馆1919年出版了施列民（A.C.Selmon）编纂的《国语指南》（*Simple Discourses In The Mandarin Language*）。传教士深知，"国语"和"官话"，皆mandarin也，并没有实质差别。"官话"上升为"国语"，实际上是借助国家的力量，把语言改革纳入一个范围更广的社会和政治运动当中。

近百年后，西方研究者在解释中国语言的变革时，仍旧将这两者看成一回事。他们认为，

文学革命后中国的书面语就是"官话"（Mandarin），你可以叫它"白话"（Baihua），也可以叫它"国语"（Guoyu），它们都是对一种语言的不同称呼。[2]

第一节　晚清白话文运动重演传教士主张

至于口语和书面语（又被称为"俗语"与"汉文"）的关系，早在晚清文字改革运动中已经得到了重视。王照认为，"汉文及俗话互有长短"，"以后翻译西书，用汉文俗语并行，互相补助"，但他绝不敢提拼音可以取代汉字，因此又说自己根据"俗语"制定的"官话字母"，"非敢用之于读书临文"。[3]

尽管出现了"时务体"、"新民体"这种过渡文体，但在中国人的写作当中，文言文仍然是书面语的正统。即便考虑到当时大量发行的"官话"和白话报纸上，文言文已经不再是首选的文体，但若不是文字改革

---

[1] 黄正广：《国语作文法》，中华书局1924年版，第1～2页。

[2] *Bible in modern China: the literary and intellectual impact*, edited by Irene Eber, Sze-kar Wan, Knut Walf ; in collaboration with Roman Malek, 1999, P.96.

[3] 转引自倪海曙：《清末汉语拼音运动编年史》，上海人民出版社1959年版，第72页。

派推行拼音文字，以及随之而来的国语运动和新文化运动，文言文的式微可能需要更长的时间。

尽管富有洞察力的观察者如狄考文早已经得出结论，以为"丰富的、正确的、高雅的官话终将成为中国口头语和书面语"[1]，但书面语的主流从文言转变为"官话"，有赖写作上的实践和更为强有力的推行者。包括黄遵宪、梁启超和裘廷梁等人，他们都将新文体与政治上的改良联系在一起，给书面语的变迁更强有力的支持。

光绪十三年（1887年），黄遵宪在《日本国志·学术志》中提出，"语言与文字离，则通文者少；语言与文字合，则通文者多"，如今的文体应"适用于今通行于俗"。光绪二十三年（1897年），梁启超在《蒙学报演义报合叙》中指出，"日本之变法，赖俚歌与小说之力"。这些呼声可以说是晚清废文言的先声。

1898年，裘廷梁在《无锡白话报》上发表了《论白话为维新之本》。这篇两千多字的论文，被公认为是晚清白话文运动的第一声呼号，裘廷梁就此成为晚清以白话取代文言文运动的第一人。

裘廷梁，字葆良，别字可桴，江苏无锡人。生于咸丰七年（1857年），卒于民国三十二年（1943年）。裘廷梁在此文中说："耶氏之传教也，不用希语，而用阿拉密克之盖拉里土白。以希语古雅，非文学士不晓也。后世传耶教者，皆深明此意，所至则以其地俗语，译《旧约》《新约》。"[2]

裘廷梁以传教士用俗语译《圣经》为例证，说明传播思想时古雅的语言反而不如俗语。针对中国语言文字的实际而言，文言太耗费精神，占据了太多时间，使得人们无暇学习其他更为实用的知识，他说：

二千年来，海内重望，耗精敝神，穷岁月为之不知止，自今视之，蘧蘧足自娱，益天下盖寡。呜呼！使古之君天下者，崇白话而废文言，

---

[1] Rev. C. Mateer, D. D., LL. D, *A course of Mandarin Lesson*, Based on idiom, Revised 1906, Shanghai:American Presbyterian mission press,1909, p. xxix.

[2] 转引自郭绍虞主编：《中国历代文论选》第4册，上海古籍出版社1980年版，第171页。

则吾黄人聪明才力无他途以夺之，必且务为有用之学，何至暗汶如斯矣？[1]

……愚天下之具，莫文言若；智天下之具，莫白话若……一言以蔽之曰：文言兴而后实学废，白话行而后实学兴；实学不兴，是谓无民。[2]

裴廷梁所谓的"实学"，就是西方传来的天文、地理、数学、物理、化学等与现代化进程息息相关的实用学问。可以说，裴廷梁废文言的论调是站在一个非常实用的角度提出的。他说白话有"八益"："省日力"、"除骄气"、"免枉读"、"保圣教"、"便幼学"、"练心力"、"少弃才"、"便贫民"。他要求"学堂功课书，皆用白话编辑"，这样"积三四年之力，必能通中外古今及环球各种文学之崖"，还有给乡僻童子看的"农书商书工艺书，用白话编辑"，这样"受读一二年，终生受用不尽"。[3]白话文有如此多的好处，更何况还有日本"以区区数小岛之民，皆有雄视全球之志。则日本用白话之效"[4]。这是最能刺激中国人的实例。

裴廷梁提倡白话文的呼吁并未像新文化运动时期那样，遭到文言文拥护者的警惕和抵制。这既是时势不同使然，也与其策略有关。他以伸张白话文为终极目标，却并不以消灭文言为第一要务，只说白话文便于下层民众学习；另外他一再强调白话文有利于实学传播，符合了当时国人追求国富民强的心态（士大夫群体更是如此）。

裴廷梁与其侄女裴毓芳于1898年5月在无锡创办《无锡白话报》，从第5期（1898年6月）更名为《中国官音白话报》，前后历时4个多

---

[1]转引自郭绍虞主编：《中国历代文论选》第4册，上海古籍出版社1980年版，第169页。

[2]转引自郭绍虞主编：《中国历代文论选》第4册，上海古籍出版社1980年版，第172页。

[3]转引自郭绍虞主编：《中国历代文论选》第4册，上海古籍出版社1980年版，第170页。

[4]转引自郭绍虞主编：《中国历代文论选》第4册，上海古籍出版社1980年版，第172页。

月。这是一份与百日维新相始终的报纸。该报创办目的很明确,就是为了宣传维新变法。裘廷梁声明: "无古今中外,变法必自空谈起,故今日中国将变未变之际,以扩张报务为第一义。"[1]

在变法风气影响下,《中国官音白话报》第7~10期上连载政治小说《百年一觉》。此书的情形在上文中已经提及,最早由李提摩太用文言文译自美国人爱德华·贝拉米于1888年出版的乌托邦小说*Looking Backward* 2000~1887,连载于《万国公报》,1894年由广学会改名为《百年一觉》出版。裘廷梁并非直接译自英文原文,而是对李提摩太的文言译本做了改写,秉承他崇白话而弃文言的主张,译文采用了白话文。

《百年一觉》在《中国官音白话报》上只连载了一千多字就戛然而止了,原因未得知。将其译文与李提摩太的译文做一个对比,可以看出裘廷梁提倡的白话的形态:

美俗人分四等,曰:贫、富、智、愚。但富者致富之法,或买股份,或作生意。既富之后,终身不自操作,而安享其富,且自视尊重如神,而使贫者出力勤劳,一如牲畜。以为世事贫富之分,势所宜尔,而智愚之判,亦恍若天渊矣。岂知上帝生人本为一体,贫者、富者皆胞与也。何至富者自高位置,而于贫者毫无顾惜?岂所谓大同之世哉。(李提摩太译)

有一种风气,把这一国当中的人分成四种:一种是有钱的,一种是穷的,一种是聪明的,一种是笨的。其实也只两种,聪明的就会赚钱,不会赚钱的就算他笨。当时候弄钱的法子,或者买股份,或者做生意,及到有了钱,就把自己的身份看得极尊重。凡是那用气力的事,就一点也不动手。一天到晚只在家里享福,所有一切事情都雇了穷人去替他做。他把穷人就看得如猪狗一样,呼来喝去全没些儿爱惜瓜肠,反觉得

---

[1] 转引自人民大学新闻系编:《中国近代报刊史参考资料》上册,中国人民大学出版社1982年版,第286页。

世上穷富的位分，是应该这样的。不知老天生出人来都是一般样儿看待，穷的、富的有什么分别呢？（裴廷梁改写）

李提摩太的译本是文言文，用词典雅，不乏典故。裴廷梁的译本是白话文，用词偏俗，也不用典，非常口语化，并有意消除基督教教义方面的说教。

裴廷梁之后，如陈荣衮等人纷纷开创了各种白话报、白话读物，进一步推行了裴廷梁的主张和实践。

陈荣衮，字子褒，号耐庵，广东新会县外海乡人。生于同治元年（1862年），卒于民国十一年（1922年）。陈是戊戌变法的领袖，也是近代小学教科书创始人。光绪二十五年（1899年），陈荣衮在澳门《知新报》发表了《论报章宜改用浅说》：

今夫文言之祸亡中国，其一端矣。中国四万万人之中，试问能文言者几何？大约能文言者，不过五万人中得百人耳。以百分之一人，遂举四万九千九百分之人置于不议不论，而惟日演其文言以为美观，一国中若农、若工、若商、若妇人、若孺子，徒任其废聪塞明，哑口瞪目，遂养成不痛不痒之世界，彼为文言者曾亦静思之否耶？[1]

陈荣衮认为，文言是教育的障碍，使得下层民众闭目塞听，导致国家缺乏活力。他主张报章文体应该改为浅说，其中刊载的一切体裁的文字，不拘政论、诗词、小说，都应该弃用文言文，甚至连报纸名称也应该更改，如《湘报》应该为《湖南报》。特别有趣的是，他认为"君主"应作"猪仔头"。所谓的"猪仔头"，是近代以来在厦门、广州、澳门等地建立的专门从事"苦力贸易"（如今使用的"苦力"正是coolie——"奴隶"的音译）的洋行中，被雇佣担任"招工"工作的人。这是他对"君主"一词的理解有误，还是别有用心的讽刺，还需要另作考证。

总的来说，陈主张"浅说"，其实是一种由文言向白话过渡的半文

---

[1]　转引自郭绍虞主编：《中国历代文论选》第4册，上海古籍出版社1980年版，第177页。

半白的文字。此后白话文进一步深入到文学作品中，与当时文坛领袖的提倡是分不开的。在《人境庐诗草》中，黄遵宪说要用"流俗语"写"我之诗"，"我手写我口，古今岂拘牵"。1902年，梁启超发表《论小说与群治之关系》，强调"欲改良群治，则自小说界革命始，欲新民必自新小说"。梁启超的朋友狄葆贤（楚卿）则明确提出，小说的语言应该主张文言一致，退一步也要像古代白话文那样文言参半：

中国文学衍形不衍声，故言文分离，此俗语文体进一步障碍，而即社会进步之一障碍也。为今之计能造出最适之新字，使言文一致者上也，即未能，亦必言文参半焉，此类之文，舍小说外，无有也。[1]

改良的风气和著名人物的提倡，带来了一股创办白话报纸和出版白话书籍的风潮。据戈公振统计，戊戌变法前后，很多省市都有白话报，如《演绎白话报》、《无锡白话报》、《杭州白话报》、《苏州白话报》、《宁波白话报》、《国民白话报》、《上海新中国白话报》、《安徽白话报》、《长沙演说通俗报》、《江西新白话报》、《潮州白话报》、《北京京话报》、《北京主流爱国报》，甚至远之新疆、蒙古都有《伊犁白话报》、《蒙古白话报》。[2]

晚清白话文运动中所谓的"白话"，从言文参半到古白话乃至书面官话，提倡者的看法并不统一。裴廷梁发表的作品显然是一种书面官话，而林白水也提倡书面官话作为书面语。在《中国白话报》发刊词中，曾任《杭州白话报》第一任主笔的林白水说，各省方言不一，"大家都道没有别的法子，只好做白话报罢，内中用那刮刮叫的官话，一句一句说出来，明明白白，要好玩些，又要叫人容易懂些"[3]。这种主张与传教士的主张和实践分别甚小。

值得一提的是，"新文学"运动的发起者陈独秀与胡适，都是白话报纸活跃的参与者。陈独秀在芜湖接替谷平人办《芜湖白话报》。胡适在1904年来到上海，后求学于中国公学，在《国民白话报》、《安徽白

---

[1] 楚卿：《论文学上小说之位置》，《新小说》1902年。
[2] 戈公振：《中国报学史》，三联书店1955年版，第17页。
[3] 白话道人（林白水）：《〈中国白话报〉发刊词》，《中国白话报》1903年第1期。

话报》和《竞业旬报》上发表白话文作品，如《地理学》（1906年）、《真如岛》（小说，1906年）、《中国第一伟人杨斯盛传》（小说，1908年）、《中国爱国女杰王昭君传》（小说，1908年），其中尤以《竞业旬报》上刊登的白话小说最多。

在胡适等人创作白话小说以做示范时，文坛上实际流行的却是一种杂糅的书面语。与此前旧白话章回相比，晚清文坛上流行的白话小说变化明显，尤其以翻译小说为甚。很多翻译小说不分章，没有回目，没有说书人的口吻，采用了很多翻译而来的新词、新表达。有少部分在轮廓上还极力保留旧章回的样式，但是由于翻译的关系，也出现了很多旧小说没有的新表达。

如刊登在晚清著名小说杂志《小说林》中的《美人妆》[1]，尽管保留了说书人的口吻："列位弗要疑我说的话以为太过分"（第1页），"你想可笑不可笑"（第3页），"闲言不表。且说西班牙马得利城中"（第2页）。但由于翻译的缘故，还是出现了不同于旧章回的新质。小说中有大量地理新知识、新名词："欧罗巴州的西南面，沿着地中海，有一个历史上很有名气的国，叫做西班牙"（第1页）；标示西方生活方式和事物的词语："这里的戏院、音乐馆、斗牛场、咖啡馆、妓院、公园、旅店装得五采六离、争奇斗巧"（第1页），"是有名的嘉那华会"（第2页）。此外，新标点符号被广泛使用，如"一个马夫说。'敌克。今且把这马套在双轮车上。好不好呢。'敌'也好。昨日我们小主人说。今日正要自控着马。到各处游玩阿。'"（第4页）新的标点区别出了直接引语。

新词语与旧白话习语交杂在一起，显出一种古怪的风格。既有"苟非凌波妃子，定然罗襪仙人"（第6页）这样中国传统式的比喻，也有"一个男，一个女，未结婚时是两个元质。有了婚姻约束，便似元质有了化合的公式。结婚以后，直是另成了一种物质"（第15页）这种完全西化的用词与比喻。

[1] 此小说署名"觉我讲演"，《小说林》1904年10月。

无数如"请密司安"（第4页）之类新旧杂糅的句子，它们结合在一起使得小说表现出一种古怪荒诞的风格：

马夫笑着道："敌克，我们密司，这样的容貌、这样的态度，再穿上美丽的衣服。马得利城中要算得数一数二的了。真个是我见犹怜阿。"敌："呸！你说这无礼的话，仔细密司听见了，揭你的皮。"马："这原是我同你说耍话，打什么紧，只么密司会听见呢。"（第5页）

同时期胡适在《竞业旬报》上发表的白话小说，却反而有浓重的旧章回小说的痕迹，甚至大量保留了说书人的口吻。文中有大量"看官"、"列位"等说法，与其日后的白话文相比语言也并不成熟。但对胡适来说，这段经历是很珍贵的，因为："不但给我了一个发表思想和整理思想的机会，还给了我一年多作白话文的训练……白话文从此成了我的一种工具。"[1]这正是对晚清白话文运动的一种恰当的评价。

第二节　"国语统一"与"文学革命"的合流

晚清文字改革派倡议以"北京官话"为基准"统一国音"，提倡拼音文字，晚清白话文运动的改革家则提倡白话文，那么，晚清白话文运动与新文化运动提倡白话文有何不同？

两者的区别在于以哪种文体作为中国书面语的主流。诚如朱自清所言：

文体通俗化运动起于清朝末年。那时维新的士人急于开通民智……原来这种白话只是给那些识得字的人预备的，士人们自己是不屑用的。他们还在用他们的"雅言"，就是古文，最低限度也得用"新文体"；俗话的白话只是一种慈善文体罢了。[2]

晚清白话文运动兴起后没几年，"文学革命"兴起，胡适和陈独秀

---

[1] 见欧阳哲生编：《胡适文集》第1卷，人民文学出版社1998年版，第85页。
[2] 见《朱自清文集》，开明书店1953年版，第612页。

在《新青年》上著文提倡白话文，应者云集，借着钱玄同自导自演的一幕双簧，以及与林琴南、严复等人的若干笔战，"文学革命家"笔锋所至，白话文已经潮流所向。文言的衰落似乎竟是一夜之间的事情。

1917年，在蔡元培的召集下，北京国语研究会的学者们与北大文学革命论者相聚。针对国语运动者们要"建立标准国语"以"统一国语"的弘愿，胡适发言道："凡标准国语必须是'文学的国语'，就是那有文学价值的国语。国语的标准是伟大的文学家定出来的。国语有了文学的价值……然后可以用来做教育的工具，然后可以用来做统一全国语言的工具。"[1]这番谈话在胡适的《建设的文学革命论》中，就凝练成十个字："国语的文学，文学的国语"。在这篇文章发表后，"国语统一"与"文学革命"两个潮流就合二为一了。

"文学革命"中的作家自然地成了"统一国语"的中坚力量。他们不独创作，还要做历史的爬梳和理论上的总结，在中国历史文化的深处寻找国语的源头，这在好新而崇古的中国，原是意料中之事。刘半农总结这种观点说：

> 我要请大家不要看轻了中国国语已有的好根基。这根基便是我们现在笔下所写的白话文……我并不说目下白话文，已经全国一致；但离开一致，也就并不甚远……这个好现象，并不是偶然构成的，也并不是近数年来提倡了白话文学用急火煮成的。从远处说，他是数千年来文言统一的副产物。从近处说，他至少也是宋元以来一切语体文字的向心力的结晶。[2]

这也是胡适在《白话文学史》中的观点。1921年，胡适在教育部办的第三届国语讲习所里讲授国语文学，《白话文学史》乃是此中讲义整理而成，试图论证"白话文学史就是中国文学史的中心部分"[3]。他与黎锦熙，一个从文学史，一个从语言学史上把"白话"的历史推到了

---

[1]见赵家璧主编：《中国新文学大系·建设理论集》，上海良友图书公司1935年版，第22页。

[2]刘复：《国语问题中的一个大争点》，《国语月刊》1922年第1卷第4期。

[3]胡适：《白话文学史》自序，岳麓书社1986年版，第12页。

一千多年前，立论的关键在于"言文一致"。而目的是"要大家知道白话文学不是这三四年来几个人凭空捏造出来的"，"要人人都知道国语文学乃是一千几百年历史进化的产儿"。[1]

黎锦熙和胡适从中国语言文字的历史出发，揭示了口语与书面语的互动关系。但事实是否正如胡适说的那样，现代白话文仅仅是"一千几百年历史"自然演化的产物？我们如何看待18世纪以来，尤其是19世纪中期以来中国社会及语言发生的重大、快速而特殊的变化，以及这种变化对现代白话文形成的影响？须知，在这段历史中，"北京官话"日渐普及和流行，最终成为中国通行的标准语，书面语言不断吸纳这种通行的标准口语的成分，使得20世纪初的"言文一致"与《水浒传》时代的"言文一致"已经有很大的区别（更不用说《史记》乃至《诗经》时代的"言文一致"了）。而传教士开创的"官话"翻译传统，导致中国书面语急剧欧化，更是用中国白话文学史的自然演化无法解释的。

第三节　文学家、语言学家共建国语文法

1920年春，国民政府教育部下令，从当年秋季学期开始，学校一、二年级的国文教科书改用白话。此后商务印书馆出版了第一部小学国语教科书《新体国语教科书》（八册）和第一部中学国语教科书《白话文范》（四册）。这是从制度上摆脱了千年来的文言教育，但要在使用上推广新的"国语"，光有几段教科书式的范文和文学创作是远远不够的。一种语言必须被规范才便于传播和学习，这就得借助语法书的编写。随着"国语运动"的展开，语法书的编写工作也得以开展，这个工作是文学家与语言学家共同开启的。

1897年，朱树人在其编的南洋公学《蒙学课本初编编辑大意》中谈到："泰西文规学家之言曰：以语言学文规，非以文规学语言。言文规

---

［1］胡适：《白话文学史》引子，岳麓书社1986年版，第1页。

出于语言，必先学语言而后学文规也。中国文语两歧，学文规者，必以文字求之，尤难之难矣。"[1]西方人可以从语言学文规，中国人则必须掌握了汉字才能学文规，这给教学带来了麻烦。为了言文一致而提倡的"国语"，其语法的建立就要摈弃以往为文言文建立文法的方式，要借鉴言文一致的拼音文字的文法成果。

晚清科举制取消后，新的蒙学书开始大量编纂，当时就有编纂者第一次试着在蒙学阶段为学生编纂文法书。其中"实学社"发行的《汉文教授法》可以说是最早的一本，"实学社"在其书预告中说："新出蒙学各书已有数十种，然有读本而无文法。因读本尚易编辑，而文法非通中西，文法者无所折衷。"[2]

胡适说直到马建忠的《马氏文通》面世（1898年），方才有中国文法学。中国文法学发生很迟，其原因在于：

第一，中国的文法本来很容易，故人不觉得文法学的必要。聪明的人，自能"神而明之"！笨拙的人也只消用"读书千遍，其义自现"的笨法，也不想有文法学的捷径。第二，中国的教育本限于很少数的人，故无人注意大多数人的不便利，故没有研究文法学的需要。第三，中国语言文字孤立几千年，不曾有和他种高等语言文字相比较的机会。……这三个原因之中，第三原因更为重要。欧洲自古至今，两千多年之中，随时总有几种平等的语言文字互相比较，文法的条例因有比较遂更容易明白。我们的语言文字向来没有比较参证的材料，故虽有王念孙、王引之父子那样高深的学问，那样精密的方法，终不能创造文法学。到了马建忠，便不同了。马建忠得力之处全在他懂得西洋的古今文字，用西洋的文法作比较参证的材料。[3]

胡适在此把语言接触看作是中国文法学诞生的关键，即没有历史上发生的中西语言接触就不会有日后的中国文法学。国语运动时期文法书

的编写者，都受《马氏文通》乃至日人所著文法书的影响，并借鉴了西方语法学成果。

1920年出版的尔棻编的《国语文法讲义》，是作者根据在浙江嵊县国语讲习所的讲稿改编的。作者说："我自己实在还没充分研究，坊间又无适当的书，仓卒（猝）之间，也无暇构思；因想到这'新文化的骄子'在幼稚园的保姆，如胡适之刘半农黎劭西诸先生，他们对于他的性质动静，曾有很忠实的报告；我就抚拾他们议论，参以己见，编成这本国语文法讲义。"[1]此书使用拉丁文法，语言材料大都来自古代白话小说，如《水浒传》、《石头记》、《儒林外史》，为说明中西语言接触给中国文法学带来的突破，又从《马氏文通》中转引了少数《论语》、《诗经》、《孟子》句子，以说明拉丁文法的特点和马建忠的贡献。

1926年出版的邹炽昌编、方毅校的《国语文法概要》，源自1924年广州国语讲习所里的讲稿。作者说："这讲本和外国文法沟通的地方甚多，读者留心玩索，将来读外国文当然容易些。"[2]采用的仍然是拉丁语法，但"这书所举例，泰半是从前人底笔记、杂著、词曲、小说里找出来，近人底文章小说——自著的或翻译的——也有采用，但比较少些"[3]。偶有"北京官话"教科书及时人作品收入，例如：

那也是这里风俗。（《北京事情》）

所以两千多年前的孔子孟子便主张民权。（《孙中山三民主义》）

雨后的宇宙，好像泪洗过的良心。（《星空》）

在南通人易作霖1924年出版的《国语文法四讲》的自序中，易作霖指出，获得标准的语言以研究国语文法，必须借助新文学语言：

我们知道国语文法是从标准的语言中得来。所谓标准的语言，自然要出自活人的嘴里，但我们用什么方法把这些语言尽行搜罗了来呢？那只得把近人底几部小说、剧本，以及其他的著作做一个根据。但是这些著作，常带有文言和欧语的色彩。有许多繁密精深的思想，的确不是现

---

[1] 尔棻编：《国语文法讲义》，中华书局1911年版，第2页。

[2] 邹炽昌编，方毅校：《国语文法概要》，商务印书馆1924年版，第1页。

[3] 邹炽昌编，方毅校：《国语文法概要》，商务印书馆1924年版，第2页。

行的语言所达得出的，自然不能不求助于文言和欧语，形成一种较通用的语言。但是文言和欧语的分子太多了，一时还不能实用在谈话和演说里。著作底流行久了，试用的人多了，才会和现行的语言融成一片。[1]

编撰国语语法与新文学的关系，从这里可以得到最好的证明。而国语文法书中还有一类是专教如何用国语写作的，如黎锦熙、周法均合著的《作文及文学教学法》。告诉读者作文只有两个原则："一个是作文必须以语言为背景，一个是作文的背景要用统一的标准语；换句话说，一个就是言文一致，一个就是国语统一。"[2]这是把国语运动的两个口号完全等于"作文"的方法，也是"国语运动"与"文学运动"可以沟通的关键。

到此时，现代白话文的流行，就已成必然之势了。

---

[1] 易作霖：《国语文法四讲》，中华书局1924年版。
[2] 黎锦熙、周法均：《作文及文学教学法》，商务印书馆1925年版，第16页。

结　语

当我们试图理解一种事物的特点时，总得把它与其他同类的事物作比较，一方面看出它的个性，一方面可见其共性，语言问题也是如此。当汉语开始与西方语言有了大规模的接触后，我们开始清楚地看到二者的差别。

中国文字大体上是表意的，汉语中一个个的字就是语法的基本单位，刘勰在《文心雕龙》中说道："夫人之立言，因字而生句，积句而成章，积章而成篇。"音义的分离，使得口语与书面语这两个系统内部可以相对独立地发展。这给语言与文字的分离带来了决定性的条件。

1897年，南洋公学编的《蒙学课本初编编辑大意》中谈到："我国文字语言，离为二物，识字之所以难也。其文序与语次相歧者……泰西文规学家之言曰：以语言学文规，非以文规学语言。言之规出于语言，必先学语言而后学文规也。中国文语两歧，学文规者，必以文字求之，尤难之难矣。"[1]西方人可以从语言学文规，中国人则必须掌握了书面语才能学文规，这给教学带来了麻烦。

进入近代之后，中国落后于西方，有人认为中国语言也是落后的，其根源就是汉语汉字的音义分离。来华传教士和试图改革书面语的中国人，有一个共同的诉求，即"言文一致"。在这个共同诉求中，"文"自然是指书面语，那"言"又是何指呢？

---

　　　[1]转引自舒新城编《近代中国教育史料》，中国人民大学出版社2012年版，第327页。

"言文一致"的"言"，是指包括方言在内的一切口语，还是指通行范围更广的口语如"官话"？中国历史上有没有一种通行的标准口语？

言文一致的结果，是言趋于文，还是文趋于言？抑或是在文趋于言的基础上，口头语受书面语的规范和提高？

古代白话文与"官话"是什么关系？古白话是不是"官话"的书面形态？

古代白话文与现代白话文是什么关系？是否如胡适所言，前者是后者的唯一来源？

如何看待现代白话文的欧化现象？

欧化现象最早发生在什么时候？为什么会发生？

狄考文理想中的"官话"——他说过，"毫无疑问，和口语一样丰富的、正确的、高雅的官话也将成为中国口头语书面语"——是什么样的？又是如何形成的？有哪些范例？现代白话文与这种"官话"是什么关系？

当我们看到国语语法与"新文学"互相促进的历史时，不得不思考，传教士开创的用拉丁语法研究中国语言的范式，对中国语言的变化产生了什么样的影响？

是什么促使中国人改弦更张，一次次地试图改造一度引以为豪的汉字和文言文？

从晚清文字改革运动开始，直至"新文学"运动，中国人改造语言的主张，与传教士之前的实践有着惊人的相似，这是后者对前者的影响所致，还是历史的巧合？以"官话"为基础，吸收古代白话文和西方语言特征的新文体，是了解中国语言文字特点并洞悉时代潮流的人们具有的共同取向吗？

本书的主要内容，即是对上述问题的初步回答。

作为疆域广大的帝国的最高统治者，清朝皇帝不但重视口语的统一，还特别注重帝国内部道德和价值观念的认同和统一。这两者最终合流，引发了清帝国内一股用"官话"进行道德教诲的持久潮流。到清朝时期，中国各省的通行语言已经毫无疑问被普遍称作"官话"。其标准读音，在19世纪中期前是南音，之后南音作为"官话"正音的地位被北京音取代。是为"北京官话"。

由于"北京官话"的流行，中国产生了一种通行的标准口语——在不同时期，它被称为"北京官话"、"国语"或"普通话"——并沿用至今。这不仅对维系中国这样一个多民族大国在政治上的统一和文化上的认同十分关键，也对白话文取代文言文这一书面语的革命，产生了重要影响。

因为"北京官话"的流行，近代书面语转变的基本方向——"言文一致"中的"言"，不再是指各种使用范围不一的地方性口语，也即方言，而是指更加通行的口语，也即"北京官话"。近代以来，并不乏以方言为基础的书面语实验，甚至产生了经典的作品如以吴方言写成的《海上花列传》，但这些作品从来行之不远，影响不大。

到19世纪中期，外国人（包括传教士），学习中国语言时的首选是"北京官话"，并为此编撰了大量教材和工具书。包括传教士与日本人用"北京官话"改写的一批旧小说，其中的书面语与现代白话文近似，但又有若干不同的特征。尽管仍然有文言文和古白话的某些成分，但因为其鲜明的口语色彩，吸收了西方语言的特点，与古代白话文有显著的差别，具有某种过渡时代的特征。这种具有过渡特征的文本，也即晚清书面官话，是近代书面文体转变的缩影，并且暗示了转变的方向：口语化与欧化。

以今天的标准去衡量晚清书面官话作品，这些文本的行文已经显得陈旧，一个主要原因是今天通行的现代白话文的欧化色彩更重。欧化也被看作是现代白话文与文言文的主要区别之一。它的发生，翻译是主要的动力。欧化的具体表现是新词、新的句法和新的写作技巧。

晚清以来，因翻译而出现的新词对中国书面语的改变巨大，已经为学界所公认。19世纪晚期和20世纪初期显然是新词不断涌现和被接受的关键时刻。这些新词，包括变化了词义的旧词、扩展了词义的旧词以及翻译创造的全新词。新词是新思想的代表，其出现不单单意味着语言表达的丰富，更有着改变我们认识事物的方式、规范思维以及改变伦理和价值观念的重大意义。新的知识附着于这些新名词传播到中国，改变了人们对周围世界的基本认知。可以说，这些新词是新知传播的基础。新词的增加，对中国书面语的欧化有关键的作用。

翻译也带来了新的句法和写作方式。本书以"官话"和合本《圣经》的文本为例，分析了欧化的具体情形，并通过版本比较，一窥《圣经》译文的文体变化，以进一步展示近代书面语变迁所特有的方向性。

通过《圣经》汉译版本的比较，我们可以看出：作为一种与现代白话文高度接近的书面语，"和合本"的语言并不是少数人在短时间内发明出来的，而有一个逐渐演化的过程；各种语言因素（文言文、古代白话文、方言以及各类流行程度不一的"官话"）都在这个演化的过程中留下了自己的痕迹。如同古生物学上的化石和标本，不同时期的《圣经》译本可以让我们看到语言演化的线索，不同于自然进化的是，《圣经》译文的不同语言形态是人为选择的结果。

近代书面语的转变，还有一个很少为人注意的方面。书面语固然在不断趋近口语，但近代书面语同时开始远离粗鄙的口语，并将区域性的方言俗语从书面语中剔除出去。书面语在口语化和欧化的同时，变得越来越高雅。

来华传教士中那些自觉并有经验的作家和语言学家，很早就开始留意到中国语言的近代转变。他们准确地判断出这一历史转变的未来方向，他们自己的文字活动也是这一转变的动力之一。传教士是最早用"北京官话"进行写作和翻译的群体。从他们不同时代的作品中，我们可以发现书面语努力融合、调和"北京官话"和欧化的表达方式的过程。经过多年的"实验和研究"，最优秀的传教士掌握了一种稳定成熟的书面语，其代表作是"官话"和合本《圣经》。这也就是狄考文心目中"丰富的、正确的、高雅的官话"的典范。

传教士的贡献很长时间不为人所知，甚至被错认。明清时期来华传教士翻译西方著作时创造的大量新名词，一度在中国寂寂无闻，反而传入日本，为明治维新后的日本所重视。直到甲午之战后，中国人热心从日文转译西方著作，才使来华传教士的工作成果重新返销至中国，并借梁启超等人的影响，大大促进了其传播和流行。

甲午战争大大加深了中国的民族危机感，此后，向西方派遣留学生的浪潮日甚一日，对外交流渠道日益增多，传教士作为西方文化传入中国通道的重要程度才开始下降，这一群体对中国书面语的近代转变的影响才日渐衰落。

也是通过甲午战争，士大夫们愈加清楚地认识到中国与欧洲、日本相比，全面落后的事实。开始不断有人反省中国的落后在于教育不能普及，而不能普及的根源又在于文言与口语脱相离，文言难学。为了改变汉语在普及教育上的障碍，晚清的中国士子们开始了旨在言文一致、统一国音的文字改革的尝试。最初是晚清文字改革派，后来是晚清白话文运动，分别在统一语音、创制和推行拼音文字以及推广白话文，作为普及教育、提高国民素质的工具方面，做出了重要努力。这些努力很多受到传教士此前提倡的影响。

这些尝试表明，语言转变的动力已经发生转移。出于帝国治理以及强化文化认同的需要，清帝国自雍正一朝开始大力推行"官话"。迭经19世纪中期以来的种种动荡：两次鸦片战争、天平天国战争、甲午战争、庚子之乱和八国联军入侵，特别是1900年代的立宪运动，语言变革的动力渐渐发生了变化：从皇帝提倡变成社会提倡，推行对象从士大夫阶层变成了全国各地的底层民众，其目的不在于维持一个家族对帝国的统治，而是要提升民众的素质，从而使民族国家得以在世界上生存立足和发展。

近代书面语的转变在1910年代继续深化，知识阶层继承了晚清业已形成的共识。在新文化运动前后，文学家和语言学家开始携手共建国语文法，"文学的国语"和"国语的文学"应运而生，书面语与口语的藩篱已经打破，"言文一致"的观念已经深入人心，现代白话文的流行就从星星之火而成燎原之势了。

书面语的近代转变的历史给我们最重要的启示在于，我们必须摒除一种观念：即认为一种稳定的语言形态，竟可以是少数人短时期内振臂一呼的结果。现代白话文不是少数"一班人"在短短几年时间里能够"闹出来"的。我们应该牢记周作人的看法，即成熟的语言形态总是经过长期的"研究和实验"而来。

参考文献

报刊类

《格致汇编》［J］，1876～1880。

《万国公报》［N］，1877～1904。

《益闻录》［N］，1884。

《时务报》［N］，1896～1898。

《中西教会报》［N］，1897～1902。

《无锡白话报》［N］，1898。

《清议报》［N］，1899～1901。

《教务杂志》（*The Chinese Recorder*）［J］，1900～1920。

《杭州白话报》［N］，1901。

《新小说》［J］，1902。

《中国白话报》［N］，1903。

《小说林》［J］，1904。

《教育世界》［J］，1905。

《民报》［N］，1905。

《通问报》［N］，1906。

《新潮》［J］，1919。

《晶报》［N］，1919～1922。

《小说月报》［J］，1921。

论文类

陈永涛：《福音与中国文化的契合点》，《金陵神学志》1996年第2期。

葛剑雄：《诗歌为什么衰落》（上），《sohu小报》2010年第3期。

胡竹安：《〈水浒全传〉所见现代吴语词汇试析》，《吴语论丛》1988年第1期。

胡适：《建设的文学革命论》，《新青年》1918年4月18日。

胡适：《国语讲习所同学录序》，《新教育》1921年第3期。

蒋冀骋：《论近代汉语的上限》（上），《古汉语研究》1990年第41期。

蒋冀骋：《论近代汉语的上限》（下），《古汉语研究》1991年第2期。

江蓝生：《〈燕京妇语〉所反映的清末北京话特色》，《语文研究》1994年第4期～1995年第1期。

江维藩：《圣经译本在中国》，《金陵神学志》1991年第14～15期。

林焘：《北京官话溯源》，《中国语文》1987年第3期。

刘复：《国语问题中的一个大争点》，《国语月刊》1922年第4期。

刘皓明：《圣书与中文新诗》，《读书》2005年第4期。

刘纳：《1912—1919：终结与开端》，《中国现代文学研究丛刊》1998年第1期。

鲁国尧：《明代官话及其基础方言问题》，《南京大学学报》1985年第4期。

茅盾：《文艺大众化问题》，《救亡日报》1938年3月9～10日。

［日］平田昌司：《清代鸿胪寺正音考》，《中国语文》2000年第6期。

申小龙：《中国语文研究的句法学传统》，《暨南大学研究生学报》1989年第1期。

申小龙：《汉语与中国文化的结构通约》，《光明日报》1993年12月13日。

滕新书：《登州文会馆：开中国近代音乐教育先河》，《烟台日报》2008年8月16日。

王国维：《论新学语之输入》，《教育世界》1905年4月第96期。

王世华：《〈红楼梦〉语言的地方色彩》，《红楼梦学刊》1984年第2期。

[美]魏贞恺著，吴恩扬译：《和合本圣经与新文学运动》，《金陵神学志》（复）1995年6月第22~23期。

吴福辉：《"五四"白话之前的多元准备》，《中国现代文学研究丛刊》2006年第1期。

夏丐尊：《先使白话文成话》，《申报·自由谈》1934年6月27日。

邢福义：《现代汉语语法研究的两个"三角"》，《云梦学刊》1990年第1期。

俞平伯：《〈红楼梦〉的思想性与艺术性》，《东北文学》1954年第2期。

袁进：《重新审视新文学的起源——在牛津大学的演讲》，《解放日报》2007年3月12日。

袁进：《寻找失落的历史——试论近代欧化白话文学的历史失忆》，《文汇报》2007年3月25日。

张寿康：《五四运动与现代汉语的最后形成》，《中国语文》1979年第4期。

张卫东：《试论近代南方官话的形成及其地位》，《深圳大学学报》1998年第3期。

赵晓阳：《19至20世纪外国人研究北京方言的文献资料》，《北京档案史料》2005年第4期。

周祖谟：《从文学语言的概念论汉语的雅言，文言，古文等问题》，《北京大学学报》（社会科学版）1956年第1期。

朱维之：《中国文学底宗教背景——一个鸟瞰》，《金陵神学志》1940年第12期。

著作类

[英]麦都思、[英]理雅各译：《新约全书》，英华书院，1855年。

[英]麦都思、[英]施敦力译：《新约全书》，墨海书馆，1857年。

[英]约翰·班扬著，[英]宾威廉译：《天路历程》，同治四年（1865）刻本。

[英]约翰·班扬著，[英]俾士译：《天路历程土话》，羊城惠师礼堂

镌，同治十年（1871）。

汪荣宝、叶澜：《新尔雅》，国学社，1903年。

[美]鲍康宁：《司布真记》，汉口、中国基督教书会印行，1904年。

北洋巡警学堂编：《警察课本》，1905年。

[英]艾约瑟、[美]丁韪良、[美]施约瑟、[英]包约翰、[英]白汉理：《新约全书》，圣书公会，1906年。

英继、[日]宫岛吉敏：《官话北京事情》，文求堂书店，1906年。

[德]安保罗：《论语本义官话》，上海美华书馆，1910年。

彭文祖：《盲人瞎马之新名词》，秀光社，1915年。

孙毓修译：《伊索寓言演义》，商务印书馆，1915年。

时兆报馆：《安息日辩谬：官话》，时兆报馆，1921年。

朱麟公：《国语问题讨论集》，中华书局，1921年。

张君劢、丁文江：《科学与人生观》，亚东图书馆，1923年。

黄正广：《国语作文法》，中华书局，1924年。

易作霖：《国语文法四讲》，中华书局，1924年。

黎锦熙、周法均：《作文及文学教学法》，商务印书馆，1925年。

周作人：《圣书与中国文学》，商务印书馆，1925年。

邹炽昌：《国语文法概要》，方毅校，商务印书馆，1926年。

陈子展：《中国近代文学之变迁》，中华书局，1929年。

[美]狄考文、[美]富善、[英]鲍康宁、[英]文书田、[英]鲁伊士：《和合本新约全书》，美华圣经会，1930年。

沈从文：《沈从文子集》，新月书店，1931年。

鲁迅：《二心集》，合众书局，1932年。

周作人：《中国新文学的源流》，人文书店，1932年。

[瑞典]高本汉著，张世禄译：《中国语与中国文》，商务印书馆，1933年。

金国璞：《北京官话今古奇观》，文求堂印行，1933年。

黎锦熙：《国语运动》，商务印书馆，1933年。

尔稞编：《国语文法讲义》，中华书局，1934年。

倪海曙：《国语运动史纲》，商务印书馆，1934年。

任重编：《文言 白话 大众话论战集》，民众读物出版社、民众教育书局，1934年。

周作人：《希腊拟曲》，商务印书馆，1934年。

赵家璧、胡适主编：《中国新文学大系·建设理论集》，上海良友图书公司，1935年。

赵家璧、郑振铎：《中国新文学大系·文学论争集》，上海良友图书公司，1935年。

梁启超：《饮冰室合集》文集1，中华书局，1936年。

梁启超：《饮冰室合集》文集6，中华书局，1936年。

梁启超：《饮冰室合集》文集11，中华书局，1936年。

[英]王尔德等著，周作人译：《域外小说集》，中华书局，1936年。

[英]赫胥黎著，严复译：《天演论》，商务印书馆，1939年。

刘复：《中国文法通论》，中华书局，1939年。

摩尔登著，贾立言等译：《圣经之文学研究》，广学会，1941年。

[日]宫岛大八编：《续急就篇》，善邻书院，1942年。

方豪：《中国天主教史论论丛》甲集，商务印书馆，1947年。

傅角今、郑励俭编著：《琉球地理志略》，商务印书馆，1948年。

朱维之：《基督教与文学》，青年协会书局，1948年。

[英]海思波著，陈翼经译：《圣经与中华》，宣道出版社，1951年。

朱自清：《朱自清文集》，开明书店，1953年。

戈公振：《中国报学史》，三联书店，1955年。

蔡锡勇：《传音快字》，文字改革出版社，1956年。

力三捷：《闽腔快字》，文字改革出版社，1956年。

卢赣章：《一目了然初级》，文字改革出版社，1956年。

全国文字改革会议秘书处：《全国文字改革会议文件汇编》，科学出版社，1956年。

谭彼岸：《晚清的白话文运动》，湖北人民出版社，1956年。

黎锦熙：《汉语发展过程和汉语规范化》，江苏人民出版社，1957年。

刘孟扬：《中国音标字书》，文字改革出版社，1957年。

卢赣章：《北京切音教科书》首集、二集，文字改革出版社，1957年。

倪海曙：《语文杂谈》，新知识出版社，1957年。

王照：《官话合声字母》，文字改革出版社，1957年。

郑东湖：《切音字说明书》，文字改革出版社，1957年。

陈虬：《新字瓯文七音铎》，文字改革出版社，1958年。

高名凯、刘正埮：《现代汉语外来词研究》，文字改革出版社，1958年。

文字改革出版社编：《清末文字改革文集》，文字改革出版社，1958年。

北京师范学院中文系汉语教研组：《五四以来汉语书面语言的变迁和发展》，商务印书馆，1959年。

倪海曙：《清末汉语拼音运动编年史》，上海人民出版社，1959年。

马建忠：《适可斋记言》第4卷，中华书局，1960年。

一粟编：《红楼梦资料汇编》，中华书局，1964年。

方师铎：《五十年来中国国语运动史》，国语日报社，1969年。

夏济安：《夏济安选集》，志文出版社，1971年。

赵尔巽等：《清史稿》第4册，中华书局，1976年。

赵尔巽等：《清史稿》第38册，中华书局，1976年。

赵尔巽等：《清史稿》第43册，中华书局，1976年。

沈云龙主编：《近代中国史料丛刊续编》第48辑，文海出版社，1977年。

胡适：《中国新文学运动小史》，伟文图书公司，1978年。

丁声树、吕叔湘：《现代汉语语法讲话》，商务印书馆，1979年。

郭沫若：《少年时代》，人民文学出版社，1979年。

郭绍虞：《汉语语法修辞新探》上、下，商务印书馆，1979年。

唐弢主编：《中国现代文学史》，人民文学出版社，1979年。

郭绍虞主编：《中国历代文论选》第4册，上海古籍出版社，1980年。

胡裕树主编：《现代汉语》，上海教育出版社，1981年。

舒新城编：《中国近代教育史资料》上、中、下，人民教育出版社，1981年。

吕叔湘：《中国文法要略》，商务印书馆，1982年。

人民大学新闻系编：《中国近代报刊史参考资料》上册，中国人民大学出版社，1982年。

沈从文：《沈从文小说选集》，人民文学出版社，1982年。

[美]费正清著，中国社会科学院历史研究所编译室译：《剑桥中国晚清史》上卷，中国社会科学出版社1983年。

胡明扬：《现代汉语讲座》，知识出版社，1983年。

蓝开祥、胡大浚：《先秦寓言选》，人民文学出版社，1983年。

马建忠：《马氏文通》，商务印书馆，1983年。

[日]实藤惠秀著，谭汝谦、林启彦译：《中国人留学日本史》，三联书店，1983年。

罗新璋编：《翻译论集》，商务印书馆，1984年。

春风文艺出版社编：《明清小说论丛》第3辑，春风文艺出版社，1985年。

郭绍虞：《照隅室语言文字论集》，上海古籍出版社，1985年。

何容：《中国文论法》，商务印书馆，1985年。

胡适：《白话文学史》，岳麓书社，1986年。

梁启超著，朱维铮校注：《梁启超论清学史二种·清代学术概论·中国近三百年学术史》，复旦大学出版社，1985年。

刘坚编著：《近代汉语读本》，上海教育出版社，1985年。

王力：《王力文集》第2卷，山东教育出版社，1985年。

王力：《王力文集》第3卷，山东教育出版社，1985年。

赵元任：《赵元任语言学论文选》，叶蜚声译，中国社会科学出版社，1985年。

陈学恂：《中国近代教育史教学参考资料》中册，人民教育出版社，1986年。

陈学恂：《中国近代教育史教学参考资料》下册，人民教育出版社，1987年。

王晓平：《近代中日文学交流史稿》，湖南文艺出版社，1987年。

中华续行委办会调查特委会编：《1901～1920年中国基督教调查资料》上、下，中国社会科学出版社，2007年。

申小龙：《中国句型文化》，东北师范大学出版社，1988年。

申小龙：《中国语言的结构与人文精神：申小龙论文集》，光明日报出版社，1988年。

王力：《王力文集》第9卷，山东教育出版社，1988年。

汪向荣：《日本教习》，三联书店，1988年。

[美]P·韩南著，尹慧珉译：《中国白话小说史》，浙江古籍出版社，1989年。

申小龙：《人文精神，还是科学主义？：20世纪中国语言学思辨录》，学林出版社，1989年。

王力：《王力文集》第11卷，山东教育出版社，1990年。

[日]太田辰夫著，江蓝生、白维国译：《汉语史通考》，重庆出版社，1991年。

铁玉钦主编：《清实录教育科学文化史料辑要》，辽沈书社，1991年。

陈福康：《中国译学理论史稿》，上海外语教育出版社，1992年。

方汉奇主编：《中国新闻事业通史》第1卷，中国人民大学出版社，1992年。

方豪：《中外文化交通史论丛》，上海书店，1992年。

耿振生：《明清等韵学通论》，语文出版社，1992年。

[日]六角恒广著，王顺洪译：《日本中国语教育史研究》，北京语言学院出版社，1992年。

[英]路易斯·罗宾逊著，傅光明、梁刚译：《两刃之剑：基督教与二十世纪中国小说》，台湾业强出版社，1992年。

常瀛生：《北京土话中的满语》，燕山出版社，1993年。

[日]牛岛德次著，甄岳刚编译：《日本汉语语法研究史》，北京语言学院出版社，1993年。

蒋绍愚：《近代汉语研究概况》，北京大学出版社，1994年。

[日]濑户口律子：《琉球官话课本研究》，香港吴多泰中国语文研究中心，1994年。

刘海年、杨一凡总主编，杨一凡、田禾点校：《中国珍稀法律典籍集成·乙编·第三册·皇明诏令》，北京科学出版社，1994年。

熊月之：《西学东渐与晚清社会》，上海人民出版社，1994年。

[法]费赖之著，冯承钧译：《在华耶稣会士列传及书目》，中华书局，1995年。

郭延礼：《中国近代文学发展史》第1卷，山东教育出版社，1995年。

凌远征：《新语文建设史话》，河南大学出版社，1995年。

马佳：《基督宗教文化和中国现代文学：十字架下的徘徊》，学林出版社，1995年。

（明）王实甫：《西厢记》，人民文学出版社，1995年。

张中行：《文言和白话》，黑龙江人民出版社，1995年。

阿英：《晚清小说史》，东方出版中心，1996年。

胡适：《胡适文存》，黄山书社，1996年。

王雪梅：《蒙学：启蒙的课本》，中央民族大学出版社，1996年。

张廷玉：《明史》1~6册，岳麓书社，1996年。

陈伯海：《近400年中国文学思潮史》，东方出版中心，1997年。

陈平原、夏晓虹编：《二十世纪中国小说理论资料》第1卷，北京大学出版社，1997年。

陈万雄：《五四新文化的源流》，三联书店，1997年。

陈引弛编：《自述与印象：梁启超》，上海三联书店，1997年。

[日]大庭修著，徐世虹译：《江户时代中日秘话》，中华书局，1997年。

黄仁宇：《万历十五年》，三联书店，1997年。

蒋凡主编、汪涌豪副主编：《古代十大散文流派》第5卷，湖南文艺出版社，1997年。

[意]马西尼著，黄河清译：《现代汉语词汇的形成——19世纪汉语外来词的形成》，汉语大词典出版社，1997年。

[日]香坂顺一著，江蓝生、白维国译：《白话语汇研究》，中华书局，1997年。

郭嵩焘等：《使西记六种》，三联书店，1998年。

欧阳哲生编：《胡适文集》，人民文学出版社，1998年。

钱理群、温儒敏、吴福辉：《中国现代文学三十年》，北京大学出版社，1998年。

[日]大庭修著，戚印平、王勇、王宝平译：《江户时代中国典籍流播日本之研究》，杭州大学出版社，1998年。

王辑五：《中国日本交通史》，商务印书馆，1998年。

王列耀：《基督教与中国现代文学》，暨南大学出版社，1998年。

杨剑龙：《旷野的呼声——中国现代作家与基督教文化》，上海教育出版社，1998年。

杜春和、韩荣芳、耿来金编：《胡适演讲录》，河北人民出版社，1999年。

[德]洪堡特著，姚小平译：《论人类语言结构的差异及其对人类精神发展的影响》，商务印书馆，1999年。

胡适：《国语文学史》，安徽教育出版社，1999年。

[英]雷蒙·道森著，常绍明、明毅译：《中国变色龙》，时事出版社、海南出版社，1999年。

叶宝奎：《明清官话音系》，厦门大学出版社，1999年。

北京大学中国传统文化研究中心编：《文化的馈赠：汉学研究国际会议论文集》，北京大学出版社，2000年。

北京大学宗教研究所：《明末清初耶稣会思想文献汇编》第22册，北京大学宗教研究所，2000年。

黄克武：《自由的所以然：严复对约翰弥尔自由思想的认识与批判》，上海书店，2000年。

江蓝生：《近代汉语探源》，商务印书馆，2000年。

[美]金介甫著，符家钦译：《凤凰之子：沈从文传》，中国友谊出版社，2000年。

刘禾：《跨文化研究的语言问题》，中央编译社2000年版。

[日] 六角恒广著，王顺洪译：《日本中国语教学书志》，北京语言文化大学出版社，2000年。

王本朝：《20世纪中国文学与基督教文化》，安徽教育出版社，2000年。

徐时仪：《古白话词汇研究论稿》，上海教育出版社，2000年。

[意]利玛窦、[比]金尼阁著，何高济译：《利玛窦中国札记》，广西师范大学出版社，2001年。

刘禾：《跨语际实践》，三联书店，2002年。

[日]六角恒广著，王顺洪编译：《日本近代汉语名师传》，北京大学出版社，2002年。

（清）苏舆编：《翼教丛编》，上海书店，2002年。

王尔敏：《近代文化生态及其变迁》，百花洲文艺出版社，2002年。

王列耀：《基督教文化与中国现代戏剧的悲剧意识》，上海三联书店，2002年。

[英]威妥玛著，张卫东译：《语言自迩集——19世纪中期的北京话》，北京大学出版社，2002年。

[德]尤思德著，蔡锦图译：《和合本与中文圣经翻译》，国际圣经协会，2002年。

[美]邓恩著，余三乐、石蓉译：《从利玛窦到汤若望：晚明的耶稣会传教士》，上海古籍出版社，2003年。

[西]弗朗西斯科·瓦罗著，马又清、姚小平译：《华语官话语法》，外语教学与研究出版社，2003年。

胡适：《胡适全集》第12卷，安徽教育出版社，2003年。

甯忌浮：《〈洪武正韵〉研究》，上海辞书出版社，2003年。

石毓智：《现代汉语语法系统的建立——动补结构的产生及其影

响》，北京语言大学出版社，2003年。

许正林：《中国现代文学与基督教》，上海大学出版社，2003年。

姚小平：《〈马氏文通〉与中国语言学史——首届中国语言学史研讨会文集》，外语教学与研究出版社，2003年。

曹立前：《晚清山东新式学堂》，山东文艺出版社，2004年。

[美]丁韪良著，沈弘、恽文提、郝日虎译：《花甲忆记——一位美国传教士眼中的晚清帝国》，广西师范大学出版社，2004年。

冯天瑜：《新语探源——中西日文化互动与近代汉字术语生成》，中华书局，2004年。

[法]老尼克著，钱林森、蔡宏宁译：《开放的中华：一个番鬼在大清国》，山东画报出版社，2004年。

孙尚扬、[比利时]钟鸣旦：《1840年前的中国基督教》，学苑出版社，2004年。

唐小林：《看不见的签名：现代汉语诗学与基督教》，中国社会科学出版社、华龄出版社，2004年。

袁钟瑞：《话说推普》，语文出版社，2004年。

邹嘉彦、游汝杰编：《语言接触论集》，上海教育出版社，2004年。

（明）抱瓮老人：《今古奇观》，上海古籍出版社，2005年。

蒋绍愚：《近代汉语研究概要》，北京大学出版社，2005年。

蒋绍愚：《近代汉语语法史研究综述》，北京大学出版社，2005年。

老志钧：《鲁迅的欧化文字：二中文欧化的省思》，台湾师大书苑有限公司，2005年。

[英]斯当东著，叶笃义译：《英使谒见乾隆纪实》，上海书店出版社，2005年。

[日]松浦章、[日]内田庆市、沈国威编著：《遐迩贯珍：附解题·索引》，上海辞书，2005年。

王尔敏：《晚清政治思想史论》，广西师范大学出版社，2005年。

俞正燮：《俞正燮全集》第2册，黄山书社，2005年。

[法]伯希和、[日]高田时雄编，郭可译：《梵蒂冈图书馆所藏汉

「北京官话」与汉语的近代转变

参考文献

译》，中华书局，2006年。

刁晏斌：《现代汉语史》，福建人民出版社，2006年。

段怀清、周伶俐：《〈中国评论〉与晚清中英文学交流》，广东人民出版社，2006年。

顾长声：《马礼逊评传》，上海书店，2006年。

刘丽霞：《中国基督教文学的历史存在》，社会科学出版社，2006年。

栾梅健：《二十世纪中国文学发生论》，广西师范大学出版社，2006年。

沈国威编著：《六合丛谈：附解题·索引》，上海辞书，2006年。

夏晓虹、王风：《文学语言与文章体式》，安徽教育社，2006年。

袁进：《中国文学的近代变革》，广西师范大学出版社，2006年。

周振鹤、顾美华：《圣谕广训：集解与研究》，上海书店出版社，2006年。

周振鹤、游汝杰：《方言与中国文化》第2版，上海人民出版社，2006年。

[英]彼得·伯克著，李霄汉、李鲁译：《语言的文化史：近代早期欧洲的语言和共同体》，北京大学出版社，2007年。

陈伟华：《基督教文化与中国小说叙事新质》，中国社会科学出版社，2007年。

段怀清：《传教士与晚清口岸文人》，广东人民出版社，2007年。

耿振生：《近代官话语音研究》，语文出版社，2007年。

梁工等：《圣经视阈中的东西方文学》，中华书局，2007年。

刘进才：《语言运动与中国现代文学》，中华书局，2007年。

[英]施美夫著，温时幸译：《五口通商城市游记》，北京图书馆出版社，2007年。

徐时仪：《汉语白话发展史》，北京大学出版社，2007年。

张朋园：《梁启超与清季革命》，吉林出版集团，2007年。

张延俊、钱道静：《〈文学书官话〉语法体系比较研究》，崇文书局，2007年。

高天如：《语文的学术探索——高天如文集》，复旦大学出版社，2008年。

胡文彬：《红楼梦与北京》，陕西人民出版社出版，2008年。

江蓝生：《近代汉语研究新论》，商务印书馆，2008年。

申小龙：《汉语与中国文化》，复旦大学出版社，2008年。

[日]市川勘、小松岚：《百年华语》，上海教育出版社，2008年。

王立新：《美国传教士与晚清中国现代化》修订本，天津人民出版社，2008年。

王顺洪：《日本人汉语学习研究》，北京大学出版社，2008年。

[日]小栗栖香顶著，陈继东、陈力卫整理：《北京纪事 北京纪游》，中华书局，2008年。

周振鹤：《逸言殊语》增订版，上海人民出版社，2008年。

[美]丹尼尔·W·费舍著，关志远、苗凤波、关志英译：《狄考文——一位在中国山东生活了四十五年的传教士》，广西师范大学出版社，2009年。

傅敬民：《〈圣经〉汉译的文化资本解读》，复旦大学出版社，2009年。

[丹]龙伯格著，李真、骆沽译：《清代来华传教士马若瑟研究》，大象出版社，2009年。

日本关西大学亚洲文化交流研究中心编：《亚洲语言文化交流研究》，上海辞书出版社，2009年。

王尔敏：《明清社会文化生态》，广西师范大学出版社，2009年。

袁进：《中国小说的近代变革》，广西师范大学出版社，2009年。

丁文江、赵丰田编：《梁任公先生年谱长编》初稿，中华书局，2010年。

刘树森编：《基督教在中国：比较研究视角下的近现代中西文化交流》，上海人民出版社，2010年。

[美]孟德卫著，陈怡译：《奇异的国度：耶稣会适应政策及汉学的起源》，大象出版社，2010年。

沈国威：《近代中日词汇交流研究：汉字新词的创制、容受与共享》，中华书局，2010年。

张世方：《北京官话语音研究》，北京语言大学出版社，2010年。

张向东：《语言变革与现代文学的发生》，人民文学出版社，2010年。

[美]倪维思著，崔丽芳译：《中国和中国人》，中华书局，2011年。

舒新城编：《近代中国教育史料》，中国人民大学出版社，2012年。

外文文献

Milne William，*The sacred edict：containing sixteen maxims of the Emperor Kang-Hi, amplified by his son, the Emperor Yoong-Ching*，Shanghai：American Presbyterian Mission Press, 1870.

Baller, F. W. , *An Analytical Chinese-English Dictionary*，1900.

Marshall Broomhall,*The Chinese Empire*: *A General &Missionary Survey*，London: Marshall, Morgan & Scott and CIM, 1907.

IRev. C. Mateer, D.D., LL. D，*A course of Mandarin Lesson,Based on idiom*，Shanghai: American Presbyterian mission press,1909.

Herbert A. Giles, *A Chinese-English Dictionary*，Shanghai: Kelly and Walsh Ltd.,1912.

Handbook for Translators, including Scientific, Technical, Modern, and Documentary Terms，Shanghai: Statistical Department of the Inspectorate General of Customs，1916.

Hemeling K. *English-Chinese Dictionary of the Standard Chinese Spoken Language*（官话）and John Bunyan, *The Pilgrim's Progress*，London: The Continental Book Company AB Stockholm, 1946.

Walter Hillier，*An English-Chinese Dictionary of Peking Colloquial*，London: Routledge &Kegan Paul Ltd.,1953.

Eber, Irene et al., eds. *Bible in modern China:the literary and intellectual impact*, Sankt Augustin: Institute Monumenta Serica, 1999.

后 记

在语言文学领域中，晚清与五四运动的关系一直是个重要却没有得到充分研究的领域。现代白话文取代文言文是中国历史上一件大事，但现代白话文从何而来？向来，这段历史的关键被认为是1910年代的新文化运动。但只要对晚清语言文学方面的资料接触较多，就不禁会对这种约定俗成的说法表示怀疑：那些19世纪的"官话"教科书、"官话"字典、"官话"小说、"官话"宣教书，以及关于语言文字变革的讨论材料，似乎都在提醒我们，书面语的转变并不是少数文化英雄在短短几年间振臂一呼的结果。历史的伏笔要比我们看到的戏剧性场景深远得多。

在复旦大学攻读博士学位时，我的导师袁进先生建议我关注晚清以来中国语言文字的变迁。后来我决心以"北京官话"和近代书面语转变的关系作为研究方向。这一研究需要做很多基础性的材料搜集工作，这一方面增加了写作的难度，另一方面也增加了研究的乐趣。上海图书馆馆藏有传教士百年前编纂的中文字典，许多书页已经发黄变脆，但其间的智慧却并没有因此而褪色。虽说我不是基督徒，那种人类特有的伟大的精神力量，还是让我敬佩不已。在不断的查阅、写作和修改的过程中，困难重重，多少是受到这种精神力量的鼓舞，我才能坚持将论文写完。

写作的过程既乐在其中，也难在其中。如果没有袁进先生严厉的督促，很难想象我能够在资料的海洋中摸索到一条线索，并将自己的观点有效地组织起来。他严谨而专注的治学态度给我深刻的印象。说实话，如果没有这种态度，几乎无法体会那种跋涉过困难重重的泥淖而获得的智力上的快乐，这也许是学术生活所能给予我们的最高奖赏。

我要特别感谢申小龙教授。在攻读博士学位期间，我就一直得到他的帮助。他审读了我的博士论文，对这本书稿提出过一些非常尖锐的修改意见，然后又将它纳入出版计划。

胡志德（Theodore Huters）教授除了纠正书稿中一些知识性的错误，还针对晚清语言变革提出视角独特的观点。这些观点促使我进一步思考汉语言的历史形态及其在近代发生变化的动力。

感谢我的硕士生导师王光东教授。这么多年来，他一直关心我的工作和学习。我还要感谢漓江出版社社长郑纳新博士。他在广西师范大学出版社担任副总编期间，曾无私地支持我继续深造。在这家著名学术出版机构的工作经验让我开阔了眼界，明确了兴趣，也坚定了从事学术工作的信心。

最后，感谢家人一直以来对我的宽容和支持。